县域营商环境
建设的探索

——以罗江为例

陈 传 著

四川大学出版社

项目策划：许　奕
责任编辑：蒋姗姗
责任校对：许　奕
封面设计：墨创文化
责任印制：王　炜

图书在版编目（CIP）数据

县域营商环境建设的探索：以罗江为例 / 陈传著
. 一 成都：四川大学出版社，2021.1
ISBN 978-7-5690-4076-0

Ⅰ．①县… Ⅱ．①陈… Ⅲ．①投资环境—研究—罗江区 Ⅳ．① F127.714

中国版本图书馆 CIP 数据核字（2021）第 005401 号

书　名	县域营商环境建设的探索——以罗江为例
	XIANYU YINGSHANG HUANJING JIANSHE DE TANSUO——YI LUOJIANG WEILI
著　者	陈　传
出　版	四川大学出版社
地　址	成都市一环路南一段 24 号（610065）
发　行	四川大学出版社
书　号	ISBN 978-7-5690-4076-0
印前制作	四川胜翔数码印务设计有限公司
印　刷	郫县犀浦印刷厂
成品尺寸	170mm×240mm
印　张	14.25
字　数	297 千字
版　次	2021 年 1 月第 1 版
印　次	2021 年 1 月第 1 次印刷
定　价	49.00 元

◆ 读者邮购本书，请与本社发行科联系。
电话：(028)85408408/(028)85401670/
(028)86408023　邮政编码：610065
◆ 本社图书如有印装质量问题，请寄回出版社调换。
◆ 网址：http://press.scu.edu.cn

四川大学出版社
微信公众号

前　言

营商环境是地区发展的重要软实力，是一个国家或地区参与国际竞争的重要环境背景。它是以习近平同志为核心的党中央提出的经济发展新方略，也是党的十九大之后"放管服"改革的新目标。近年来，我国越来越重视营商环境的优化和改善，在世界银行发布的《2020 年营商环境报告》中，中国排名从上一年的第 46 位上升到第 31 位。这说明，在过去一年里，中国在改善营商环境方面付出了巨大努力，同时也体现出中国政府对持续优化营商环境的决心和勇气。

四川作为西部内陆大省，不靠海不沿边，综合实力和产业基础与发达地区相比差距不小，要参与全国乃至全球竞争，实现跨越赶超，比以往任何时候都更加迫切需要优化营商环境。2018 年 6 月，四川省委十一届三次全会提出了改善营商环境的总体要求。四川省委书记彭清华也在民营企业家座谈会上强调，全省各级各部门要把优化营商环境作为推进经济高质量发展的"头号工程"，自此四川省拉开了优化营商环境的序幕。广元、内江、眉山等城市于 2018 年发布了优化营商环境的行动计划和工作方案。到 2020 年 6 月，全省各地市州均已陆续出台优化营商环境的政策和措施方案。

纵观近年来国内营商环境评价的研究现状发现，对省域或更大区域层面营商环境评价的研究较多，而对县域级层面营商环境评价指标体系设计的思考甚少。当下，县域经济对我国经济高质量发展具有重要的现实意义，是我国经济社会发展转型的空间核心。开展县域营商环境评价的研究与实践，有利于破除营商环境亟待改善的末端障碍，充分激发市场活力和社会创造力，为地（市）、省域或更大区域层面营商环境评价指标体系设计和改革目标的设定提供支撑。

为此，本书结合国内外营商环境评价方法和县域经济特点，形成了针对县域经济的营商环境评价体系，并将该体系应用于四川省德阳市罗江区营商环境评价，精准定位罗江区营商环境存在的问题，与各方共同制订优化工作方案，持续改善罗江区营商环境。

目　录

第1章 背 景

1.1 营商环境的基本内涵与优化意义

1.1.1 营商环境的基本内涵

在理论概念上分析和把握营商环境的含义,有利于人们深化思想认识,精准地指导优化营商环境的具体实践。营商环境,是指企业等市场主体在市场经济活动中所涉及的体制机制性因素和条件。一般而言,营商环境是企业经营的全要素环境,体现一个经济体的经济软实力和供给质量。从最为宽泛的层面讲,营商环境是与企业营利活动有关的一切要素综合而成的动态体系,涵盖了影响企业活动的经济、政治、文化、社会乃至环境质量等各方面要素。其既包括与企业活动直接相关的要素,诸如企业注册最低实缴金额要求、贷款抵押要求、税率、合同执行情况等,也包括与企业活动间接相关的要素,诸如 GDP 增长率、国民平均年收入、人口受教育程度等。营商环境的优劣直接关系到区域内企业经营的难易程度和营收状况,最终对整个区域的经济发展、财税收入、社会就业甚至社会发展状况等产生重要的影响。优化营商环境是一项众多领域交叉融合的系统工程。

1.1.2 营商环境评价的发展

1.1.2.1 营商环境评价的国际经验

世界经济论坛从 1979 年起每年都发布一期《全球竞争力报告》,被认为是最早构建的面向全球经济体的营商环境评估体系。竞争力排名以全球竞争力指数为基础,指标主要包括制度、基础设施、宏观经济环境、健康保障与基础教育、高等教育与职业培训、商品市场效率、劳动力市场效率、金融市场成熟度、技术就绪指数、市场规模、商业成熟度及创新能力。虽然其历史悠久、团队建设、方法应用以及数据获取都相对成熟,但是指标体系不仅是对营商环境的衡量,还包括对一个国家教育、科技等方面实力的衡量,因此,《全球竞争力报告》用于营商环境的相关研究，针对性不强，解释力不足。

　　为实施促进各国私营部门发展的战略，世界银行成立了 Doing Business 小组来负责营商环境指标体系的构建。从 2003 年到 2020 年，世界银行持续对全球一百多个经济体的营商环境进行评估，并发布年度《全球营商环境报告》。在首次发布时，仅有 5 项一级指标，覆盖 133 个经济体。到 2020 年，《全球营商环境报告》经过补充、修改与完善，已有 11 项一级指标，覆盖 190 个经济体。

　　除此以外，全世界还有多个组织和机构开展了类似的营商环境评价，有关整理如图 1-1 所示。

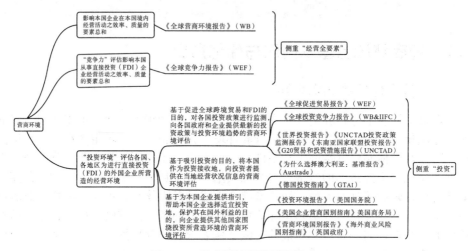

图 1-1　营商环境评价国际经验

　　如图 1-1 所示，各国际组织、各国政府及跨国企业在开展营商环境评估时从三个层面入手：第一个层面，营商环境是直接影响国内企业在本国或本地经营效率与质量的要素综合，操作化的方面侧重开办企业、办理施工许可证、登记财产、纳税等与企业经营直接相关的微观内容。第二个层面，营商环境等同于一国竞争力，涵盖直接或间接影响企业活动的经济、政治、文化、社会乃至环境质量等各方面要素，操作化的方面侧重宏观经济环境、基础设施情况、劳动力受教育情况等宏观内容。第三个层面，营商环境即投资环境，包括影响企业直接对外投资活动的因素，操作化的方面侧重市场开放度（特别是对投资的开放度）、投资规则与政策、政治稳定性、宏观经济稳定性、治安状况等与跨国贸易相关的内容。无论从哪个层面进行操作化，各营商环境评估都会涉及财产权登记与保护、金融获得、纳税、纠纷解决、劳动力市场监管等与企业经营直接相关的内容。

　　在图 1-1 罗列的典型报告中，以下四个报告影响力最广，其数据常被各跨国企业援引以描述本国和其他国家的营商环境：世界银行（WB）《营商环境报告》（*Doing Business*）、世界经济论坛（WEF）《全球促进贸易报告》（*The Global Enabling Trade Report*）、《全球竞争力报告》（*The Global Competitiveness Report*）、美国国务院（*United States Department of State*）《投资环境报告》（*Investment Climate Statements*）。其中，世界经济论坛《全球促进贸易报告》和美国国务院《投资环境报告》都使用了世界银行《营商环境报告》的数据。同时，世界银行《营商环境报告》还被数个发展中国家借鉴，形成本国的营商环境报告。

此外，跨国企业也在"营商环境＝投资环境"这一层面下，对各国营商环境进行评估。毕马威（KPMG）、德勤（Deloitte）、普华永道（PwC）等国际会计师事务所，贝克·麦坚时（Baker Makenzie）等国际律师事务所都在为自己的客户提供营商环境国别报告。其中，毕马威（KMPG）对世界上 10 个国家的 100 个城市的营商成本进行测算，发布年度报告《优中选优》（*Competitive Alternatives*），为其客户选择适宜投资地提供数据。普华永道（PwC）则致力于同跨国公司、各国际组织合作，提供跨国公司投资过程中的税费成本信息。

世界银行于 2019 年 10 月 24 日发布的《2020 营商环境报告》中，中国位列第 31 名。在 2018 年由第 78 位提升至第 46 位之后，中国又往前迈进了 15 位。而在 2015 年，中国的排名还是第 90 位。

1.1.2.2 营商环境评价在中国的发展

"营商环境"的概念在我国兴起的时间较短，而且以政府出台制度或意见进行探索实践为主。首先对营商环境进行系统性理论研究和实践的是广东省。2012 年 6 月初，广东省组织开展"建设法治化国际化营商环境"相关课题的调研。2014 年年底，广东佛山市探索建立了"佛山市营商环境指标体系"，成为国内探索国际化法治化营商环境建设的先行者。2015 年，广东亚太创新经济研究院在借鉴国内外相关指标体系研究经验的基础上，构建了一套以国际化、法治化、市场化作为一级指标，以对外经贸合作开放度等 48 个二级指标作为量化考核标准的系统化区域营商环境的指标体系。与此同时，国内其他学者也在探索构建我国区域营商环境评价指标体系。2018 年，中国财富网联合万博新经济研究院推出了《2018 中国营商环境指数报告》，其评价体系从硬环境和软环境两个维度出发，共分为 35 个指标，并更多地体现知识产业、信息产业、文化娱乐产业、金融产业等新经济对营商环境的要求。总体而言，我国一些地区在进行营商环境的评价中，对世界银行的营商指标进行了一定的本土化修正。

2018 年，国务院首次常务会议的首个议题，是进一步优化营商环境。会议提出，改革创新体制机制，进一步优化营商环境，是建设现代化经济体系、促进高质量发展的重要基础，也是政府提供公共服务的重要内容，并明确提出"要借鉴国际经验，抓紧建立营商环境评价机制，逐步在全国推行"。国务院成立了推进政府职能转变和"放管服"改革协调小组，下设优化营商环境专题组，专题组将持续推进优化营商环境工作。2018年上半年，国家发展和改革委员会（以下简称"发改委"）同有关部门和地区，借鉴国际经验，初步构建了中国特色、国际可比的营商环境指标体系，并在全国选取22座城市分批进行了试评价。2018年11月28日，国务院常务会议决定，按照国际可比、对标世界银行、中国特色原则，围绕与市场主体密切相关的开办企业、办理建筑许可、获得信贷、纳税、办理破产等方面和知识产权保护等，开展中国营商环境评价，逐步在全国推开，推动出台更多优化营商环境的硬举措。自此，营商环境评价正式在中国全面推开。

从时间安排来看，中国营商环境评价主要分三步走。2018年年底前，构建营商环境评价机制，在22个城市开展试评价；2019年，在直辖市、省会城市、计划单列市、部分地级市开展营商环境评价；2020年，在全国地级及以上城市开展营商环境评价。图1—2整理了2019年以来中国有关营商环境的重要政策。

图1—2　国务院、各部委2019年以来有关营商环境的重要文件

1.1.2.3　营商环境评价在四川的发展

2018年6月1日，四川省人民政府办公厅印发《四川省进一步优化营商环境工作方案》，制定了促进行政审批提质增效、切实降低实体经济成本、着力提升便利化水平、创新市场监管方式的工作目标。方案明确了开展全省市县营商环境试评价工作，对首批试点市（州）的县（区）开展试评价，2018年三季度前完成。在试评价的基础上，对接国家营商环境评价指标，探索建立四川省营商环境评价机制，2018 年年底前完成。2018 年 9 月，四川省发改委组织召开全省市县营商环境试评价工作启动会暨培训视频会议，标志着四川省营商环境试评价工作正式启动。2018 年 12 月完成了 19 个市（州）的 50 个县（市、区）营商环境试评价工作。试评价借鉴世界银行营商环境评价经验，结合实际，设立了 9 项评价指标，以具体、量化的评价指标检验"放管服"改革成效。2019 年 12 月，省发改委召开了 2019 年四川省营商环境评价工作培训会，公布了四川省营商环境评价指标体系，如图 1-3 所示。

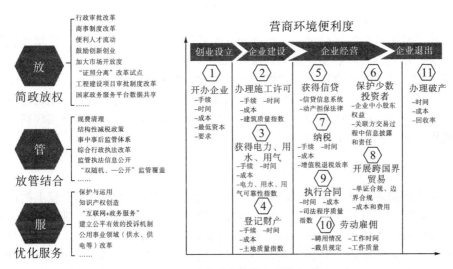

图 1-3　四川省营商环境评价指标体系

2018 年 6 月 29 日至 30 日，中国共产党四川省第十一届委员会第三次全体会议在成都举行，会议通过了《中共四川省委关于全面推动高质量发展的决定》（以下简称"决定"）。决定明确了"着力解决市场机制不活的问题，深化重点领域和关键环节改革，破除民营经济活力不强、国有企业竞争力不高、资本市场不健全、营商环境亟待改善等障碍，充分激发市场活力和社会创造力"的总体要求。2018 年 11 月 20 日，四川省民营经济健康发展大会隆重召开，出台四川促进民营经济健康发展 20 条政策措施，为各类企业在川发展营造一流的营商环境。四川省委书记彭清华在座谈会上强调，全省各级各部门要把优化营商环境作为推进经济高质量发展的"头号工程"。2019 年 6 月，四川省政府印发《四川省深化"放管服"改革优化营商环境行动计划（2019—2020 年）》，从加快构建公平正义的法治环境、着力营造竞争中性的市场环境、持续建设公开透明的政策环境、全力打造便捷高效的政务环境四个方面提出优化营商环境的具体举措。

"2019 四川营商环境提升年"后，2020 年四川迎来国家发改委"大考"，21 市（州）将全盘纳入国家发改委评价指标体系。四川省发改委作为营商环境评价的牵头部门，负责推动营商环境评价、对标对表、评改互动系列化工作。截至 2020 年 5 月，四川省发改委编制了一季度省直部门（单位）及市（州）营商环境监测指标核验情况，成都、绵阳、德阳综合测评情况靠前。

1.2　优化营商环境的重要意义

我国经济社会发展已经进入关键的战略机遇期，经济位置处于经济增长速度换挡期、结构调整阵痛期、前期刺激政策消化期。正是这"三期叠加"的态势，无疑更加凸显了经济高质量持续增长对于优化营商环境的内在需求，这也是政府推动经济发展的根本着力点。全面优化营商环境能够为市场主体营造宽松适宜的市场环境，激发市场主体的活力，促进市场主体的创新动力，为经济实现高质量发展提供强大而持续的动力。

1.2.1　深化改革开放的重要内容

李克强总理在全国深化"放管服"改革优化营商环境电视电话会议上的讲话中指出，深化"放管服"改革和优化营商环境是改革开放的一个关键举措，是正确处理政府和市场关系的重大改革之举，也是当前实现"六稳""办好我们自己的事"的重要举措，要坚持不懈地深入推进。2019 年《政府工作报告》提出，市场准入负面清单制度全面实行，简政放权、放管结合、优化服务改革力度加大，营商环境国际排名大幅上升，印证了重点领域改革的新步伐、新进展。

1.2.2　高质量发展的重要保障

优化营商环境，能够打破制约资金、劳动力、土地、技术等要素自由流动的障碍，促进要素流动，提高资源的配置效率；而高质量发展的本质是高效、公平和可持续的发展，具体体现为资源配置效率高、产品服务质量高、技术水平不断升级等。通过优化促进创新的体制环境，加强知识产权保护，提升自主创新能力，促进新旧动能转换，培育增长新动能。

1.2.3　促进公平竞争的重要举措

《优化营商环境条例》提出政府有关部门应当加大反垄断和反不正当竞争执法力度，有效预防和制止市场经济活动中的垄断行为、不正当竞争行为以及滥用行政权力排除、限制竞争的行为，营造公平竞争的市场环境。在进一步优化营商环境的同时，缩减市场准入负面清单，寻找有违公平竞争的痛点所在，促进市场的公平竞争，更好地协调社会主义市场经济中政府与市场的关系。民营经济是县域经济的主力军，优化营商环境，打造公平的竞争环境，是促进罗江区经济增长的前提条件。

1.2.4 激发市场活力和经济内生动力的重要手段

把市场主体的活跃度保持住、提上去，是促进经济平稳增长的关键所在。在当前我国经济发展的关键时期，优良的营商环境对于经济高质量发展的具体作用主要体现在以下方面：一是相对完善的产权保护制度是良好营商环境的必备要素，它能够有效保护市场主体的生产成果，正向激励企业家的创新精神，促进和扩大投资的创富效应。二是就市场环境的交易成本而言，良好的营商环境必然意味着更低的成本和投入、更宽松的市场环境和更有效的竞争中性机制，这有利于促进资源要素的市场化自由流动和聚集，激发市场主体的经营活力，促进国内统一市场的深度完善。三是对于市场收益和预期来说，良好的营商环境意味着收益稳定和规则有效基础上的可预期性，最大限度地消弭不确定性和冗赘成本，在高度社会诚信的基础上促进市场交易与社会合作，最大限度地提高资源配置的经济社会效率。

党的十九大报告明确提出了"深化商事制度改革"，促进营商环境持续改善，支持民营企业发展，激发各类市场主体活力的要求。根据赛迪顾问2018年发布的县域营商环境百强榜，共有61个县市既是赛迪营商环境百强榜成员，也是县域经济百强县。"双百县"表明这些县域良好的营商环境和县域产业发展形成了持续的正向反馈，优化营商环境将成为激发罗江区产业发展、经济内生动力的重要手段。

1.2.5 推进政府职能转变的新突破

2013年，党的十八届三中全会提出，经济体制的"核心问题是处理好政府和市场的关系，使市场在资源配置中起决定性作用和更好发挥政府作用"。政府立足加强营商环境建设，为职能转变找到了新的实现路径。罗江区政府重视优化营商环境，是罗江区推进政府职能转变的新突破。

1.3 开展县域营商环境评价的必要性

1.3.1 对县域经济发展的重要意义

中国县域经济总量目前达到39.1万亿元，约占全国的41%。此外，中国县域经济创新发展论坛发布的《2019 年赛迪县域经济百强研究》及"县域经济 100 强（2019 年）榜单"显示，我国百强县发展亮眼，以不到全国 2% 的土地，7% 的人口，创造了 25% 的县域 GDP、10% 的全国 GDP。县域经济是我国省域或更大层面区域经济发展方式转型的空间核心，是省域或更大区域经济强弱的晴雨表，县域市场营商环境建设的好坏会直接影响着省域或更大区域经济发展的水平和潜力。

县域经济作为国民经济的基础单元，是连接农村经济与城市经济的基本行政区域经济，优化县域经济体营商环境是我国建设经济强国的基础环节；县域经济是推动国民经济发展的主阵地，优化县域经济体营商环境是深化改革开放的重要内容，对当前阶段我国全面建成小康社会有强力助推作用；县域经济是我国经济社会发展方式转型的空间核心，优化县域经济体营商环境对提升我国经济高质量发展具有重要的现实意义；县级政府在国家治理体系中发挥着"稳定器"和"平衡器"的作用，构建完善的区域治理体系、培育有效的治理能力、优化县域经济体营商环境是实现县级政府治理现代化、国家治理现代化的基础。

纵观近年来国内市场营商环境评价指标体系研究的现状发现，对省域或更大区域层面市场营商环境评价的研究和实践较多，而对县域级层面市场营商环境评价的研究和实践甚少。当下，县域经济对提升我国经济高质量发展具有重要的现实意义，是我国经济社会发展方式转型的空间核心。开展县域层面营商环境评价有利于完善地（市）、省域或更大区域层面市场营商环境评价指标体系，为提升我国营商环境提供经验借鉴和示范。

1.3.2 世界银行营商环境评价指标体系的不足

自世界银行发布《营商环境报告》以来，媒体对营商环境的报道已呈铺天盖地之势。然而，媒体关注的焦点在于各经济体的排名位序。细究世界银行营商环境评价的方法论不难发现，虽然世界银行建立了较为完善的营商环境评价指标体系，但是该体系旨在进行国际间的比较，其采用的指数需要具备在各经济体中比较的普适性，尤其关注对政策及法律法规的测评。各指标中，类似"法律有没有规定"等提问方式也反复出现。而县域经济体的营商行为依循整个国家的法律框架，其资源和行政配套也不及城市经济，因此世界银行的评价体系被运用于县域经济时呈现出以下问题：

（1）世界银行营商环境评价体系以排序为导向，对于全面评估一个国家或地区的营商环境具有一定的局限性。而对于县域经济而言，营商评价的重点不在于排序，而在于找到营商环境中的关键问题，再加以提升和改进。

（2）世界银行营商环境评价体系较为宏观，对于县域经济体而言，每个指标下设的问题不够详尽具体，无法充分反映县域经济体中的问题，这也就使得想通过该指标体系寻求针对性的改善方向变得更加困难。

（3）世界银行营商环境指标体系无法较好地反映企业诉求。比如，劳动力市场监督指标，主要评价参评经济体劳动雇佣的法律法规、政策要求是否完善以及执法所需要耗费的时间和成本等，但对于从企业端和劳动者获取的法律遵守和执行效果的情况是有限的。若一个地区存在"有法不依、执法不严、违法不究"的现象，其评价的结果与企业家的实际感受就会有明显差异。

（4）世界银行营商环境评价体系部分指标失效或结果偏差较大。主要表现为：

①进出口贸易指标。目前，县域经济体中极少数涉及大量的进出口贸易，导致该指标直接在县域环境中的评价失效。尽管在罗江区的实际情况中，也有相关政府部门协助企业进出口的部分流程，但这些协助在世界银行的评价体系中无法体现。

②办理施工许可证指标。该指标由于询问对象主要为政府部门，也是站在政府的立场收集流程资料，所以"成本"指标无法按照世界银行的方法论进行统计。就罗江政府办理流程的要求来看，除了市政配套费（10元/平方米）、施工图审查费（工业厂房：按照1.5元/平方米计价，办公楼、门卫室、宿舍楼等不足2000元按照每个2000元计算）、水保补偿费（补偿费应依据建设项目和个人对水土保持设施的损毁和占用情况计收，对损坏水土保持林草的每平方米收取补偿费1.30元）、申请供水（材料费、人工费视情况收取）之外没有其他费用。

③保护少数投资者指标。在县域经济体内，上市企业的数量远远不及大城市，这也就使得世界银行中关于保护上市企业中少数投资者的指标评价结果有所偏差甚至失效。在罗江区，目前仅有一家上市企业，且该企业仅有一个工厂在罗江，其总公司位于德阳，因此，该指标在罗江区得出的评价分数具有一定的特殊性。

④办理破产指标。各区县经济发展潜力不同，各县的企业规模也存在差异。在罗江区，很少有企业债权或债务人主动申请办理破产，多数是法院在执行过程中发现被执行人资不抵债、达到破产界限而转为破产的案例。有的区县无律所驻场，法院经手的破产案例有限，所以难以统计出企业办理破产所需成本（破产管理费、拍卖费、评估费和律师费），进而导致无法按照世界银行方法论算出破产回收率。并且企业办理破产涉及的相关法律法规和司法程序全国基本统一，各区县很难有创新优化的地方。

尽管中国标准化协会（CAS）于2019年发布了《县域营商环境评价（征求意见稿）》，从基础设施、要素供给、政务效率以及企业满意度四个维度对县域营商环境进行了评价，但该县域营商环境评价标准未对县域环境中的法律环境、融资可获得性等关乎企业生产运营的重要指标进行评估。

此次罗江区营商环境评价按照有关原则设立的县域市场营商环境评价指标和

评价方法参考了世界银行、国家发改委和四川省发改委的指引文件，但绝对不是单纯地将已有成果的相关指标简单移位、堆砌与组合，而是在通过调研罗江区相关营商环境建设情况获得第一手资料的基础上，结合现阶段我国县域经济社会发展实际，在对营商环境内涵特征进行充分思考后，在原有指标和方法论的基础上进行适当综合、提炼和一定程度上的创新。

第 2 章 评价目标、内容及方法

为营造服务便利、效率提高、成本降低、企业满意、社会认可、环境优化的营商环境，本书将开展营商环境评价与提升工作，提出了适用于县域营商环境的指标体系，寻找营商环境中存在的突出问题，对县域经济的流程再造提出指导性建议。将该指标体系用于罗江区，力争打造"全市第一、全省领先、全国一流、国际认可"的优质营商环境。开展工作的具体目标、内容与方法将在本章进行介绍。

2.1 评价目的与目标

本书通过提出对县域经济营商环境的质量进行评估、厘清政策措施在提升营商环境方面的实际效用、梳理查找影响县域经济营商环境质量的主要问题、对标国内营商环境领先城市前沿做法等方式，形成一套适用于县域经济实际情况的营商环境评价体系，并有针对性地就县域经济中各政府部门提出了改革建议。为实现"探究影响县域经济营商环境质量的主要问题，提出县域经济优化营商环境的实施方案，并以罗江区为例"的工作目的，提出下述具体工作目标。

2.1.1 制定营商环境评价方法，搭建县域经济特色营商环境评价体系

参考世界银行营商环境评价体系、国家发改委制定的中国营商环境评价体系和四川省营商环境评估体系，结合县域经济特点，搭建适合县域经济特色的营商环境评价体系，并将在深度访谈政府重点部门和样本企业、发放问卷清单、分析计算指标得分的基础上，为县域经济定制营商环境评价方法。

2.1.2 评价体系应用于罗江区，分析罗江区营商环境评价结果

在开展营商环境评价的工作中，要始终坚持"问题导向"，要以"发现问题"

"解决问题"作为贯穿整个工作的主线。在县域经济营商环境评价体系的基础上，结合罗江区特点进行评价，同时进行走访调研，通过问卷调查收集数据，以厘清罗江区营商环境现存的问题，并给出问题清单。

2.1.3 提出优化营商环境实施方案，并验证其有效性

根据指标分析、问卷回收总结和访谈调研成果，通过对标最佳实践、业务流程再造等方法识别出影响罗江区营商环境质量的主要问题。在和北京、上海、广州、杭州等先进城市优化营商环境的借鉴性做法进行对标的基础上，对罗江区各政府部门梳理的工作服务流程及对应的改进方案提出指导性建议，形成罗江区优化营商环境实施方案，并撰写罗江区营商环境评价及优化工作报告。通过"德阳市罗江区优化营商环境工作方案（三）意见征集问卷"收集各方对优化营商环境工作方案的意见，验证方案提出的优化营商环境措施的有效性。

2.2 县域营商环境评价、提升工作技术路线

根据上节所述的具体工作目标，本书的技术路线如图 2-1 所示。

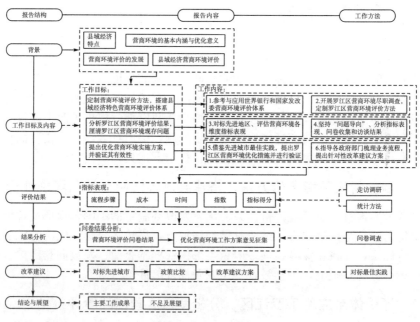

图 2-1　技术路线

2.3 县域经济营商环境评价、提升工作内容

如图 2-1 所示,县域经济的营商环境评价、提升工作坚持以"问题导向"为原则,结合县域经济的实际情况,形成了具体的工作内容,并以罗江区为例进行了应用。针对"搭建县域经济营商环境评价体系,制定评价方法,并以罗江区为例"的目标,所进行的主要工作有:①参考与应用世界银行和国家发改委营商环境评价体系;②开展罗江区营商环境尽职调查,制定罗江区营商环境评价方法。针对"分析罗江区营商环境评价结果、厘清罗江区营商环境现存问题"的目标,所进行的主要工作内容有:①对标先进地区,评估营商环境各维度指标表现;②坚持"问题导向"、分析指标表现、问卷收集和访谈结果。针对"提出优化营商环境实施方案并验证其有效性"的目标,所进行的主要工作内容有:①借鉴先进城市最佳实践,提出罗江区营商环境优化措施并进行验证;②指导各政府部门梳理业务流程,提出针对性改革建议方案。

2.3.1 世界银行和国家发改委营商环境评价体系分析

世界银行营商环境评价指标体系的理论依据来自经济学和法学交叉研究流派"法金融学",主要从"营商程序便利程度"与"法律保障力度"维度对一个经济体的营商环境进行评估,聚焦中小型企业在最为普通环境中的经营活动,形成企业生命周期 5 个不同阶段、11 个方面、数百项监管法规的量化指标,深入量化企业经营的制度性成本。具体指标详见表 2-1。

表 2-1 世界银行营商环境评价指标体系

一级指标	二级评价指标
开办企业	手续、时间、成本和最低实缴资本
办理施工许可	程序、时间、成本和建筑质量控制指数
获得电力	程序、时间、成本和供电可靠与电费指数透明度
登记财产	程序、时间、成本和土地管理质量指数
缴纳税款	次数、时间、总税收和缴费率、报税后流程指数
跨境贸易	进/出口单证/边界合规时间、成本
获得信贷	合法权利力度指数、信贷信息深度指数、信贷登记机构覆盖率和信用局覆盖率

一级指标	二级评价指标
保护中小投资者	披露程度指数、董事责任指数、股东诉讼便利度指数、股东权利指数、所有权和管理控制指数及公司透明度指数
执行合同	时间、成本和司法程序质量指数
办理破产	时间、成本、回收率和破产框架力度指数
劳动力市场监督	雇佣

　　国家发改委按照国际可比、对标世界银行、中国特色原则，从衡量企业全生命周期、反映投资吸引力、体现监管与服务三个维度制定了 18 个指标，其中企业全生命周期维度主要关注企业从开办、经营到最后破产或注销的全生命周期，同时考察企业在经营过程中涉及的施工许可办理、纳税、信贷融资以及其他政府服务事项。反映投资吸引力维度主要关注企业信心、劳动力市场监管、信用监管等方面。相比于世界银行指标体系，该维度增加了符合中国国情的政府采购、招标投标等指标，综合评估地区投资贸易便利度和长期投资吸引力。体现监管与服务维度则重点关注政务服务、知识产权、城市或地区空气质量、交通环境等多方面。该维度体现了中国在"十三五"阶段的可持续发展目标，围绕监督与服务创新构建，是具有中国特色的指标。四川省在国家发改委建立的指标体系的基础上增加了民营经济发展状况指标，重点关注四川省民营经济发展概况，具体指标详见表2-2。

表2-2　国家发改委和四川省营商环境评价指标体系

序号	一级指标	二级评价指标
1	开办企业	程序、时间、费用、便利度
2	办理施工许可	程序、时间、成本、建筑质量控制指数、便利度
3	获得电力	程序、时间、成本、供电可靠性与电费指数透明度、电力价格和获得电力便利度
4	用水用气	程序、时间、成本、便利度
5	登记财产	程序、时间、成本、土地管理质量指数和登记便利度
6	缴纳税款	次数、时间、总税收和缴费率、报税后流程指数
7	跨境贸易	进/出口单证/边界合规时间、成本、跨境贸易便利度

序号	一级指标	二级评价指标
8	获得信贷	合法权利力度指数、信贷信息深度指数、征信机构覆盖率和企业融资便利度
9	保护少数投资者	信息披露透明度、董事责任程度、诉讼便利度、股东权利、所有权和管理控制、公司透明度
10	执行合同	解决商业纠纷耗时、费用、司法程序质量指数
11	办理破产	时间、成本、债权人回收率和破产法律框架质量指数
12	劳动力市场监督	聘用情况、工作时间、裁员规定、裁员成本、工作质量
13	政府采购	电子采购平台、采购流程、采购结果确定和合同签订、合同管理、支付与交付
14	招标投标	互联网＋招标采购、投标和履约担保、外地企业中标率、建立公平有效投诉机制
15	政府服务	网上政务服务能力、政务服务事项便利度、政务服务满意度、与国家政务服务平台数据共享
16	知识产权创造、保护与运用	创造质量、社会满意度、非诉讼纠纷解决机构覆盖面、知识产权运用效益
17	市场监督	"双随机、一公开"监管覆盖率、监管执法信息公开率、政务诚信度、商务诚信度、与国家互联网＋监管系统数据共享
18	包容普惠创新	创新创业活跃度、人才流动便利度和市场开放度、综合立体交通指数、基本公共服务群众满意度、蓝天碧水净土森林覆盖指数
19	民营经济发展	民营经济活力、结构合理性、健康度、创新力、风险防控

县域营商环境评价坚持"问题导向"，以发现阻碍营商环境提升的问题为主要目标，按照世界银行营商环境评价体系、国家发改委制定的中国营商环境评价指标体系和四川省营商环境评估指标体系，结合县域环境特点，搭建适合县域评价、可发现问题的县域营商环境评价指标体系。除国际和四川省通用的 11 项国际指标（开办企业，办理施工许可，获得电力，登记财产，获得信贷，保护少数投资者，缴纳税款，跨境贸易，执行合同，办理破产，劳动力市场监管）和 8 项新增指标（政府采购，招标投标，政务服务，知识产权创造、保护与运用，市场监督，包容普惠创新，民营经济发展，用水用气）外，针对走访调研的实际情况，增加了投资吸引力、优惠政策落实情况、基础配套情况、职工生活环境等其他开放性指标，保证了该指标体系的国际权威性和本地适用性，为开展后期评价工作、制订优化提升方案提供有力支持。

2.3.2 开展县域营商环境尽职调查，制定县域营商环境评价方法

要建立适应县域实际情况的营商环境评价体系，摸底调研是重要方法之一。通过前提指标筛选，整理出针对各政府部门的问题清单，并对政府重点部门进行深度访谈，摸清办理相关事项的流程、所需时间、成本和材料等。在摸底调研结束后，才能基本掌握县域营商环境的现状。对涉及县域经济不同行业的企业进行走访，有助于了解各类市场主体对于县域营商环境的看法和意见，从而掌握制约县域营商环境提升的"痛点、难点"问题。

本书以罗江区为例，在罗江区进行了深入的调研，涉及当地的行政审批局、住建局、司法局、发改局、自然资源局、教育局、人社局、人民法院、经信局等政府部门，以及新材料、电子、食品、生物等不同行业的数十家企业（朗迪、雅阁、锐博、新王铝业、中航管业、赛利康、小叶本草、益达香、智越科技、帛汉、久华信等），进行实地走访调研，发放问卷清单，了解各类市场主体对于罗江区营商环境现状的看法及意见。访谈调研可以增加对罗江区营商环境的了解，可以查明仅通过指标体系评价发现不了的问题，这是县域营商环境评价方法至关重要的一步。

2.3.3 对标先进地区，评估营商环境各维度指标表现

这一部分的工作主要是在整理政府部门、企业反馈的问卷清单，分析尽职调查收集的资料，对前期工作进行查漏补缺的基础上，对标先进经济体，评估罗江区营商环境各维度指标表现。世界银行计算各指标、各维度得分所采用的相对距离法是一种通过与最佳实践（得分）和最差实践（得分）比较相对距离计算指标得分的方法。在评价指标体系所涉及的 18 个维度、数百项指标中，本书对适用于相对距离法计算得分的部分指标通过计算得分评估其表现，对不适用相对距离法计算的部分指标通过对标先进经济体评估其表现。在评估指标表现的基础上，通过发放问卷等方式收集企业真实意见，调整评估结果。

2.3.4 坚持"问题导向"、分析指标表现、问卷收集和访谈结果

以"问题导向"为原则，通过计算各指标得分、评价各指标表现，有针对性地找出罗江区在营商环境各指标中存在的问题。再通过走访调研和问卷调查，收集企业和政府部门的意见，找出隐藏较深、指标体系不能涵盖的问题。然后，对所有问题进行梳理、合并，并且与相关政府部门和相关企业进行核实，明晰问题实质与详细情况。再以罗江区为例，总结整理出罗江区营商环境现存问题清单。

2.3.5　借鉴先进城市最佳实践，以罗江区为例提出营商环境优化措施

通过各种渠道收集国际、国内营商环境较好的先进地区的相关资料，整理其优化营商环境措施，提炼先进城市优化营商环境的最佳实践措施，作为指导县域经济营商环境优化的基础。本书通过收集整理在部分指标上表现优异的地区（如北京、上海、成都、杭州等国内地区和新加坡、韩国、美国等国外地区）的先进措施，整理出开办企业流程"一网通办"、办理施工许可流程"并联审批"等一系列最佳实践措施。在整理出最佳实践措施的基础上，结合对政府部门的走访所了解的实际情况，本书以罗江区为例提出了营商环境优化的建议措施。通过"德阳市罗江区优化营商环境工作方案（三）意见征集问卷"进行有效性验证，要求填写问卷的企业、单位对问卷中设置的每一类优化措施的有效性进行打分，通过各方意见验证优化措施的有效性。

2.3.6　指导各政府部门梳理业务流程，提出针对性改革建议方案

罗江区从优化行政审批、重塑办事流程，强化政府服务、重构政企关系，强化配套保障、助力发展壮大，优化市场环境、构建法治社会四个方面建立了优化营商环境工作专班。各专班结合罗江区工作组提出的营商环境优化建议措施，在梳理各自业务流程的基础上，编制了优化营商环境专项方案，工作组深度参与了政府各部门工作流程梳理和优化再造的工作。在指标分析、问卷调研的基础上，结合国内先进城市优化营商环境的做法，工作组与各专班展开座谈，提出改进审批事项等改革建议，以解决前期营商环境评价过程中发现的"痛点、难点"问题。各专班在工作组提出的优化建议的基础上，改进了专项工作方案，形成了罗江区优化营商环境实施方案。

2.4　县域营商环境评价方法

2.4.1　走访调研

本研究走访调研的评价方法主要以会议、实地访谈调查法为主。会议调查法根据营商环境评价指标筛选整理出针对各政府部门的问题清单，然后以座谈讨论的方式对政府重点部门进行深度沟通交流。邀请各部门主要负责人详细介绍部门情况、工作职责与内容，办理相关事项的流程、所需时间、成本、材料及目前存在的问题，快速摸清了解各部门的工作情况，获得大量的第一手资料。

实地访谈调查法，是调查者通过口头交谈的方式了解调查对象情况的方法。调查者通过抽样法，筛选出具有一定代表性的调查对象，实地与调查对象面谈，

了解他们的真实情况和意见，通常测试选职的对象越多，了解到的情况就越真实。以罗江区为例，本研究有针对性地实地访谈调研了6个不同类型、有不同业务办理需求的企业。2019年新办不动产登记企业：赛利康（正在办理）、久华信；2019年竣工投产的企业：朗迪、泛尔斯特；2019年新办用水、电、气企业：益达香、新王铝业；2019年办理退税企业：帛汉电子、锐博新材料；2019年发生跨境贸易的企业：雅格新材料、智樾科技、鑫航科技；2019年申报知识产权的企业：小叶本草、中航管业。访谈主要围绕开办企业、办理施工许可、获得电力、劳动雇佣、缴纳税款、保护少数投资者、跨境贸易、登记财产、执行合同这几个指标内容展开。在与企业的访谈的过程中，避免政府人员的参与，确保调研企业没有任何政治或其他方面的压力。该方式可以帮助了解调查对象真实的心理和看法，对收集问题和后期的改进工作很有帮助。

2.4.2 问卷调查

问卷调查是国内外社会调查中使用较为广泛的一种方法，是为统计和调查所用，以设问的方式表述问题，并按照表格所问来填写答案。一般来讲，问卷调查较之调研访谈要更详细、完整和易于控制，获得的数据也更有针对性。本次调查设计了两种类型的问卷：

第一种是根据世界银行和国家发改委营商环境评价指标体系、方法论分别设计出每个指标对应的问题，在此基础上新增了与政府重点部门访谈后提炼的一些针对性问题。例如：在罗江经开区，2019年度线上和线下分别帮助企业做了多少次招聘宣传工作；2019年度企业征集问题的台账内容及办结率；提供企业沙龙的会议纪要。发放给调研企业的问卷也增加了一些能反映市场主体对于罗江区营商环境现状的看法及意见的开放性问题。例如：吸引企业在罗江区投资办厂的主要因素；企业在生产经营中是否存在用水、用电方面的问题；政府优惠政策的落实是否存在问题；是否存在因办事指南不清晰导致准备审批所需资料不齐全而产生多跑趟问题；是否有需向政府相关部门反馈和建议的其他问题等。这些问题能够反映罗江区营商环境的真实情况，帮助调查者深入了解企业对罗江区营商环境的诉求、各政府部门工作到位和有待提升的地方。同时，在收集整理各政府部门反馈的问卷时，对于回答不清楚、有疑问、资料欠缺的地方进行了标记，并逐一与各政府部门沟通核实，获取相关资料。

第二种问卷以县域经济中企业对营商环境的反馈为主，以罗江区为例，本书采用了由"2020年罗江区营商环境评价企业调查问卷"和"德阳市罗江区优化营商环境工作方案（三）意见征集问卷"两部分组成的问卷，最后统一汇总成一份具有罗江区特色、能够客观反映影响罗江区营商环境质量的问卷清单。问卷内容由政府方代为发布，且企业在问卷中所填写的所有信息均直接传回研究者手中，不返回政府，确保了问卷回答的开放性。对两份问卷的具体介绍如下：

"2020 年罗江区营商环境评价企业调查问卷"：采取线上不强制要求实名制答题方式，调查对象为注册地在罗江区的持续经营的企业。为了保证问卷回答的广泛性和真实性，原则上应主要由企业家填写，但也可以由了解企业真实情况的职能经理代为填写。该问卷目的在于收集企业对营商环境各方面的主观评价、反馈自身发展的需求和面临的问题，不采用抽样调查，而尽量多地增大样本容量，扩大数据的有效性。

"德阳市罗江区优化营商环境工作方案（三）意见征集问卷"：采取线上不记名答题方式，调查对象不严格局限于企业，因为该问卷的目的在于收集各方对优化营商环境工作方案的意见，不采用抽样调查，而尽量多地增大样本容量。

2.4.3 统计方法

县域营商环境评价的统计方法主要分为三个部分：描述性统计，结合世界银行方法论计算指标得分，与北京、上海等先进地区进行定量比较分析。

（1）描述性统计主要根据政府部门反馈的问卷内容，统计出开办企业、办理施工许可、获得电力、用水用气、登记财产、缴纳税款、办理破产、获得信贷、保护少数投资者以及执行合同这些指标所需流程、时间、成本、所需材料数量；针对国家发改委营商环境评价新增的 8 个指标，即政府采购、招标投标、政务服务、知识产权创造、保护与运用、市场监督、包容普惠创新、民营经济发展指标展开的描述性统计，主要是为了调查参评地区相关法律是否健全，政策是否落实到位，电子政务应用的普及度，"双随机、一公开"监管覆盖率等。

（2）结合世界银行各指标对应的方法论，计算县域营商环境指标得分。部分指标计分方法是根据评价参评经济体法律框架的质量、完善性来设计的，例如：破产法是否允许债务人拒绝履行过于难以负担的合同？回答"是"加 1 分，回答"否"得 0 分。

（3）以罗江区为例，将县域经济体中各指标的得分情况分别与 2020 年中国营商环境代表城市北京、上海及最优国家数据，2018 年成都营商环境结果和2020 年四川省营商环境结果进行定量、定性对比分析。评价罗江区做得好的地方，识别出对标先进城市数据，各指标在办理所需流程、时间、成本、所需材料数量等方面存在的问题。

2.4.4 对标最佳实践

为深入贯彻落实党中央、国务院出台系列优化营商环境的重大决策部署，各主要省市纷纷出台优化营商环境的重要政策措施，以对标先进、接轨国际为方向系统谋划，突出自身特色打造营商环境，形成一批可资借鉴的特色经验。例如，

2020 年上海市全面深化国际一流营商环境建设实施方案、2020 年广州市对标国际先进水平全面优化营商环境的若干措施、2020 年浙江省优化营商环境工作要点、2020 年四川省优化营商环境行动计划等。本书参考学习了这些先进的优化营商环境的理念、措施，整理出与营商环境评价指标相对应的借鉴性改革措施，为县域经济转变政府职能提供指导方向。

根据对政府部门、企业走访调研和问卷调查所得出的问题清单、初步指标分析结果，再与县域政府部门工作小组、工作专班一起对现行的工作流程进行自查自评，找出在实际工作中发现的问题和缺陷，反映企业调研查找出的问题并结合国内先进的提高营商环境的借鉴性做法，从"优化行政审批、重塑办事流程，强化政府服务"、重构政企关系，强化配套保障、助力发展壮大，优化市场环境、构建法治社会四个方面为各工作小组、专班的优化方案提出指导性建议。

第3章 罗江区营商环境概况

3.1 罗江区简介

四川省德阳市罗江区，地处成都平原东北部边缘，四川盆地红层丘陵区的西北部边缘。罗江汉时叫潺亭，唐朝时置县，1996 年恢复县制，2017 年撤县设区。辖区面积 447.88 平方千米，常住人口 28.96 万人，辖 7 镇，98 个行政村，29 个社区。境内资源较为丰富，天然气储量逾 10 亿立方米，年采输量 5000 余万立方米，是全国重要的电力走廊，输变电能力居四川省首位。罗江区还是成德绵经济带的重要走廊，具有公路、铁路、航空"三位一体"的立体交通优势。京昆高速公路、成绵高速复线、G108 国道纵贯南北，宝成铁路和成绵乐高铁贯穿全境，距双流国际机场 1 小时车程，距绵阳南郊机场半小时车程。

2019 年全区 GDP 收入 141.8 亿元，同比增长 8.3%。一般公共预算收入 4.23 亿元，同口径增长 9.5%。建成现代农业产业园区 29 个，农业科技进步贡献率 65%。获评全国乡村治理体系建设首批示范县、全国农民合作社质量提升整县推进试点县。全区高新技术企业 16 家，科技型中小企业 37 家。2019 年完成工业总产值 433 亿元，同比增长 12.4%。罗江是省级历史文化名城、国家级生态示范县，旅游资源丰富。区内白马关 4A 级景区 2019 年复核通过，白马关镇获评省文化旅游特色小镇，万安镇响石村获评中国传统村落。2019 年全年接待游客 546.55 万人次，增长 17.29%，实现旅游收入 51.8 亿元，增长 26.34%。实现社会消费品零售总额 36.76 亿元，同比增长 10.6%。民营经济占 GDP 比重 66.9%。出台《民营经济十六条》，全年累计支持民营企业 5834 万元，帮助企业解决要素保障等实际问题 230 余项。

境内有四川工业科技学院、德阳通用电子科技学校两所高职院校，每年可输送 5000 余名专业技术人才。同时罗江区巩固校企交流成果，5 个校企合作平台协助全区 26 家企业与哈尔滨工业大学、同济大学、四川大学等知名高校签订合作协议。

罗江经济开发区于 2008 年灾后重建起步，先后分别在金山和城南建立了园区。2012 年，罗江经开区获批成为省级经济开发区，2017 年园区所在地金山镇成功申报为全国唯一的军民融合特色小镇，2018 年罗江经开区挂牌"德阳国家高新区北区"。2019 年实现工业总产值 433 亿元，工业增加值增速连续 5 年位居德阳市第一，工业经济在经济总量占比超过 50％。

3.2　罗江区营商环境概述

3.2.1　行政审批

3.2.1.1　现　状

现行罗江区行政审批工作还存在一些问题，主要体现在以下 7 个方面。

（1）落实"三集中三到位"不彻底。罗江区于 2017 年成立行政审批局，划转 22 个部门 149 项行政审批职能，但部分审批职能依然保留在原单位，且未入驻政务大厅，办事群众多头跑的情况依然存在。

（2）智慧政务建设不到位。目前，全区自助终端设备数量较少，仅有社保和税务两个部门配备了自助服务机，且仅能办理各自的业务。以人社服务为例，全区共计配备大型自助一体机 10 台（配至各镇及政务大厅）、小型便民服务终端设备 78 台（配至各镇、部分村社区及政务大厅）、高拍仪 23 个（配至部分村社区）。四川省政务服务终端机和工商营业执照一体机的数量为零。

（3）基层政务服务能力不强。基层服务人员的不稳定性仍是一大难题，村级便民服务工作人员主要为村（社区）四职人员及公益性岗位人员，人员流动性大，队伍不稳定，削弱了村级便民服务效果。

（4）"互联网＋政务服务"应用程度不高。办理群众接受度不高，年纪偏大的办事群众不易接受网办工作，普遍反映网办操作步骤复杂，难以学会。加之网办平台推广程度不够，群众知晓率和应用程度不高。

（5）业务部门之间数据共享存在壁垒。业务部门办件专网系统过多，目前还没有完全统一整合到四川省一体化政务服务平台，无法实现信息的互联互通，造成办事人员需要重复录入相关信息，无形中增加了窗口办件人员的工作量，降低了办事效率，与浙江省移动政府服务平台一张身份证通办 335 项民生事项相去甚远。

（6）资料准备过程中前期指导不足，导致群众多次跑路。我们所倡导的"最多跑一次"都是以办事群众把资料准备完善、齐全、准确为前提，资料准备不齐全、不完善、不准确是导致群众多次跑路的主要原因。比如，在食品经营许可办理过程中，经营场所不符合卫生、消防等要求则会被退回，需要业主在整改规范后重新申报，无形中延长了办理的时间。

（7）政务服务"好差评"工作还需要进一步加强。现目前，全区申请政务服务事项承诺提速率达 80％以上，但全程网办率仅 22.67％，政务服务"好差评"中主动评价率仅 0.32％。一是评价体系不够健全，尚未形成评价、反馈、整改、监督全流程衔接的制度体系。二是评价渠道不够畅通，线上线下融合不够。现有的评价方式（政务服务网评价、天府通办 App 评价、扫码评价等）在操作上不够方便快捷，群众不愿参与。而中心窗口现有的评价器因当前还未实现与对接连通，因此还暂时无法使用。三是对评价工作宣传引导不够，群众和企业参与度不高，参评率偏低。

3.2.1.2　改进措施

针对行政审批中存在的问题，罗江区相关部门提出了以下工作改进措施。

（1）提升政务服务。一是分类别建立审批服务 QQ 群和钉钉群，对外办理在线咨询、资料交换、信息告知和指导服务，线上线下相结合，实现了工作人员与服务对象 24 小时在线不打烊交流服务，办事群众可通过 QQ 群和钉钉群下载申请资料模板、提交预审资料，确保群众办事一次性通过材料审核，真正为服务对象"最多跑一次"打下坚实的基础。二是综合利用"政务服务好差评"，加强对政务服务的督查考核，将考核结果和奖励发放、评先评优挂钩，促使各单位强化对窗口工作人员的管理，提升群众办事的体验感。群众网上办事主动评价率从 5.84％提升至 18.64％，好评率 100％。三是落实"三集中、三到位"，进一步推进公共服务事项入驻实体大厅。

（2）升级项目秘书服务。项目秘书全程代办、帮办。由项目秘书代办的行政许可和公共服务事项共计 36 项，除去银行开户、税务首次登记、不动产登记等事项必须要求企业亲自到场外，其余 33 项事项均可实现企业只提供资料，项目秘书进行代办，企业"一次都不跑"就能办完审批。项目秘书已为 49 个在建项目办理行政审批事项 500 余件，收集 205 家企业 450 余项问题，协调解决问题 242 余项。

（3）优化审批流程。全面梳理审批服务事项，形成了建设前、建设中、竣工后、投产后四个审批阶段，构成了企业审批的全生命周期，办理承诺时限已从法定时限 202 个工作日缩减至 21 个工作日，审批事项提速率达 81.66％。同时，对四个审批阶段的具体事项全面进行了梳理和流程优化，制定涉企审批标准化清单，供企业项目秘书照单服务，全面提升服务效率。同时，推行审批服务"承诺制"改革，企业按照"承诺制"改革的要求，对部分审批手续进行信用承诺，所有手续在办理施工许可证前全部办完，平均一个项目将至少提速 90 天，减少企业成本 30 万元左右。目前，22 家企业签约"承诺制"，泛尔斯特、朗迪新材料两家企业实现"当日开业，百日开工"。

（4）做实乡镇便民服务中心。一是协调人社、民政、残联、医保等部门，组织开展镇村便民服务工作人员业务培训，全面提升基层工作人员的服务能力。二是进一步梳理乡镇便民服务中心可全流程办理事项，配备相关设备，推进个体工商登记在乡镇办理，缩短群众办事距离。

（5）大力推进"无接触"审批。通过审批 QQ 群进行业务指导、上传资料等，减少群众往来政务大厅次数。例如，在办理食品经营许可时，由食品经营者按要求提供食品安全设施设备、经营场所"四防"、操作场所规划设置情况等图片、视频，审查人员快速做出是否准予许可的决定。在疫情期间对尚未办理食品经营许可的开通"绿色通道"，将符合许可条件的经营者办理食品经营许可的时间缩短到 5 个工作日内。

（6）大力推进网络实名认证。公司自然人股东通过四川政务服务网实名认证，再上传股东和法人的身份证件等必要材料，由股东和法定代表人手机扫码进行电子签名提交至区行政审批局，审核通过后，委托代理人只需跑一次窗口即可领取到营业执照。目前，已有 100 余家企业通过网络实名认证、网络提交资料完成登记注册。

（7）持续深化"三集中、三到位"。除因安全等特殊原因或对场地有特殊要求外，要求区级各类政务服务事项必须全部入驻中心实体大厅，确保 2020 年底前基本实现"应进必进"；继续完善事项清单，在已梳理出的政务服务事项清单基础上，再次梳理完善，最大限度地优化审批服务流程，按照"互联网＋"思维重新审视、简化或优化办事规则和办事流程，加快推动政务服务向便捷式服务转变。

（8）积极推动企业"零成本·一日办"。大力推行新设立工业企业首套印章刻制由政府购买服务，将设立登记、印章刻制、发票申领、社保登记全流程一个工作日内完成，实现无前置审批的企业开办全流程"零成本、一日办"。

（9）探索政务服务信息化建设。依托四川省一体化政务服务平台、德阳市"一窗进出"系统，将全区所有的行政审批和公共服务事项纳入系统管理，推广电子印章和电子证照在政务服务中的应用，提升政务服务事项"网办"和"全程网办"比例。加强部门间工作协调机制、资源共享力度，打通区、镇、村三级数据传输通道，建立电子证照库，逐步实现材料共享、各系统互通，真正实现变群众"跑路"为网络"跑路"，推动群众办事"最多跑一次"。一是实施全程电子化记录，建立电子证照库，为信息数据互联互通打下坚实基础；二是全面使用四川省一体化政务服务平台，力争将所有审批服务事项在网上办理；三是持续推进一网通办，力争 2020 年年底前将区级 15 项事项接入天府通办和"德阳市民通"移动客户端应用平台。

（10）全面推进"无差别综合窗口"，提升政务服务效率。围绕"一窗受理、集成服务"的改革目标，在审批大厅实现无差别受理的基础上，逐步在区政务服务中心其他进驻部门及镇便民服务中心、村（社区）便民服务站全面推行，推进全区服务事项的无差别受理，实现受理人员从"分类受理"向"综合受理"、群众办事从"跑多个窗口"向"跑一个窗口"转变，力争在 2020 年底前实现大厅服务事项"一窗办理"，从而切实增强群众和企业的获得感。

（11）积极做好"政务服务好差评"配套改造工作。按照统一规范加快与省系统对接，推动线下评价与线上系统的连接，强化评价结果的分析与应用。在不断提升服务质效的同时，按照"一事一评、即时评价、全面覆盖、纳入考核"的要求，积极引导办事群众对政务服务及时主动评价。

（12）完善基层便民服务体系建设。一是落实乡镇便民服务中心人员配备，加强人员的培训，打造一支业务强、素质高、品质优的服务队伍，整合社保、医保、民政、残联、农房建设等人员和事项，在各镇推进全科人才的培养，确保乡镇办理审批和服务事项的人员稳定，办事效率高，服务质量好；二是推进乡镇便民服务中心信息化建设，各项设施、设备配备到位，提高申报、审批、发证等各流程信息化程度，为群众办理许可事项提供更加便捷的服务方式，为群众在审批服务方面"就近能办"，"多点能办"，"跑一次"和"审批不见面"打下坚实的基础。

3.2.2　政企对接

3.2.2.1　现　状

在政企合作对接工作方面，前期罗江区着力在优化政务服务方面创新工作举措，实行"六个一"工作机制；率先成立了行政审批局，实现了行政审批"一枚章"；在园区设立审批分局，将涉及工业企业的 26 项审批权限全部下放，真正实现了"园区事园区办"；推行"网上预审、一次办结"，全面实施全程网办，所有审批均通过线上办理，实现申请事项"一次办"；推行"精简申请材料，铲除奇葩证明"，已取消家庭亲属、缴费发票丢失等证明 30 项，实现无理证明"一刀切"；推行项目秘书全程代办服务，对所有新签约项目安排一名项目秘书，为企业办理建设手续，实现了贴心服务"一对一"；整合涉企服务力量，将经信、商务经合、税务等 11 个部门集中办公，抽调精干力量组成专班，为企业服务，实现了整合运行"一体化"；全面推行社会投资项目承诺制改革，企业对部分审批手续进行信用承诺，企业其他审批实行边建边办，实现了签约开工"一百天"。但因多种原因，还存在历史遗留问题，还需要进一步解决。

3.2.2.2　改进措施

基于政企对接现状和存在的问题，罗江区提出了以下改进措施：

（1）进一步完善"项目秘书"工作机制。

①流程再造。为更好地服务签约落地企业，对企业工商注册、项目立项、方案审核、用地规划许可、工程规划许可、施工许可等前期手续进行全面梳理，对办理流程进行优化和再造。

②明确职责。进一步明确经开区内设机构的人员、职责和对应区级部门的人员、职责，并建立有效的协调沟通对接机制。

（2）建立和健全特派员"三专"工作制度。

①强化组织领导，完善组织架构。成立驻企特派工作领导小组，加强对园区投产企业服务工作的领导，切实提升园区管理水平。

②细分产业类型，实行"一对一"联系。将经开区范围内的企业细分为无机非金属纤维及其制品、电子信息、设备制造及汽车零部件、橡胶和塑料制品业、金属型材、食品、医药业、饲料加工、建筑材料类专班、家具制造、包装制品及其他类产业，每类产业安排1名分管领导和1名特派员进行对接服务，着力解决企业反映的各类问题。

③建立工作专班，实行专业服务。整合区级部门力量，针对企业比较关注的问题，分别成立税务服务专班、人事劳务专班、政策扶持专班、要素保障专班、法律服务专班等，为企业提供专业化服务。

④组建专家团队，进行问诊把脉。结合罗江区人才专家智库，坚持以问题为导向，为每类企业安排相关领域专家，为企业提供转型升级、技术创新、知识产权、标准体系建设等方面的服务。

（3）搭建交流平台，促进政企沟通。

坚持每月举办企业家沙龙活动，听取企业在生产经营过程中存在的问题和对经济社会发展的建议，积极为企业做好纾难解困工作。充分发挥驻企特派员作用，多方收集企业问题，对企业问题实行台账管理，确保逐一销号。

（4）搭建融资平台，助推企业发展。

积极为企业搭建融资平台，充分利用好园保贷、助保贷、应急转贷等金融产品，帮助企业解决融资问题。

（5）坚持多措并举，解决招工问题。

收集企业用工信息，通过微信公众号"直通罗江"、政务信息网等多渠道进行转载，并在电子显示屏上进行投放。积极做好就业对接工作，为企业搭建平台，解决企业用工问题。与高校建立定向培养机制，定向培养和输送专业技术人才。定期组织企业开展劳动技能培训。

3.2.3　要素保障

3.2.3.1　现　状

（1）用地保障。

按照第三次全国土地调查数据，全区农村宅基地面积 2873.99 公顷（43109.85 亩），按照 2019 年第二次德阳市罗江区国有土地资产管理委员会会议纪要确定的 30 个村规划编制试点村，通过数据分析，30 个村共有宅基地面积 879.25 公顷（13188.75 亩），预计潜力规模 571.51 公顷（8572.76 亩），扣除已立项 6 个项目所涉及村（月亮、璧山、同乐等 16 个村），剩余 14 个村（含 4 个已实施的村），预计潜力规模为 274.80 公顷（4122.01 亩），预计城镇建新可用指标 192.3 公顷（2885.4 亩）。

①2020 年 3 月 31 日，四川省自然资源厅下达《关于四川省 2020 年第 6 批城乡建设用地增减挂钩项目试点区实施规划的批复》（川自然资函〔2020〕163 号）文件，罗江区 6 个挂钩项目立项。

②2020 年 5 月，经德阳市罗江区一届四十九次常务会审议，同意拆旧复垦和农民集中安置建新方案的编制，由于罗江区挂钩项目实施方案中的补偿政策和农民集中建新标准还未通过审定，故项目只能开展内业工作。

③2020 年 6 月 13 日，经德阳市罗江区一届五十二次常务会审议，同意实施方案中的补偿政策，农民集中建新标准通过审定。由于房地合一的地籍图还未完成，6 个项目中的工程量无法准确计算。

（2）用电保障。

罗江区共有用电客户 11.6 万户，其中高压专变用户 420 户，现有工业园区 2 个，分别为金山工业园区和御营工业园区。根据近几年的用电情况和负荷增长趋势，罗江区电力营商环境现状如下：

①近三年高压新装、增容仍涵盖 6 个环节，低压新装增容涵盖 5 个环节，其中资料收集仍包含环评和立项等文件。

②近三年报装接电时间略有下降，2019 年高压平均报装接电时间 65 天，低压报装接电时间 7 天。

③报装接电渠道多元化，目前国网德阳市罗江供电公司按照上级要求，推行"网上国网"App，实行线上办理业务，同时用户可采取微信公众号申请缴费接电。

④国网德阳市罗江供电公司按照上级要求，严格执行收费标准。仅有双电源用户按照接入标准收取高可靠性费用，其余用户报装接电不收取费用。

⑤随着近几年经济的增长，罗江区用电负荷增长较快，尤其是工业园区及农村用户负荷增长迅速，而目前 10 千伏公网线路改造仍相对滞后，负荷重载及低

电压情况时有发生，部分供电区域新增高压用户接入困难，特别是迎峰度夏期间园区企业因负荷不足存在限电、错峰生产的情况。

为解决用电方面的问题，罗江区经信局组织供电公司现场查看、现场办公，提出解决方案，并完成以下几个方面的工作：

①罗江供电公司于2020年6月份组织对110千伏南塔、御营和平家变电站共计9条10千伏出线电流互感器进行更换，与此同时，对4条线路铜铝设备线夹进行更换，消除铜铝设备线夹易断裂的隐患，做好线路通道清理工作。该项工作完成后，新增加3.2万千伏安的供给能力，解决了经开区园区迎峰度夏期间限电的问题，同时也提高了罗江电网互联互供能力，供电可靠性得到极大提高。

②目前罗江供电公司根据上级要求，已在大力推行"网上国网"App，实行线上办理业务，给企业及居民提供了极大的便利。

（3）用水保障。

德阳市罗江区自来水公司拥有占地12710.31平方米，房屋建筑面积4564.81平方米的水厂及办公场所，有设计日供水能力2万立方米的水厂（罗江水厂）一座、日供水能力1万立方米的加压水厂（金山水厂）一座，新建日处理能力4.0万立方米的自来水厂扩建工程（第二水厂）一座。

供水范围：罗江城区及周边乡镇。供水管网总长142.46千米。

水源取水点：2017年7月，四川省政府新批准取水口位于金山镇大井村6组取水点1处，水源经检测符合国家三类饮用水标准。

目前共有用水户35138户，其中企业用水233户，供水保障人口约7.5万人。

罗江区水价已15年未做调整，2017年经北京红日会计师事务所德阳分所司财务审计，近3年（2015—2017年）单位平均供水成本为2.65元/立方米、区发改局成本监审为1.55元/立方米（剔除国家投资部分费用）。若按成本盈亏持平，现行居民用水1.20元/立方米不变，则非居民用水将达2.00元/立方米；考虑到工业企业用水是非居民用水主体，为优化营商环境，切实体现为企业减轻负担，促使企业做大做强，经区政府一届四十八次常务会批准，从2019年6月1日起，工业生产水价仍然按1.70元/立方米执行。

（4）用气保障。

罗江区管道燃气6家，用气人口约16万人，用气普及率70%。报装程序（指受理报装申请到向用户提供报装接气方案）：由用户申请（1个工作日）—现场踏勘（2个工作日）—设计（20个工作日）—编制工程预算（2个工作日）—签订安装合同（1个工作日）共5个环节26个工作日完成。

①建立用气报装工作台账。如实记录新增工业用户从用户咨询、报装申请到通气使用的具体环节、流程时间及存在的问题，做好跟踪服务，不断总结和改善

用气报装服务。

②压缩用气报装流程。由原先 5 个环节（用户申请—现场踏勘—设计—编制工程预算—签订安装合同）压缩成（用户申请—现场踏勘、设计—签订安装合同）3 个环节。

③提前介入服务。加强城区燃气管线的巡查，通过多渠道主动了解周边用户用气需求，做好前期咨询和服务，缩减"用气申请环节"，使企业实现"零跑腿"完成用气接入。达不到报装条件的，在 1 个工作日告知用户并主动协调用户配合改造，再主动为其开展报装工作。

3.2.3.2　改进措施

（1）用电方面。

①精简用电业务办理流程，提升接电效率。根据上级要求，精简办电业务资料，受理申请只需身份主体证明和土地（房屋）使用证明即可，双高用户需补充立项和环评等文件；采取"一证受理"模式，实现大中型企业"最多跑一次"，小微企业"一次都不跑"；严格执行出资界面要求，符合业扩配套政策的项目及时申报实施，确保报装接电快速有效实施；缩减办电环节，取消一般高压新装、增容用户设计审查、中间检查等环节，低压直接具备装表条件时答复供电方案当日即可装表送电。10 千伏高压新装增容业务压缩至 4 个环节，平均接电时间缩短至 40 个工作日内；低压新装增容业务压缩至 3 个环节，平均接电时间缩短至 5 天。

②加速电网配套设施建设。根据负荷增长情况，及时了解线路负荷过载或重载情况，及时解决线路负荷承载问题，避免"卡脖子"现象；及时改造农村电网线路，妥善解决农村地区线路敷设半径过大、台区低电压等难题，针对农村新装容量较大的高压用户，可提前申报改造计划；放开低压报装接电容量标准，提升报装接电质效，低压报装接电标准放宽为：城区由 100 千伏安放宽至 160 千伏安，农村场镇地区由 50 千伏安放宽至 100 千伏安。

③进一步对电网存在的问题进行梳理，做到提前谋划、提前解决，不影响企业及居民的生产生活。

（2）用地方面。

①加强组织领导，强化工作责任。坚持领导小组领导统筹、各工作组和各责任单位密切配合的原则，形成全区上下全员行动、推动用地保障专项工作的良好格局。各工作组和责任单位要创新方式方法，抓好具体工作的组织实施。各责任单位要根据阶段任务和责任分工，落实好本部门工作方案。区级相关部门负责人、各镇党委主要领导要靠前指挥、亲力亲为，推动各项行动取得实效。

②加强沟通联系，强化协调配合。各相关部门、各单位要加强沟通联系，主动工作，勇挑重担，善于化解矛盾，绝不允许推诿扯皮，影响工作进度，要依据

法律和政策，维护和满足群众的正当利益和合理要求，保证工作的顺利推进。

③强化经费和技术保障。已征未补项目、规划调整和组卷报征等实施项目领导小组要及时对各镇的补偿安置情况进行研究，财政部门多渠道加大资金筹措力度，充分保障各类费用及时足额到位；依法依规落实专项技术单位承担相应工作，加强队伍建设和业务培训指导，提高业务能力和综合水平。

④强化督查考核。将用地保障工作纳入区委大督导范围，提高年度目标考核权重，由区领导带队定期督导，对各项工作的落实情况开展检查。对推动力度大、工作进展快的，及时通报表扬；对工作不力、推进缓慢的，进行通报批评；对推诿扯皮、消极应付、造成严重后果的，严肃追究责任。

⑤强化宣传引导。把用地保障工作和维护群众利益工作作为当前的宣传重点之一，宣传正面典型，推广好经验、好做法，曝光通报工作推进不力、损害群众利益的反面典型，加大工作问责力度，营造风清气正、干群关系融洽良好的社会环境。

（3）用气用水方面。

贯彻落实优化营商环境政策，开展窗口服务质量整治行动。对服务窗口"推绕拖"等问题进行整治，切实解决"事难办"问题，进一步规范用气报装流程及收费标准公示。按照《德阳市罗江区优化营商环境保障供水缩减办事程序工作方案》继续优化办事流程，保障供水、供气安全。

①用水保障：

申请材料。整改后只需提供1份材料，即用水申请表。

办理环节。整改后罗江区域内用水办理环节缩减至2个，办理过程包括查勘设计和预算签订合同两个环节。

办理时间。整改后报装时间缩减至8个工作日以内，申请勘查时限压缩至5个工作日，预算施工通水时限压缩至3个工作日。

报装费用。进一步优化费用、降低成本，在保证质量的同时让用户最大受益。

②用气保障：

加大设计力量，择优引进多家设计单位，形成竞争机制，以提高设计人员的积极性和服务意识，提高勘察效率，缩短方案图设计耗时。

加大施工力量投入，加强对施工单位管理，在确保质量安全的情况下，采取多段施工，提高工作效率，提前完成合同工期内容并交付使用。

公示相关材料部件的收费标准，与用户签订合同时提供资费清单，做到收费明了。

提供24小时故障报修服务，接到报修电话后，及时赶赴现场，用最快速度完成抢修任务，确保人民群众的用气安全和生产。

3.2.4　财税金融

3.2.4.1　现　状

（1）生产要素不齐，影响项目申报和验收。如部分企业无土地使用证，影响消防等必备的验收程序，进一步影响到项目申报及验收。

（2）项目资金拨付与企业预期存在差距。企业希望按进度或超进度拨付资金，但这样一是不符合以奖代补类专项资金的管理规定，二是如按进度或超进度拨付资金，难以确保项目按计划实施，达到预期效果。

（3）银行业金融机构在创新信贷产品上应加大力度，"小微快贷"等信用类产品推广力度不够，覆盖范围还需扩大。部分企业有融资需求，但由于抵押物不足，导致贷款不易申请。

（4）融资渠道拓宽不够，对企业直接融资的宣传培训力度不够，上市和挂牌后备企业培育不足。

3.2.4.2　改进措施

（1）严格落实减费降税政策，及时研究解决政策落实中的具体问题，确保减税降费政策全面、及时惠及市场主体。

①强化宣传。通过微信群、QQ 群、LED 显示屏、办税服务厅等渠道进一步宣传减税降费政策以及支持疫情防控和企业复工复产税费政策，确保罗江区纳税人、缴费人及时知晓、享受各项税费政策，积极推动企业复工复产和继续享受政策红利。

②优化服务。按照"尽可能网上办"的原则，运用四川省电子税务局、个税手机 App 等平台，不断拓宽"非接触式"办税缴费渠道，确保 178 个全程网上办税项和 19 个线上线下融合办理事项快速落地。目前罗江区税务局"非接触式"办税后台按期响应比例和限时办结事项按期办结率均为 100%，并积极办理免费邮寄发票业务，邮寄率 78%，做到更好地为纳税人、缴费人服务。

③持续清理。认真开展减税降费疑点数据核实，运用"金税三期"税收管理系统进行对比分析，对发现的"应享未享""应退未退"情况，及时按照规定办理税费退抵，确保纳税人、缴费人"应享尽享""应退尽退"。

（2）加大项目（资金）申报力度，积极向上争取企业（补助、扶持、专项）资金。

①政策梳理宣传。梳理各类涉企财政补助政策，持续强化省级工业发展促进资金、内外贸、流通企业发展资金等有关财政政策宣传，并通过特派员、项目秘书向企业精准宣传政策，鼓励动员企业积极参与项目申报。

②企业情况摸底。按照"一企一策一档案"原则，摸清全区企业基本情况，

全面掌握企业技改、创新和发展动态，建立企业档案，实时了解企业生产经营现状，收集企业存在的问题及困难并积极协调解决。制定企业"四个一"服务制度，为每个重点企业确定一名行业联系领导、一名行业指导员、一名属地政府责任领导、一名"企业特派员"。

③项目储备包装。重点围绕"一主两辅"产业发展，以"2000万以上重点工业项目库"和省市年度重点工业项目库为基础，建立区级项目储备库，定期跟踪服务项目进度，加快推进项目落地实施。指导企业完善项目备案、安全环保、报规报建等前置手续，提前指导企业完善项目申报材料，开展答辩专题培训会议，持续提升项目综合竞争力。

④项目申报及下达。积极对接省市相关部门，及时掌握项目申报信息，加强政企沟通，按要求及时申报项目。申报成功的项目，收到项目资金下达文件后，区财政局15天内下达项目资金。

⑤项目验收。项目主管部门定期、不定期督促检查项目进度，指导企业加快实施；按相关工作要求拨付项目资金；指导企业完善项目验收材料，并组织第三方专家组完成项目验收。

⑥项目资金拨付。根据项目实施进度情况，按省区市项目资金管理办法及时拨付资金，进一步加快完善罗江区资金拨付方案，细化企业项目奖补资金拨付流程。

⑦信息公开。利用政务信息公开网、微信公众号等平台进行信息公开，区经信局及区商务经合局负责公开项目申报、项目实施及资金拨付情况，区财政局负责公开资金下达情况。

（3）助力企业拓宽融资渠道，着力缓解企业融资难、融资贵困境。

①做好融资对接服务。强化银企对接，每半年召开一次政银企对接会，向金融机构推介企业项目，引导金融机构加大对企业的信贷投入，特别是中长期贷款支持，提高金融机构服务企业能力。

②创新金融服务。引导辖内各银行业金融机构强化对企业的金融服务及信贷支持，创新信贷产品。积极推广"银税互动""小微快贷"等信用类产品；扩大知识产权质押融资、应收账款融资等贷款规模；降低企业融资成本，提高信贷审批效率。

③建立信贷风险分担机制。积极引导企业利用好贷款风险补偿金和市应急转贷资金，做实"助保贷""园保贷"，切实解决企业融资难。

④拓宽融资渠道。大力发展直接融资，加强上市和挂牌后备企业培育；加大宣传培训力度，举办多层次资本市场培训对接活动。

⑤认真贯彻执行财政金融互动奖补相关政策。积极组织金融机构做好各项奖励申报工作，充分发挥财政资金的导向作用，鼓励和引导金融机构向有融资需求

的企业提供金融支持。

（4）逐步推广以金融机构保函替代现金缴纳涉企保证金。

①研究政策，制定细则。区行政审批局、区发改局、经开区分别就政府采购、招投标、招商引资等领域的以金融机构保函替代现金缴纳涉企保证金进行政策研究，并结合罗江区实际制定实施细则。区财政局按照《四川省财政厅关于进一步做好疫情防控期间政府采购工作有关事项的通知》（川财采〔2020〕28号）和《关于印发推进营商环境工作方案的通知》（德市罗财发〔2019〕24号）文件要求，做好政府采购以金融机构保函替代保证金细则的指导工作。

②试点实施。在罗江区域内选择政府采购、招投标、招商引资等一项或多项以金融机构保函替代现金缴纳涉企保证金进行试点。

③总结推广。总结试点情况，完善制度，对先进经验逐步推广。

3.2.5　人才服务

3.2.5.1　现　状

人力资源是第一资源，人才决定企业的发展命运。近年来，罗江区坚持人才强区战略，各方面人才政策得以制定和落实，企事业单位及人才对政策的感知度不断提高，各类人才队伍不断发展壮大。但人才培养、引进、管理、服务的"绿色通道"仍需进一步畅通，"平台少、培养难、薪酬低、配套弱、区位劣"的现实情况是人才工作"外引内留"的主要问题。

（1）政策信息宣传力度仍需强化。企业和行政主管部门之间的人才信息不畅通，宣传不及时、不到位，导致企业不能及时知晓和争取相关配套扶持政策。

（2）人居生活配套环境相对滞后。区域内企业周边生活条件相对较差，文化生活单调乏味，优质的教育资源和医疗卫生等公共服务配套缺乏。

（3）夹缝求生区位劣势明显。罗江区地处成德绵经济发展带上，地理优势突出，具备条件承接周边核心发展区的产业延伸，但是在未真正形成绝对核心产业集群的情况下，产业平台吸附能力较弱。便捷的交通优势、毗邻发达产业集群以及城市生活配套条件优势的吸引力，使本土人才外流较为严重。

（4）薪酬待遇低，职业前景小。区域内企业产业规模及体量较小，产值较低，企业文化底蕴浅，发展前景较小，员工成长缺乏企业环境和发展通道，相比周边区域的大型企业，不能给予职工物质和精神上的优厚待遇，导致引进人才和留住人才的难度较大。

（5）企业欠缺激励职工晋升的意愿。企业的经营发展主要依靠专业技术人才和技能人才，人事部门出台的相关政策为企业职工职称及职业资格的晋升提供了充分的政策支持。但是企业职工的晋升将伴随着薪酬的提高，部分企业不愿意增加用工成本，导致企业缺乏激励职工自我晋升的意愿，从而降低了职工培训力度，不利于本土人才的培养提升。

3.2.5.2　改进措施

（1）搭建更加精准、便利、高效的用工求职平台。

以服务罗江区企业用工需求为目标，结合企业用工条件，大力开展职业技能培训、专项能力培训、适应性培训、岗位技能提升培训，不断提高劳动者的就业能力和职业技能水平。采取就近就地组织动员、现场招聘、校企合作等方式，解决好重点企业的用工问题，并将服务延伸到区内所有企业，努力实现企业用人有保障、劳动者就业更加充分的工作目标。

①精准用工信息。制作宣传材料，通过职通罗江网站、政府门户网站、电子屏、手机短信、微信群、QQ群等平台广泛发布由罗江区人社局提供的全区企业用工情况一览表（涵盖企业概况、用工人数、岗位、年龄、性别、学历、技能要求、工作时间、工资及福利、社会保障等内容完整的招聘简章），让企业用工信息进村入户，人人知晓。

②精准组织培训。整合社保、扶贫、农业、工会等部门的培训资源，围绕重点企业用工技能需求情况，各村（社区）就近就地组织开展职业技能培训，形成全区大规模开展技能培训，大批量劳动者转移就业创业的良好局面。

③精准转移就业。为切实解决好企业招工的问题，通过精准培训、组织线上和线下招聘会、搭建供需交流平台，实现供需双方的无缝对接。做到线上、线下月月有招聘。

（2）构建更加完善劳动关系调处机制。

①加大根治欠薪法治宣传。通过开展多部门、多层级、多形式的《保障农民工工资支付条例》（以下简称《条例》）学习宣传活动，准确把握《条例》的各项规定和具体内容；丰富宣传载体，充分利用微信、微博、手机报等载体，推进《条例》进工地、进企业、进社区，增强用人单位和农民工的法律意识，做到知法、尊法、自觉守法，为条例施行营造良好的社会氛围。

②稳定劳动关系，支持企业复工复产。加强对受疫情影响企业的劳动用工指导和服务，开展法律援助进工地，推进集体协商制度，增强劳动者合法维权意识和用人单位依法用工自觉性，营造良好的用工环境。

③积极防范处置欠薪讨薪问题。建立完善罗江区根治拖欠农民工工资领导小组牵头，各镇、人社、住建、信访维稳、公安等部门联动的欠薪问题预防和处置机制，全面排查问题隐患，建立书制度，及时收集信息，及时化解处理，牢牢守住不发生群体性讨薪和极端讨薪事件的底线。

④强化欠薪源头治理。强力推进工程建设领域"六个百分百"工资支付保障措施。人社部门履行好组织协调、管理指导、监督检查和查处有关案件职责；住房城乡建设、交通运输、水利等部门按照职责履行行业监管责任，督办因违法发

包、转包、违法分包、挂靠、拖欠工程款等导致的欠薪案件；发改等部门按照职责负责政府投资项目的审批管理，依法审查政府投资项目的资金来源和筹措方式；财政部门负责政府投资资金的预算管理，经批准的预算按规定及时足额拨付政府投资资金；公安机关负责及时受理、侦办涉嫌拒不支付劳动报酬的刑事案件，依法处置因农民工工资拖欠引发的社会治安案件。各相关部门主动履责，相互配合，形成齐抓共管、综合治理的工作机制，将欠薪处理责任落实到源头，落实到每一个建设施工项目行政主管部门，增强行业主管部门环节把关和源头监管的主动性。

⑤加强工程建设领域执法力度。进一步整顿建设市场秩序，狠抓过程监管，督促在建工程项目特别是政府投资工程项目和国企项目，全面实行施工过程结算，推行工程款支付担保制度，严厉打击挂靠、违法分包、层层转包等行为。解决好工程建设领域农民工工资支付"没钱发""发给谁""怎么发"等难题。

⑥服务前移，阵地下沉，强化调处。建立完善基层劳动关系协调机制，设立经开区劳动争议调解委员会，充分发挥基层调解组织在促进劳动关系和谐和社会稳定中的作用。

（3）因地制宜做好人才"引、育、服"工作。

①突出政策导向，以产业集聚人才。完善人才政策体系，增强政策集聚效应。完善加快人才聚集等一系列人才政策措施。落实高层次人才、经营管理人才、专业技术人才和高技能人才的住房奖励、科研经费补助、岗位津贴、差旅费补贴等人才激励政策，鼓励企业积极搭建"产学研"合作平台，开展科技创新，促进科研成果转化。

实施军民融合产业集聚工程。依托军民融合特色小镇——金山镇，聚焦以新材料为主的军民融合产业项目，大力引进新材料、电子信息和装备制造的"一主两辅"主导产业，以产业集聚中高端人才，大力实施招商引资和招才引智"双招双引工程"，深入挖掘培育区内高端人才，组织申报市委"1+3"科技创新人才。

实施名院名校引进工程。依托职教园区教育产业"3个10"的发展目标，大力引进名校名师，集聚一大批优质人才落地落户罗江。依托卫生事业医共体改革目标，发挥罗江医院集团的综合优势，整合人才资源，探索设立"特设岗位"，拓宽引才渠道，发展卫生事业。

②注重平台建设，让人才尽展其才。

发挥好"创新创业孵化园"作用。突出立足优势、整合资源、要素完善，为创新型企业和创新创业团队提供低成本配套、高水平服务的创新创业环境，把孵化园打造成项目与人才的孵化"利器"和全区招商引资、招才引智综合平台窗口。

拓展"产学研"用协同创新平台。运用"校地合作""校校合作""院校实训基地"等平台，推进教育与产业、学校与产业、职业教育与市场需求的深度对接，形成校企合作、政府推进、学校跟进的良好格局。

深化人才载体平台建设。推进"中小企业科技融资平台""中小企业科技融资平台""企业技术服务平台"等人才平台建设。大力引导企业建设院士专家工作站，鼓励区内高端人才申报省市重大人才工程，争建博士后科研站。

③紧扣实际需求，多元化培育人才。

继续实施"名师帮带工程"。以首届"罗江工匠"为示范引领，启动"罗江技能大师工作室建设工程"，成立农业、教育、卫生、工程技术、文化艺术、企业经营管理名师工作室，通过名师"手把手""一对一"精准辅导，徒弟"全程式""互动式"跟踪学习，实现师徒素质双提升、技术传承有实效。

实施在校大学生创业就业"希望工程"。通过举办创业大赛，创建创新创业孵化基地，加强平台建设；组织开展创业培训，加强政策扶持，提升青年人才创新创业能力。依托四川工业科技学院、西南财经大学，建立大学生创新创业配套设施，引导区内企业建立"高校毕业生就业见习基地"，为大学生创业项目提供孵化平台。

实施返乡创业就业"回家工程"。将产业转型、"互联网＋"、绿色发展、新农村建设、职业教育、文化旅游等"八大领域"作为重点回引方向，出台相关创业扶持政策，降低返乡创业门槛，成立创业担保贷款基金等支持返乡创业。通过举办"春风行动"大型人才现场招聘会、创业成果展、创业培训班等活动，吸引外出返乡务工人员在罗江区创业。

④完善服务体系，以情留才。

深化区领导联系优秀人才制度。在原有人才"关爱"的基础上，切实加强领导干部与优秀专家人才的联系，进一步深化人才贡献罗江的情怀。

促进人才沟通交流。定期召开人才座谈会等问需问计，拓宽人才建言献策的渠道，激发各类人才干事创业的激情，实现感情留人。促进就业创业的优秀人才沟通交流，促进智慧碰撞，推动智力合作。

完善人才保障服务机制。出台《天府英才卡Ｃ卡·罗江人才绿卡实施办法》，开辟专家人才医疗保健、子女入学、配偶就业绿色通道，为人才提供订制化服务。加强和规范对罗江区人才发展专项奖励资金的管理和使用，发挥人才奖励资金的扶持引导作用。各行业主管部门负责各自领域人才奖励资金申报，经初审后报区人才办复审，区人才办报区人才领导小组会议审定后统一兑付。

（4）建立更加完善的终身职业技能培训体系。

以企业职工、贫困家庭子女、贫困劳动力、城乡未继续升学初高中毕业生（以下简称"两后生"）等青年、农村转移就业劳动者（含农民工，下同）、下岗失业人员（含城镇登记失业人员，下同）、退役军人、残疾人、高校毕业生和市内普通高校全日制在校大学生（含技工院校高级工班、预备技师班和特殊教育院校职业教育类毕业生和在校学生，下同）为重点培训对象。确有培训需求、不具备按月领取养老金资格的人员可纳入培训补贴范围。

①岗前就业技能培训。企业新录用的贫困家庭子女、毕业年度高校毕业生、"两后生"、农村转移就业劳动者、下岗失业人员（以上为"五类人员"）以及退役军人、残疾人等与企业签订1年以上期限劳动合同，并于签订劳动合同之日起1年内，在人社部门批准或认定的职业培训机构参加岗前就业技能培训的，培训合格可按规定享受职业培训补贴。

②企业学徒制培训。按规定开展企业新型学徒制培训和现代学徒制培训。在全市各类企业全面推行企业新型学徒制培训并按规定给予培训补贴，促进企业技能人才培养，壮大发展产业工人队伍。

③岗位技能提升培训。大规模开展岗位技能提升培训，重点支持高新技术产业、战略性新兴产业和现代服务业领域企业在岗职工参加中级工、高级工、技师和高级技师培训；支持企业结合技术革新、岗位需求等实际对在岗职工开展技能强化提升培训。

④职工转岗转业培训。对困难企业职工以及煤炭、钢铁等行业去产能职工开展转岗转业培训，增强岗位适应能力和就业技能；对有就业意愿和培训需求的下岗失业人员开展针对性的职业技能培训，促进再就业。

⑤职工安全技能培训。在高危行业领域实施安全技能提升行动计划，严格执行从业人员安全技能培训合格后上岗制度。

⑥职工职业道德培训。培养职工爱岗敬业、诚实守信、办事公道、服务群众、奉献社会的职业道德素质。

3.2.6　商协会

3.2.6.1　现　状

罗江区现有行业协会63个，行业商会1个，会员单位525个。目前该区行业协会实行双重管理模式，包括登记管理和业务管理。登记管理的方式是由国家授权的主管部门核准同意，到民政部门审查登记。在业务管理上，登记机关和业务主管部门都有权对协会组织的日常活动进行指导和监督，登记机关对行业协会实施年检和监督检查，行业主管部门对行业协会进行业务指导和监督管理。双重管理体制使得对行业协会的管理多而服务少，行业协会本应具有多种职能来服务会员，业务主管部门的严格管制使行业协会难以发挥正常职能，极大地制约了行业协会的发展。

目前该区商协会主要存在以下问题，制约了基层商协会的作用发挥，影响了基层商协会的发展建设：

（1）行业协会入会率低、代表性差，影响作用发挥。目前，罗江区仅有柑橘协会等少数协会活动开展丰富，许多行业协会没有积极主动组织行业活动，服务意识不强，导致不少行业协会会员入会率低，权威性和代表性差。

（2）政府有关部门对其监管和扶持力度不够，相关政策不完善。在行业协会的管理方面，民政部门和业务主管部门把更多精力放在审批上，而对行业协会的发展、面临的困难及其如何发挥作用却很少关心。

（3）现有的商协会自身建设较为滞后。各商协会班子成员忙于企业营运管理，疏于商协会管理，工作制度不健全、内部运行不规范、机构设置简单。

（4）作用发挥不够明显。各商协会缺乏长远规划和系统思考，与政府职能部门的联系沟通较少；同时，也不能准确理解企业的需求，不能全面反映企业的呼声，更谈不上为企业提供全面系统的服务。

3.2.6.2 改进措施

针对以上问题，根据中央《优化营商环境条例》（国务院令第 722 号）和四川省、德阳市的有关要求，罗江区采取以下措施来加强商协会管理、发挥商协会作用，对探索建立中国特色商会组织提出了新要求。

（1）调查摸底，做好前期筹备工作。各业务主管部门要加大前期调查摸底工作力度，在开展的走访调研中，通过座谈了解，确定商协会领导班子人选，并要对拟入会的会员单位建档建册，形成基础数据，便于后期商协会的管理。

（2）争取上级政策，拓展服务职能。引导行业商协会提高政策认识，认真贯彻学习，各业务主管部门每年组织不少于 5 次的集中学习活动，以帮助各行业商协会深刻领会、吃透、用足用好上级政策。同时，积极与有关部门进行沟通联系，由区民政局、区工商联组织每年开展 1 次相关部门的集中办公协调会议，了解相关政策，争取政策扶持。

（3）加大会员发展力度。加大开放办会力度，罗江区民政局创新商协会登记、年审方式，降低门槛设置，鼓励全区办会。各业务主管部门引导各商协会积极发展会员，扩大行业覆盖面，促进行业商协会的不断发展和壮大。各业务主管部门每季度召开 1 次商协会工作汇报会，使发展会员成为一项经常性、灵活性和自觉性的工作，各商协会每年新增会员比例应不低于 10％。

（4）加强商协会领导班子建设和自身发展建设。各业务主管部门应加强对商协会领导班子建设的管理。同时，各行政主管部门和业务主管部门应加大监督检查力度，每半年要开展 1 次督促检查，督促各基层组织的发展建设。区工商联、区民政局按照每半年 1 次的工作例会制度，加强商协会自身建设，同时指导各商协会不断提高商会履职能力，为地方经济社会加快发展做出新的更大的贡献。

（5）加强宣传引导，促进交流合作。各业务主管部门要鼓励各行业商协会凭借电台、报纸等媒体和网络等多种载体，组织开展各类宣传活动，加大商协会宣传力度，努力创造条件，为会员搭建相互交流学习的平台。各业务主管部门和行政主管部门应采取走出去和引进来的方式，力争每年组织 1 次交流学习活动。

（6）积极探索正常的会员退出机制，保持各商协会组织的活力。由罗江区民政局负责，每年举行 1 次集中发展新会员入会仪式，增强组织观念。业务主管部门要建立会员联系走访制度，通过每年不少于 10 次的举办会长联席会、联谊会、座谈会、茶话会等活动，加强会员之间的交流合作，同时及时掌握各基层组织情况，对于组织观念淡薄、发展意识落后的会员单位，要启动会员退出机制，保持基层组织的健康活力。

3.2.7　园区配套

3.2.7.1　现　状

交通：园区已建成道路 48 千米，形成"一高铁、两高速、五通道"的对外交通体系和"六纵五横"的园区内部交通网络。供水：供水设施可依托罗江区 2 座自来水厂实现日供水量 10 万立方米。供电：已建成 500 千伏变电站及换流站各 1 座、200 千伏变电站 1 座、35 千伏变电站 7 座、110 千伏变电站 3 座，为企业发展提供充足的电力。供气：浅层天然气蕴藏丰富，总储量上百亿立方米，年采输量 5000 余万立方米。在园区专设江城燃气公司、龙洲燃气公司，日供气能力 100 余万立方米。排污管道建设及污水处理：已建成排污管道 57 千米，日处理 5000 立方米的红玉污水处理厂已投运，日处理 10000 吨的城南污水处理厂也即将建成投入使用，为企业发展提供充足的环境容量。但是随着园区不断发展壮大，园区在配套建议方面的问题日益突出，园区在医、教、文、卫、物流、仓储等方面缺乏配套。

3.2.7.2　改进措施

基于上述园区现状及不足，罗江区提出了以下改进措施：

（1）实施交通互联发展行动。新建金科大道、金河大道、德罗干道北延线、创新路二期、幸福路二期、青路三期、金莲路二期和三期及产业新城道路 20 余条（含水、电、气、通信等综合管廊），共计 59.4 千米，让园区交通辐射至绵阳，让绵阳与罗江园区产业联通，形成配套，极大地提升园区产业的互补性，促进园区经济高质量发展。

（2）实施环境治理提升行动。新建排污管网 72 千米，新建日处理能力 3 万立方米污水处理厂 1 座、日处理能力 2 万吨固废处理站 1 座、日供水 10 万立方米工业自来水厂 1 座、日供水 8 万立方米生活用自来水厂 1 座、消防站 2 座。

（3）实施公共服务增强行动。新建人才公寓 1000 套、传染病医院 1 座、养老院 1 座、综合性医院 1 座、高端商住综合体 1000 万平方米、高端幼儿园 5 所、小学 3 所、中学 2 所。

（4）实施智慧园区打造行动。新建 5G 基站 100 座，建设 5G 公交站 90 余个，新能源智能充电桩 1000 套；建设总建筑面积约 32 万平方米，以电子商务、云计算、物联网、动漫游戏、微电子和软件研发等领域企业的孵化培育为核心的 5G 电子信息产业园。

3.2.8　园区平台搭建

3.2.8.1　现　状

目前，我国科技企业孵化平台作为连接知识创新源头和高新技术产业的桥梁、培育自主创新创业企业和创业家的平台，已成为创新成果产业化的重要载体和促进科技型中小企业发展的强大支撑力量；同时也是我国高新技术产业发展的重要因素和经济体系建设的重要组成部分。近年来，罗江本土由政府牵头建立了孵化平台——德阳·金山创新创业孵化园。目前，孵化园一期建成展厅 1818.55 平方米，众创空间 750 平方米，孵化器 10123.58 平方米，加速器 6120 平方米，中试基地 10337.2 平方米。孵化园产业集聚度高、特色鲜明，聚焦科技服务模式，培育以"新材料"为主，"电子信息""装备制造"为辅的三大领域科技型中小企业。孵化园着力于"众创空间—孵化器—加速器—产业园区"全链条梯级孵化体系。为入孵企业提供研发、中试生产、经营场地和办公方面的共享设施，提供政策、管理、法律、财务、融资、市场推广、培训和政务服务等方面的服务。孵化园已入驻企业 42 家，其中科技型中小企业 3 家，与 13 家中介平台、15 家科研机构、16 家院校、6 家金融机构达成合作。签约了 11 位创业导师，帮助企业重点解决产品开发、技术攻关、市场推广、渠道建设等难题。但现阶段孵化平台引领罗江区科技创新发展的动力还不足，还需要加强创新资源集成，优化创新创业环境，促进园区特色化、品牌化发展，提升孵化服务水平。

3.2.8.2　改进措施

基于园区现有状况，罗江区提出了以下改进措施：

（1）加速孵化园提档升级，为企业提供全要素保障。对照高校模式，进一步完善园区要素保障，增设运动场、职工书屋等文体设施，与罗江经开区建立人才公寓入驻协同办公机制，为入驻平台专家及高管提供生活配套设施。在孵化平台内打造床位式公寓，配有 3 间共享会议室，建立互联网信息互通式办公系统，为入孵企业提供更加优质的创新创业环境。

（2）精准定位企业需求，对企业提供孵化服务。在人才的引进上，积极对接高校及产业园区，针对企业需求发布招聘信息和开展人才招聘会；对于企业发展中存在的法律、管理、财务、营销等方面的问题，加强与德阳市科技企业孵化服务联盟对接共创导师库，精准定位企业需求，对企业提供全面的保姆式孵化服务。

（3）提供全方位展示平台，助力企业对外宣传。进一步完善"企业＋产品＋产业＋VR体验＋互联网展示"五位一体的数字化展厅、路演厅、网络平台建设，为企业提供"数字＋实物"多维度的宣传展示平台。根据各个企业的情况，通过软文、园区专用广告位、产品展示、产品或服务专场推介等多种形式帮助企业进行营销推广；同时，通过"抖音""微博"等新媒体多渠道宣传孵化平台，做好孵化平台的品牌推广。

（4）积极举办各类活动，激发企业创新创业活力。孵化园区积极对接科技、经信、人社、团委等部门，常态化开展创客汇、项目路演、企业沙龙、企业联谊、职工文体等活动，组织入孵企业进行纵向学习、横向交流，搭建企业之间的交流平台。

（5）搭建科技金融平台，纾解企业融资难题。对于发展前景好的优质"双创"项目，积极与各大银行、各类基金、投融资机构搭建产业资本对接平台，对其进行投融资，解决入孵企业资金难题；同时，为其提供创新券、阳光天使基金、科创贷等科技金融服务，促进企业快速健康发展。

3.2.9　产业链

3.2.9.1　现　状

近年来，罗江区始终坚持"工业强区"的发展战略，将招商引资作为经济工作的"生命线"，围绕新材料、电子信息、智能制造"一主两辅"主导产业，积极发展工业产业，强力推进招商引资，延伸巩固产业链条，取得了良好的效果。截至目前，园区共有企业291家、规上企业141家、高新技术企业16家、军民融合相关企业48家，基本形成了以四川玻纤集团、四川迪弗电工、四川朗迪等为核心的新材料产业，以四川帛汉电子、艾华电子、致达精密电子等电子元器件生产企业为核心的电子信息产业，以四川科雷特、四川劲达节能、四川振强模锻等为核心的智能制造产业，"一主两辅"主导产业格局逐渐形成。但从产业发展实际情况来看，罗江区"一主两辅"主导产业仍然存在龙头骨干带动力不足、产业链不牢固、产业附加值不高等现实问题。

3.2.9.2　改进措施

（1）突出主业靶向聚焦。坚持"严格准入""以地招商""招大引强""宁缺毋滥""流程标准"的招商理念，继续保持"以时间换空间、以资源搞承接"的招商定力，围绕"一主两辅"（以玄武岩纤维为核心的复合新材料为主，以电子信息产业和智能装备制造为辅）主导产业开展精准招商。重点聚焦玄武岩纤维研发和应用，摸清玄武岩纤维上下游产业布局情况，编制玄武岩纤维产业招商地图，锁定重大目标企业积极跟踪，大力引进玄武岩纤维上下游产业项目，组建玄武岩纤维和复合材料产业联盟，加快建设德阳市玄武岩纤维产业基地和纤维复合材料集聚产业发展示范区。

（2）优化流程流水作业。严格规范投资审核领导小组领导下的招商引资工作流程，按照职责分工，组建"信息收集、项目分析、产业论证、跟踪对接、协议文本、程序审核、履约督促、绩效评价"八个工作专班，按照"流水线"操作模式，明确各专班牵头责任人、组成成员、具体工作职责等，按规矩、按流程推进招商引资工作。

（3）高位对接储备资源。根据招商引资实际工作掌握的专家情况，以及建立的招商引资专家智库等，全面加强与具有重大研究课题、重要技术研发团队、重大自主研发能力的专家带头人建立紧密合作关系，收集以上专家手中掌握的重要待产业化技术，认真对接建立待产业化技术项目资源库，引导高端技术在罗江区实现产业化，为有技术没资金的产业化技术对接落实项目资金；加强与重大金融财团、融资平台、投资基金公司等金融单位的对接，建立重大金融支撑信息平台，为招商引资项目落地提供强有力的金融资源平台；加强与具有合作关系的华融奥亚、深圳中科通、安徽路网等平台公司的联系，发挥招商平台公司的资源优势，储备一批有实力、有资源、有资金、有渠道的目标公司，建立专项台账，实施动态管理，为日后招商工作的要素配套、基金配套、人才配套提供强有力的支撑。

（4）家政服务贴心到位。根据招商引资流程对招商项目提供"家政式"服务，充分发挥政府平台公司的积极作用，通过"公司化运作＋市场化运营"的方式，组建专门团队落实招商引资新引进项目的服务工作，对招商引资企业提供行政审批、项目报建、证照办理、产业咨询、项目申报、资金申拨等"一条龙"产业服务，实现企业服务提星升级和公司运营合理盈利的双重目标，让企业在罗江专心进行生产经营，擦亮罗江营商环境"金字招牌"。

（5）超前谋划，强化保障。由罗江经开区牵头，对罗江招商引资所需的土地、闲置可用厂房、要素配套等进行全面摸排和梳理，摸清罗江招商引资的真正家底，重点分年度做好招商引资供地规划、厂房供给规划、要素保障规划、资源配套规划等，避免盲目招商和轻言承诺。由罗江经开区和区自然资源局对接，对土地支持进行重点保障，全面清理全区土地情况，积极向上级部门申报，在土地指标方面给予必要的支持。由罗江区商务经合局牵头，尽快出台鼓励招商引资的相关支持政策，确保招商引资工作有序推进。

（6）抽调精干充实队伍。加强与组织和人社部门的沟通对接，通过区内调动、区内整合、区内挂职、区外遴选、面向社会公招等方式，补齐缺编人员，实现满编运行。主动对接组织、人社、人才办等部门，启动实施"凤凰培育""头雁孵化""候鸟迁徙""三大人才培育工程"。针对人员结构和个人特长，制订主题鲜明、内容有别、方式多样、学践结合的培训计划，通过外派学习、轮岗锻炼、角色互换、AB岗设置、竞争上岗、正向激励等措施，突重点、有计划、分梯队培养招商引资业务骨干，通过分版块、分领域、分行业的定向培养和实践锻炼，为经济工作培养和储备一批领导干部和业务专干。

3.2.10　科技创新环境

3.2.10.1　现　状

罗江区有重点实验室仅2个、工程技术研究中心2个，全区R&D研发投入1.3亿元，每年专利奖励不足50万元，区财政每年科技投入不足100万元，企业争取国省市科技项目资金年均不到600万元，需要进一步营造良好的科技创新环境，推动经济高质量发展。现阶段，科技创新在罗江区经济社会发展中的支撑作用还不明显，自主创新能力不强、创新动力不足、科技成果转化率不高、知识产权保护不足、缺乏关键核心技术等问题突出，科技创新在全市的竞争力不强。

3.2.10.2　改进措施

（1）加大研发支持力度。加大对R&D研发费用支出的财政支持，按核定后企业R&D研发费用年度支出超过5亿元、1亿元、5000万元、1000万元的企（事）业单位，分别给予一次性10万元、8万元、5万元、3万元的补助。对填报R&D经费支出已纳入统计且如实填报符合条件的企（事）业单位，给予信息员800元/年信息采集补助（《德阳市促进研究与开发经费工作实施方案》德办函〔2018〕23号）。

（2）营造创新创业氛围。加大对企业创新主体和创新平台的支持，给予新认定的高新技术企业10万元的一次性奖励，三年后经重新认定的高新技术企业2.5万元的奖励。对企业技术中心、工程技术研究中心、重点实验室、院士专家工作站和科技孵化载体，按照国家级、省级、市级分别给予10万元、6万元、3万元的一次性奖励。对注册科技型中小企业入库并获得编号的给予1000元奖励（《关于促进民营经济健康发展的意见》德市罗委发〔2019〕6号）。在罗江区，创新创业孵化园每两月举办一次创客沙龙，一年至少开展一次主题创客活动，营造科学、宽松的创新创业环境。

（3）汇聚高端人才资源。对入选"德阳英才计划"的罗江辖区各类人才，给予每人一次性配套资金奖励。鼓励民营企业引进高层次人才，民营企业通过猎头方式引进并被认定为领军人才的，经相关部门审批后，按猎头经费50%、最高10万元/人的标准给予企业经费补助。鼓励民营企业自主培养领军人才，将后备领军人才培养为领军人才的给予专项奖励，引进领军人才且在罗江区工作满 3 年的，给予企业 20 万元奖励。民营企业成功创建市级高技能人才培训基地，经相关部门审批后，可享受一次性 5 万元的建设补助；成功创建市级技能大师工作室的，经市级相关部门审批后，可享受一次性 3 万元的建设补助（《关于促进民营经济健康发展的意见》德市罗委发〔2019〕6 号）。对在校大学生或毕业 5 年内的（含国家承认学历的留学回国人员）正在孵化或成功创办的实体，可给予 1 万~10 万元的创业补贴。实施 SYE—青年（大学生）创业促进计划，对符合条件的青年创业项目发放 3 万~10 万元三年免息、免担保的创业资金贷款。科技型小微企业招收高校毕业生达到一定比例的，可申请不超过 200 万元的小额贷款，并享受财政贴息。

（4）支持科技成果转化。对民营企业购买科技成果、发明专利等技术交易进行支持。企业采取技术交易、合作开发、作价入股形式，与市内外高等院校、科研院所和企业达成的职务科技成果、发明专利的合同交易并实际支付，按合同交易金额的 10％进行补助，单个合同不超过 5 万元，每家企业每年获补助总额不超过 10 万元。经德阳市技术合同认定登记机构认定的技术服务、技术咨询合同，对购买方按全年累计技术交易额每达到 1000 万元的资助 1 万元，每家企业每年获得资助不超过 5 万元的标准执行。

（5）鼓励知识产权创造。对发明专利第一申请人所在单位每获得 1 项国内发明专利授权的，给予市财政核定金额 50％的补助；发明专利授权量实现零突破的单位给予 10000 元补助。申请人提交 PCT（专利合作条约）专利申请并完成国际公布的，给予单位补助 5000 元/件，给予个人补助 1500 元/件。对运用知识产权取得质押融资贷款的企业按市财政核实的专利、商标质押融资补贴总额的 50％进行补助；购买专利保险的（每件专利只限一个保险品种）单位按实际支出的 25％给予补助，每户每年最高补助不超过 1.5 万元。对新认定为国家级、省级知识产权示范和优势企业的，分别给予 10 万元、5 万元的补助；对首次认定的国家知识产权贯标企业给予 5 万元补助。对参与制（修）订国际标准、国家标准、行业标准、地方标准的主要起草单位，分别给予 10 万元、6 万元、3 万元、1 万元的补助。对通过验收的国家级、省级标准化示范试点项目，分别给予项目承担单位 10 万元、5 万元的补助。

（6）加强企业培训和培育。每年定期开展科小入库、高新技术企业申报、省市平台建设和国、省、市科技项目申报等培训，不定期组织企业外出到高校、知名企业考察学习和商务对接，拓宽企业家眼界和企业的融资渠道。

3.2.11　招投标

3.2.11.1　现　状

目前罗江区各环节电子化的普及度不高。罗江区建立了电子化政府采购平台，但全年只有53%的项目是通过电子平台进行采购的，电子采购的项目金额占总采购项目金额的7.3%。无法在线发布采购公告、提供采购文件、提交投标（响应）文件，无法实行电子开标、电子评审、电子档案管理等。罗江区目前已实现全省公共资源交易数字证书和电子签章兼容互认，一地注册、全省通用，但尚未推进招投标全程电子化、无纸化档案建设和管理。

同时也出现各利益相关方实施不当行为，比如：招标单位在招标文件中设置明显的倾向性、排斥性条款；投标单位采取围标串标、业绩造假等行为，扰乱工程项目招投标领域营商环境；项目行政主管部门对自身职责不清，面对投诉监督相互推诿等。

3.2.11.2　改进措施

针对目前招投标工作中的不足，罗江区提出了以下改进措施：

（1）鼓励项目业主使用电子招投标，加大电子招标流程体系宣传力度。

（2）以合法合规约束各方的逐利行为。一方面，强化单位内部控制管理。提升政府采购招标文件的编制水平，包括资格性条件、实质性要求、评审因素和评审标准等，严格按照招标文件签订合同，签订后及时备案；同时将政府采购的审计监督纳入政策跟踪审计和经济责任审计等专项审计内容。另一方面，严控不合规行为。各行业主管部门公布投诉举报线索征集渠道，加大投诉及线索调查的处置力度，建立系统治理信访举报和线索办理台账。

3.2.12　中介服务质量

3.2.12.1　现　状

目前罗江区经开区的入库中介机构服务质量、能力水平不高。而入园企业大多有长期合作的中介机构或行业内默认的优质中介机构，业务质量对比明显。

同时园区中介机构积极性不高。相对于政府投资类项目：一方面，经开区入园项目体量较小，新入项目数目较少，不能有力调动中介机构工作积极性；另一方面，入园企业对中介机构的选择有一定自主性，管委会只能介绍或引导其使用园区中介库，并不具有强制性、约束性，导致园区中介机构使用率低，为企业服务效能低下。

3.2.12.2　改进措施

针对目前园区中介服务机构存在的问题，罗江区提出了以下改进措施：

（1）筛选优质中介服务机构。通过对企业的走访，进一步了解区域内中介机构服务情况，杜绝恶意拖延、蓄意抬价的不良中介机构进入中介机构库；同时通过清理整顿、理顺体制、完善政策、加强监管，促进中介机构平等竞争、优胜劣汰，清理中介机构名单中服务质量较差的个体。

（2）制定《社会投资项目中介服务机构管理办法》。明确中介服务各方职责，定期公布各类中介机构排名，对中介机构库成员进行进退动态管理。

3.2.13 法务服务

3.2.13.1 现　状

目前，罗江区法务服务不能完全满足企业法律需求。涉企投诉机制未全面建立，企业诉求不能及时得到反馈。在对民营企业及企业家的司法保护方面还存在案件办理程序烦琐、案件办理时限偏长、案件执行困难等情况。

3.2.13.2 改进措施

（1）加强知识产权保护。优选知识产权中介机构主动上门为企业开展政策宣讲、专利申请、商标注册、检索辅导等服务工作；从重点企业入手，引导推动企业关注经营各环节的知识产权管理；开展打击侵犯知识产权专项行动，对超市、商场、药店等商品集中流通的重点领域进行专项检查。

（2）加大对民营企业和企业家的司法保护力度。结合"法律七进"为企业防范劳动用工、合同执行等方面的风险提供有针对性的法律服务；建立涉企案件部门联动协调机制，及时沟通，提高风险防范能力；梳理近期招商引资及其他协议，对政府未及时履约的，依法履职尽责，保障企业合法权益。

（3）完善涉企公共法律服务体系。建立健全多元协同共建、服务质量监管、政策资金保障等公共法律服务运行机制，整合律师、公证、法律援助、司法所、人民调解等法律服务资源。落实区政务服务大厅法律服务窗口律师值班制度；开展民营企业"法治体检"。推进市、县联动投诉机制，统一受理企业投诉，实现市、县分级办理，制定企业投诉受理、处理、转办、反馈实施细则，规范工作流程。

3.2.14 规范监管执法

3.2.14.1 现　状

"双随机、一公开"执行不彻底。第一，除市场监督管理局外，其他部门还没有全面推行"双随机、一公开"监管；第二，罗江区、四川省和国家三个层面使用不同的信息平台，信息不能共享通用，导致工作效率低下，影响信息的时效性。

依法行政观念较为淡薄。部分执法人员法治意识不强，不规范执法行为时有发生。

行政执法监督形式较为单一，执法监督机关主要通过案卷评查、执法人员资格管理以及专项监督检查等方式开展行政执法监督。鉴于执法监督机构人员较少，监督力量不足，且缺乏科技监督手段支撑，行政执法监督效果不明显。

3.2.14.2　改进措施

建立和完善规范行政执法有关制度。推行行政执法"三项制度"，即细化行政执法公示制度、执法全过程记录制度、重大执法决定法制审核制度；同时建立行政执法与监督情况通报、行政复议情况通报制度，完善行政执法社会评议和信息公开制度，完善行政复议案件审理、行政复议听证制度。

规范行政执法裁量权。坚持教育与处罚相结合，禁止以市场监督、环保检查等理由"一刀切"式关停企业的行为，杜绝一味处罚、一罚了事。

建立信息平台资源共享。按照四川省政府统一部署，建立全省统一智慧执法平台，推动跨领域、跨部门、跨层级的信息资源共享；同时加强行政执法标准化建设。

3.2.15　政务诚信

3.2.15.1　现　状

(1) 政务诚信体系不完善。罗江区虽已将政务诚信纳入绩效考核，但还存在以下问题：第一，罗江区缺少政务失信投诉机制、治理机制，无商务主体诚信档案、奖惩机制，无宣传等；第二，罗江区社会信用体系建设相比其他县市区较为滞后，全区"信用德阳"信用信息共享平台使用率偏低，社会信用体系建设工作推进缓慢。

(2) "政府承诺+社会监督+失信问责"机制未全面建立。对政府政策落实、合同履行等行为的监督约束不够，在一定程度上存在不严格履行政府承诺的行为，导致企业利益受损，政府公信力缺失。

3.2.15.2　改进措施

(1) 建立健全"政府承诺+社会监督+失信问责"机制，防止"新官不理旧账"。制订罗江区政务诚信评价工作实施方案，建立政务诚信监测评价指标体系，全面实施政务服务"好差评"制度。

(2) 规范政府合同管理。制定出台《罗江区政府合同管理办法》，加强对各镇各部门合同签订、履行等的指导和监督，对于依法签订的政府合同，不得以行政区划调整、政府换届、单位负责人变更、机构职能调整等为由违约毁约。

(3) 财政局监督部门预算执行，加大对党政机关、事业单位拖欠市场主体账款的清理力度，切实加强预算管理，确保相关资金按程序及时支付到位。

3.2.16 转型发展

3.2.16.1 现　状

2019 年，罗江区工业企业转型发展总体向好，机遇与挑战并存。罗江区转型发展现状介绍如下：

（1）转型发展总体向好。2019 年，罗江区规上工业企业完成工业总产值 433 亿元，同比增长 12.4%，实现工业增加值增速 11.7%，连续五年位居全市第一；完成工业投资 57.17 亿元，同比增长 23.8%，增速位居全市第二；完成技改投资 43.45 亿元，同比增长 46.5%，增速位居全市第一。新增省级军民融合企业 9 户、德阳市唯一瞪羚企业 1 户（中航管业，全省仅 5 户）、省级企业技术中心 1 户（现有 4 户）、重点实验室 1 个、国家级知识产权优势企业 1 户、市级企业技术中心 7 户（现有 25 户）、高新技术企业 3 户（达到 16 户）、科技型中小企业达到 37 户。

（2）市场容量继续扩大。随着"成德一体化""德绵一体化"进程的不断推进，以及"脱贫攻坚"的深度推进，城乡居民消费能力不断提升，消费空间不断拓展，为工业发展提供了更大的市场容量。消费使生产得以最终实现，巨大的消费潜力将会给工业企业发展带来良好的发展机遇。互联网、大数据、人工智能与实体经济的深度融合，持续促进产业创新发展，必将在数字经济、绿色低碳、生物医药、电子信息、智能制造等领域形成一系列新的增长点。

（3）具备转型发展基础。罗江区工业企业经过多年的积累，企业实力显著增强，已经具有足够的转型发展基础。罗江工业企业自强、坚韧、务实的精神，是罗江历史文化的新传承，是罗江经济社会发展的主动力，金路、川纤、迪弗等一大批工业企业销售收入逐年递增，研发投入不断加大，罗江区企业技术中心、研发中心、高企队伍不断扩大，已经具备坚实的发展基础和发展韧性。

（4）转型需求更加迫切。随着经济发展阶段的变化，罗江区工业企业在核心基础零部件（元器件）、先进基础工艺、关键基础材料、高端通用芯片、基础软件产品以及高端制造装备等关键领域的核心技术仍然受制于人的问题日益凸显，市场倒逼企业必须加大技术投入，企业转型和创新需求更加迫切。

3.2.16.2 改进措施

鉴于以上情况，罗江区优化营商环境领导小组成立了由区经信局牵头，经开区、区科技局、区科协、区工商联共同参与的转型发展专班，以优化转型发展方面的营商环境，其采取的主要措施有：

（1）培育创新主体，改造提升传统产业。坚持调整存量与优化增量相结合，聚焦科技型企业培育，利用高新技术改造提升传统产业，进一步增资扩产，提高效益，提升存量工业发展水平。一是鼓励企业加大研发投入。鼓励和引导传统优势企业加大科技研发投入，在核心基础零部件（元器件）、先进基础工艺、关键基础材料、高端通用芯片、基础软件产品以及高端制造装备等关键领域的核心技术方面取得突破，对符合条件的给予科研经费补助，对于取得优秀成果并获得国家认可的国家级、省部级科学技术奖励的，区级财政分别给予一次性补助。二是深入实施高企培育计划。大力培育高新技术企业和科技型中小企业，积极培育瞪羚企业、重点实验室、国家级知识产权优势企业、"专精特新""行业小巨人""德阳名优产品目录企业"。企业首次认定为高新技术企业的或期满重新认定为高新技术企业的，区级财政按有关规定给予奖励。

（2）鼓励企业技改，引领产业创新发展。突出企业技改和创新的主体地位，提升技术创新、管理创新和商业模式创新水平，突破制约企业转型升级的关键核心技术，推动企业发展模式向质量效益型转变，发展动力向创新驱动转变。一是发挥项目资金的引导作用。指导企业向上争取技改创新项目建设的财政政策支持，鼓励引导企业实施技改项目。二是搭建融资平台，助力企业发展。组织召开"政银企"座谈会，搭建银企对接交流平台，积极拓宽企业融资渠道；充分发挥"应急转贷资金""助保贷""园保贷"助力民营企业融资。

（3）注重示范引领，加快布局重点产业。整体把握工业转型升级大局，统筹协调传统产业与战略新兴产业齐头并进、综合发展，充分发挥重点项目的引领示范作用。一是推进新材料产业加快发展。以四川玻纤股改上市为契机，加快推进玄武岩纤维产业基地、无机非金属产业园建设，培育朗迪、泛尔斯特、迪固等新材料企业做大做强，升规入统，树立企业转型升级示范标杆，激发转型升级动力，促进罗江区传统产业优势互补、错位发展。二是加快推进项目建设。加快推进三个省经信厅重点项目建设进程，即金路树脂就地改造项目、消除液氯重大危险源改造项目、裕达玻纤 2 万吨高性能特种玻璃纤维（ECR）及其制品生产制造项目、四川玻纤年产 3 万吨玄武岩纤维池窑生产示范线项目；切实做好服务指导和项目跟踪，充分发挥行政审批改革和驻企特派员制度优势，按"四个一"要求，加快推进罗江区纳入全市 2000 万元以上的 27 个项目建设，完成年度工业投资目标任务。

（4）推进强质增效，提升创新转型能力。以提升企业创新能力为目标，优化科技创新生态环境，推动科技创新协同发展，提升企业转型发展质量。一是实施科技创新能力提升行动。做好重大专项，支持四川玻纤、中航管业、小叶本草等企业开展重大项目应用研究，并申报重大专项。加强区内工业企业与高校院所的战略合作，促成区内通用电子科技学校与科技型企业共同成立机械制造企业联盟，力争新增"政产学研"平台 5 个。二是实施科技创新平台提升行动。推动现有研发平台提档升级，重点推进四川玻纤玻璃纤维研究市级重点实验室创建省级重点实验室，四川工科院"德阳市新能源专用车辆"市级工程技术研究中心创建省级工程技术研究中心。进一步挖掘区内企业研发平台，组织申报市级重点实验室、工程技术研究中心。推动创新创业平台提档升级，开展省级创业孵化基地申报创建工作，做好国家级科技企业孵化器前期准备工作，适时启动创建申报。三是实施新经济培育提升行动。开展目标企业走访，了解拟申报种子企业、瞪羚企业和独角兽企业情况，适时开展政策宣传培训，指导目标企业进行申报，加大新经济企业引进力度，逐步形成种子企业、瞪羚企业和独角兽企业发展梯次。

（5）落实政策红利，助力企业转型发展。近年来，各级各部门均围绕中央决策部署制定各类财政政策，支持、鼓励和引导企业加快转型升级步伐。一是全面落实政策红利。深入贯彻中央、省、市关于促进经济健康发展及支持中小企业发展的精神和政策，全方位加强宣传解读，让企业全面了解政策导向，不折不扣地执行上级相关优惠政策，让企业充分享受在疫情防控、降低成本、促进融资、保障要素、公平竞争、奖励扶持等各方面的政策红利。二是全面落实减负降费。进一步清理、精简涉及社会资本投资管理的行政审批事项和涉企收费，规范中间环节、中介组织行为，减轻企业负担，加快推进涉企行政事业性收费零收费，降低企业成本，全面落实减税降负各项措施。

（6）强化企业培育，助力经济社会发展。一是做好企业培育。着力抓好"小升规"，围绕新增4户规上企业的年度目标任务，在8户保留同期数、5户停产的基础上，2019年新入规工业企业应达17户，按照梳理培育24户的目标，全力做好"小升规"工作，确保经济增长有新的支撑。全力培育"专精特新""行业小巨人""企业技术中心""军民融合"企业，完成年度培育任务。二是盘活闲置资产。要建立闲置资产、低效资产台账，摸清家底，鼓励企业招引合作伙伴，通过先租后建、以购代建等方式盘活资产。

（7）坚持服务导向，帮助企业纾困解难。一是提升服务质量。持续发挥"驻企特派员"和"行政审批"制度优势，进一步提升服务质量。二是加大帮扶力度。以问题为导向，及时为企业纾困解难。积极落实区委、区政府制定的企业家沙龙座谈会制度，通过发放问卷、电话咨询、上门走访等多种方式，收集企业当前面临的各类问题，积极谋划、主动认领、主动担责，按照"一企一策"的方式，实行清单管理，逐一有效解决，切实解决企业发展过程中的问题。

3.2.17　企业文化建设

为树立企业品牌、提升企业形象、凝聚企业发展动力，充分发挥党组织优势，引领推动企业建立以价值理念体系为核心、与罗江区经济发展新常态相适应、与现代企业制度相符合、与企业和员工共同发展需求相一致的企业文化体系，推动企业科学发展、和谐发展、又好又快发展，罗江区优化营商环境领导小组成立了由区委组织部牵头，经开区、区经信局、区商务经合局、区科技局、区农业农村局、区科协、区工商联、团区委、区妇联、区总工会共同参与的企业文化建设专班。专班负责统筹推进企业文化品牌的塑造，积极指导和精心扶持企业大力开展文化建设，促进企业生产经营的健康、稳定、持续发展。所采取的具体工作措施如下：

（1）转变观念，助推企业文化发展。

①抓好格局构建。企业根据自身需求统筹规划和循序渐进，区级相关部门根据自身职能和特点，积极指导和精心扶持企业大力开展文化建设，形成经济、组织、工商联、科技、工会、共青团、妇联等各个部门共同配合、分工合作、齐抓共管的企业文化建设新格局。

②抓好阵地建设。在建设以党、工、团、妇为主的骨干文化队伍的基础上，动员职工群众参与企业文化建设的设计和实践。针对行业特点开展职业理想、职业道德、职业技能教育，加大企业文化基地和设施建设，充分发挥"职工之家"的作用，改善职工生活、生产环境，丰富职工的业余文化生活，提供组织保障和物质保障。

③抓好典型树立。大力开展星级活动室、厂歌等企业文化建设典型评选表彰活动，通过召开企业文化书会、经验交流会、现场观摩会等方式，以点带面，挖掘和培育一批各具特色的企业文化典型。

④抓好认识提升。通过定期组织企业负责人外出调研学习、集体座谈等多种方式来提升其对企业文化建设重要性的认识，通过企业负责人自身的影响使企业从上到下形成共识，认清文化建设对企业的生产经营和可持续发展所起的重要作用。

（2）创新方式，完善企业文化管理。

①完善管理机制。引导企业探索创新用人机制，全面推行以德、能、勤、绩、廉为内容的考核制度。完善企业用人机制，尽可能为人才提供施展才华的机遇和舞台。

②塑造企业文化。加强职工书屋建设，开展创建学习型企业等活动，引导职工读书学习，打造高学历、高职称、管理型、技术型职工人才队伍，夯实文化基础，拓宽职工的知识面，提高职工的思辨能力，推动企业文化发展。

③强化群团建设。发挥企业工会、共青团、妇女组织的作用，结合企业实际举办运动会、征文、庆典、书画比赛，文艺汇演、技能比武、劳动竞赛、安全知识竞赛等活动，开展"我为企业发展献一策""为企业增效"等载体活动，丰富员工的业余文化生活，整合各方资源共同推动企业文化建设。

（3）党建引领，加强企业文化建设。

①强化组织覆盖。指导符合条件的企业单独建立党组织，依托园区党建指导

站对不具备条件的企业进行集中孵化，把党组织建到企业中、产业链上。严格执行"三会一课"、党费收缴等党内活动制度，着力解决党组织活动开展不规范、党员队伍建设滞后、党员作用发挥不明显等问题，增强党建工作的影响力。

②强化党员管理。坚持"以人为本"的理念，着力培育党员员工的市场意识、竞争意识、团队协作意识、自我提升意识和主人翁意识。将企业文化纳入理论中心组学习、党员干部培训、党员教育管理，作为企业党组织建设等的重要内容，进一步加强党员对企业文化的认同感。

③打造活动阵地。持续推进园区党群服务中心建设，指导企业打造党建活动室、文体交流地、文明素养培养圈等，营造积极健康的环境文化，实现阵地、人才、资源共享，全力培塑企业特色文化品牌。

3.2.18 法制宣传

3.2.18.1 现　状

罗江区在优化营商环境法制宣传方面现存的问题如下：

（1）法律宣传意识不强。对《优化营商环境条例》出台的重要性认识不足，内部组织研究学习不够；对普法工作的重要性、长期性和基础性认识不到位，对外宣传上等上级布置任务，缺乏宣传主动性，宣传责任未全面落实。

（2）宣传形式单一。普遍采用"拉横幅、摆摊位、发传单"老三样宣传方式，法治宣传广度不够、方法不多，信息化手段运用不够，系统性、针对性不强。

（3）宣传效果不佳。因宣传手段单一，宣传没有结合实际做到贴合不同人群进行专项法治宣传，流于形式，精准普法效果不佳。

3.2.18.2 改进措施

为解决上述问题，构建上下联动、内外结合的法制宣传机制，罗江区提出了法制宣传方面的工作目标，即在常规普法宣传的基础上，创新宣传方式，扩大宣传受众，分门别类开展普法宣传，做到宣传有计划、宣传有重点，实现全年涉企普法宣传不少于 12 场次，覆盖人群不少于 5000 人次，为优化营商环境营造良好的法治氛围。此外，罗江区优化营商环境领导小组成立了由区司法局牵头，区委宣传部、区委组织部、区发改局、区市场监管局、区经信局、区商务经合局、区行政审批局、区人社局、经开区、区总工会、区工商联等单位和各镇人民政府共同参与的法制宣传专班。其主要措施如下：

（1）加强公务人员法治培训，提升依法行政、依法办事的能力和水平。落实各镇、各部门会前学法制度，全年学法不少于 12 次，全年至少举办 2 次罗江区法治专题讲座；加强公务人员法治能力考查测试，将《优化营商环境条例》等法律法规内容纳入考查测试及科技领导干部任前考试内容；加强执法人员通用法律知识培训学习，汇编通用法律知识手册，组织执法人员学习；推动建立国家工作人员旁听审判制度，组织旁听审判不少于 1 次。

（2）开展法制宣传活动。全面落实"谁执法谁普法"责任制，修订完善普法责任清单，推动落实年度普法计划、年度工作报告等，推动落实通报和考勤机制；落实法官、检察官、行政执法人员等以案释法制度，把热点案件依法处理过程变成全面普法公开课；扎实开展"一月一主题"宣传活动，结合不同时间节点，开展涉及食药品安全、安全生产、知识产权保护等方面的专项法治宣传；充分利用政务服务大厅电子显示屏以及"罗江发布""法治罗江"等宣传平台推广法治宣传微视频，充分利用政府及部门微博、微信等推送涉企相关法律法规及政策规定。

（3）开展走访活动。开展法律进企业活动，工会、行政执法部门、涉企管理部门、园区主管部门、工商联等，结合工作实际，通过"请进来、走出去"等方式切实了解企业服务需求、实际困难，协调解决各类问题，为企业提供法律、政策支持。

3.2.19　诚信体系建设

3.2.19.1　现　状

诚信体系建设是一项自上而下的工作。目前罗江区根据德阳市统一安排主要开展了信用信息归集共享、"红黑榜"发布、"信易批"等工作，但总体来说，罗江区社会信用体系建设相比其他县（市、区）较为滞后，突出表现在三个方面：

（1）机制不健全。罗江区社会信用体系建设联席会议（以下简称"联席会议"）下设办公室、企业信用建设专项组、个人信用建设专项组和社会组织信用建设专项组，现仅有联席会议办公室，其他三个专项组未正式成立。

（2）平台使用率低。罗江区"信用德阳"信用信息共享平台使用率偏低，30 个有账号的单位仅 12 个使用平台公示相关信息，且公示信息不及时、质量不高。

（3）信用信息运用效果不佳。相关行业部门没有按要求建立奖惩措施，联合奖惩几乎没有开展，"信用＋金融""信用＋工程"等子功能尚在建设。

3.2.19.2　改进措施

为加快推进政务诚信、商务诚信、社会诚信和司法公信建设，以完善信用制度建设为核心，以信用信息共享平台建设为抓手，以守信联合激励和失信联合惩戒为手段，不断提升罗江区社会信用体系水平，坚持责任明确、重点突破、注重实效，针对罗江区信用制度建立、信用信息共享平台运行、信用信息应用、信用联合奖惩等薄弱环节，明确责任分工、狠抓责任落实，全面提升社会诚信意识和信用水平，不断优化营商环境。罗江区优化营商环境领导小组成立了由区发改局牵头，区行政审批局、区市场监管局、市公安局罗江分局、区民政局、区司法局共同参与的诚信体系建设专班，其采取的主要措施如下：

（1）强化重点领域信用信息归集。加大行业信用信息归集力度，相关部门要指定专人负责，统一收集本部门（行业）的信用数据。重点做好人口基础数据、社团组织、交通违法、机动车登记、企业基础数据、经营异常名录、住房公积金、社保缴纳、公共事业缴费、税务登记、司法判决、失信被执行人等信息收集工作。加强行政许可和行政处罚事项（以下简称"双公示"）的公示报送，全面梳理编制本部门（行业）"双公示"信息目录，相关部门要按照"应归尽归、应示尽示"要求，于 2020 年 6 月底前把本部门 2019 年以来产生的在有效期内的"双公示"存量信息全量推送，新产生的"双公示"信息自决定作出之日起 7 个工作日内全量归集报送至"信用信息"公共信用信息共享平台。其他单位根据职能归集相关信息，全面整合上报至"信用德阳"公共信用信息共享平台。罗江区社会信用体系建设联席会议办公室（以下简称"联席会议"办公室）将按月对各有关部门信用信息报送情况进行通报。同时，通报结果将上报督导考核组纳入年度考核（责任单位：区公安局、区民政局、区交通局、区市场监管局、区公积金管理部、区人社局、区综合执法局、区税务局、区司法局、区法院，具有行政许可和行政处罚职能的区级部门）。

（2）规范信用"红黑榜"认定。对照市级社会信用体系建设各项制度标准，按照《德阳市诚信"红黑榜"发布实施方案》（德信用办〔2018〕46 号）要求，建立健全金融、旅游、行政审批、市场监管、政府采购和招投标等重点领域信用管理办法，科学制定本部门（行业）"红黑榜"制度，全力构建以信用为核心的新型监管体系。按照市信用办统一要求，相关部门要对行业内的企事业单位、社会组织、个人等各类社会主体进行评价评议，并于每月 25 日前将行业产生的红黑榜信息，通过"信用德阳"信用信息共享平台"信息发布—数据导入"功能进行上报公示。对已出台的制度及规范性文件，各相关部门要报区联席会议办公室备案，并通过政务平台及时进行公示和宣传，同时推送至"信用德阳"信用信息共享平台。区联席会议办公室将按照市信用办要求，通过网络媒体、户外宣传展板、政务电子屏将年度"红黑榜"进行公示〔责任单位：区财政局（金融局）、区文体广旅局、区行政审批局、区市场监管局等相关单位〕。

（3）健全信用联合奖惩制度。依据国家已经出台的信用联合奖惩备忘录，制定本部门（行业）信用联合奖惩措施清单，报区联席会议办公室备案，并推送至"信用德阳"信用信息共享平台进行公示。落实信用联合奖惩措施，相关部门要将行政相对人公共信用信息查询嵌入审批事项办理过程中，利用"信用德阳"信用信息共享平台"信用查询"功能，对拥有和保持良好信用记录的企业和个人，在市场监管、公共服务过程中实行优先办理、简化程序、"绿色通道"和重点支持等激励政策；对拥有不良信用记录者，强化实施行政性惩戒，在市场准入、信贷支持等方面提高"门槛"，要按照市上统一安排，与全市同步实现"信用＋金融""信用＋工程"功能运用。加强重点领域信用联合惩戒，在政府采购、政府购买服务、政府投资、工程建设、招投标过程中，主动查询市场主体信用记录或要求其提供由具备资质的信用服务机构出具的信用报告，优先选择信用状况较好的市场主体，加强守信正向激励；全面推行政府采购活动事前承诺制，政府采购当事人须在开展、组织、参与政府采购活动时，提交信用承诺书，并在德阳市政府采购网和"信用德阳"信用信息共享平台对外公示。依法建立政府采购供应商不良行为记录名单，对列入不良行为记录名单的供应商，在一定期限内禁止其参加其政府采购活动。相关部门要于每月 25 日前将本部门联合激励和惩戒案例、经验做法等工作情况报送区联席会议办公室（责任单位：区法院、区公安局、区财政局、区税务局、区行政审批局、区市场监管局、区文体广旅局、区经信局、区商务经合局等相关职能部门）。

（4）开展失信主体信用修复工作。相关单位要按照《德阳市社会信用信息异议处理和信用修复实施细则（试行）》要求，定期梳理本行业失信主体名单，对行业内信用记录出现失信的企业，特别是失信被执行人企业、经营异常名录企业、重大税收违法案件失信企业等，组织开展信用修复培训，引导其行政相对人（失信主体）通过"信用中国"网站查询企业信用信息，找到具体行政处罚记录，进入"行政处罚信息信用修复申请"页面后，按程序提交信用修复承诺书，行政相对人主要登记证照复印件、已履行行政处罚相关证明材料复印、由行政处罚机关出具的"涉及一般失信行为的行政处罚信息信用修复表"、主动参加信用修复培训的证明材料和信用报告等信用修复申请材料，督促其在规定期限内履行法定义务，纠正失信行为消除不良影响（责任单位：区法院、区市场监管局、区税务局等相关职能部门）。

（5）组织开展平台操作培训。开展信用信息共享平台（四川德阳）操作培训，邀请市信用办专业讲师授课，重点对"信用德阳"信用信息公示平台信用联合奖惩子系统、信易批子系统、信用信息上报子系统等的具体操作流程进行培训，确保各部门工作人员熟练掌握平台功能应用（责任单位：区发改局）。

（6）建立健全诚信工作机制。统筹做好罗江区社会信用体系建设、信息平台、目标考核等具体工作，根据机构改革调整情况和工作需要，对区联席会议组成人员进行调整。落实联席会议下设企业信用建设专项组、个人信用建设专项组和社会组织信用建设专项组，加快完善配套制度。各专项小组运行机制、工作细则等相关制度由牵头单位另行制定（责任单位：区发改局、区市场监管局、区公安分局、区民政局）。

（7）加强诚信文化宣传。深入开展诚信道德教育，相关部门要组织学习诚信先进人物事迹，定期召开诚信建设专题会议；利用单位内部工作群、微信公众号、官方微博等新媒体转发诚信小故事和相关守信失信新闻；持续深化"诚信建设万里行"主题宣传活动，开展诚信宣教活动，发放诚实守信宣传资料，广泛宣传诚实守信典型事迹，依法曝光社会影响恶劣、情节严重的失信案件，加强对失信行为的道德约束；充分发挥第三方新媒介的作用，依托营商环境评价系统，建立直通"信用德阳"信用信息共享平台入口，多渠道、多方式宣传，为企业和群众提供便利，实现随时随地掌上查询信用应用（责任单位：区联席会议成员单位）。

3.2.20　市场监管

3.2.20.1　现　状

新形势下的市场监管工作，必须具有服务经济、服务社会的责任与担当。目前罗江区市场监管情况如下：

（1）法规不完善，机构改革和职能调整后，相关的法律、法规、规章的统一、修订和清理尚需时日。

（2）信用监管威慑力尚未充分显现。现有制度设计还不能约束企业主动申报信用信息和提升诚信经营意识，各地信用惩戒的标准不统一，在一定程度上失去了信用监管、信用惩戒的意义，人为地造成了不同地区间营商环境的不公平。

（3）"双随机、一公开"取得的成绩是明显的，但是监管实效并不理想。目前"双随机"监管只是在个别少数部门实行，罗江区其他部门还没有全面推行"双随机"监管，与市场监管各领域的全链条、全覆盖和多倍数监管的要求存在一定的矛盾。

（4）"放管服"改革背景下，行政审批大量减少后，政府管理要由事前审批更多地转为事中事后监管，即实行"宽进严管"。这种管理方式上的转变，对各级监管部门都是新的考验和挑战。之前在行政审批方面轻车熟路的队伍，对市场监管却存在认识不够、知识储备不足以及能力缺失等问题。尤其是新组建的市场监管队伍，在统一认识方面还需要时间，需尽快统一思想，有机协调。

（5）信息不通畅，监管执法效率低，整个市场监管缺乏统一性、系统性、整体性、权威性。

（6）知识产权的运用转化能力得到提升，专利转化成效显著。截至目前，罗江区共注册商标1101件，注册国际商标2件，认证地标产品2件，申报地理标志商标2件，有效发明专利69个，每万人发明专利拥有量2.8件。2013年至2019年罗江区新增专利实施项目超过20项，实现销售收入超过1.5亿元；新增利税超过0.3亿元；企业专利等知识产权运用转化成效显著。2013年至2019年共计争取省、市级专利实施转化扶持资金 150 万元，支持引导 30 项专利技术实施转化。

（7）已培育国家级知识产权优势企业 2 家，省、市知识产权试点示范和优势企业 4 家，5 家企业通过知识产权贯标认证。目前已有 6 家企业开展专利权、注册商标质押融资，贷款额达到 1739 万元，有效地增强了企业发展后劲和活力。

3.2.20.2 改进措施

鉴于以上情况，罗江区优化营商环境领导小组成立了由区市场监管局牵头，区发改局、区财政局、区商务经合局、区经信局、区教育局、区科技局、区民政局、区司法局、区人社局、区自然资源局、区生态环境局、区住建局、区交通局、区水利局、区农业农村局、区文体广旅局、区卫健局、区医保局、区税务局、区公安分局、区应急管理局、区统计局、区行政审批局、区综合执法局、经开区管委会、区法院等部门共同参与的市场监管专班，并提出如下措施：

（1）高度重视。专班责任部门要高度重视市场监管工作，各部门要指定专人负责和对接专班日常工作。

（2）建立健全分类监管机制。专班各责任部门要建立分级分类监管机制，制定分级分类监管工作方案或措施，推行信用分类监管。根据监管领域、执法队伍和社会经济发展的实际情况，针对不同风险等级、信用水平的对象采取差异化分类监管措施。科学确定抽查比例、频次和被抽查概率，实现"进一次门、查多项事、综合会诊、精准施策"。推动形成企业自律、行业自治、政府监管、社会监督的多元化共治格局。

（3）切实做好"双随机、一公开"监管工作。自觉转变监管理念，真正将此项工作作为一项系统的改革措施来抓，依据法律法规要求，梳理各部门在市场监管领域的抽查事项和要求。建立"双随机、一公开"监管工作制度，及时出台本部门工作方案。专班成员单位要根据各自部门的"双随机、一公开"监管工作方案，以行政权力清单为基础，制定随机联查事项清单、随机联查检查对象名录库、检查人员名录库，并向社会公示，实行动态管理，确保涵盖全面、分类准确、及时调整。

（4）加强部门信息共享和工作协同。按照"谁许可、谁监管，谁主管、谁监管"的原则，将各部门抽查和联合抽查的结果及时归集，并通过国家企业信用信息公示系统（四川）和全国信用信息共享平台（四川）进行公示，为开展协同监管和联合惩戒创造条件。对抽查发现的违法违规行为要依法严格惩处，对违法失信市场主体要纳入部门联合惩戒的范围，对涉嫌犯罪的及时移送司法机关，让双随机抽查真正起到震慑违法者的作用。

（5）区级各成员单位在市场竞争当中保持中立，对不同所有制的企业一视同仁，平等对待。要按照 2019 年《政府工作报告》明确提出的"按照竞争中性原则，在要素获取、准入许可、经营运行、政府采购和招投标等方面，对各类所有制企业平等对待"要求，防止出台排除、限制市场竞争的政策措施。在制定市场准入、产业发展、招商引资、招标投标、政府采购、经营行为规范、资质标准等涉及市场主体经济活动的规范性文件和其他政策措施时，应当进行公平竞争审查，评估对市场竞争的影响，防止排除、限制市场竞争。未经审查者不得出台、不得提请审议。对已经出台且现行有效的政策措施，应当由该政策制定机关定期进行清理，对于有违公平竞争审查制度的应当及时予以调整、修改或废止，并向社会公示。

（6）以服务企业为目的，做好知识产权相关工作。建立区知识产权联席会议制度，加强各部门的协调和配合，成立专门的知识产权管理机构，确定专人负责，构建起较为完备的知识产权保护试点工作体系。加大知识产权财政投入，每年区财政安排一定的专项工作经费用于知识产权宣传、培训、保护以及知识产权申请资助和奖励，不断夯实知识产权工作基础。积极推动罗江区企事业单位建立健全知识产权工作体系，在罗江区科技型中小企业中设立知识产权工作服务点，确定联络员，配备专职工作人员，力求做到领导、机构、人员、制度、经费落实，切实将知识产权工作贯穿于企事业单位技术创新和生产经营的全过程。优选知识产权中介机构主动上门为企业开展政策宣讲、专利申请、商标注册、检索辅导等服务工作。每年利用知识产权宣传周、"4·26"世界知识产权日、"3·15"消费者权益日开展宣传活动，广泛宣传《专利法》《商标法》及知识产权相关政策和法规。组织区内企业知识产权管理人员和知识产权管理部门工作人员参加各类不同层次的知识产权专题报告会和法律法规培训班，提高管理人员的意识和能力。每年开展两期知识产权培训，组织区内中小企业的管理和技术人员参加，提升中小企业对知识产权的创造、运用、管理和保护能力，帮助企业培养知识产权管理人才。建立网上办公微信群，在群内进行政策法规宣传，同时邀请20多家知识产权专业机构和专家进驻平台，对企业在知识产权专业问题上进行答疑解惑，目前工作群内有近百家企业加入。

（7）设定工作目标，强化知识产权工作部门考评。摸清罗江区知识产权状况，制定鼓励自主创新、专利申请、品牌建设、标准制定、特定领域知识产权发展等的相关政策措施，并根据目前发展需要，设定具体工作目标，强化考评。将专利的申请量、授权量、品牌培育、质量提升、地理标志、传统知识和民间文艺等分设目标对应到单位部门，列入专项工作，计入考评；同时，在政策倾斜、项目扶持及融资审定、职称评定等管理中，增加知识产权评价指标。力争在2022年商标注册有效量达到1400件，发明专利有效数达到80件，罗江区每万人发明专利达到3件。

（8）加大违法案件查办力度。针对侵权假冒跨区域、链条化的特点，建立罗江区域间线索通报、证据移交、案件协查等制度，着力追查生产源头、销售网络及商标标识违法印制主体，完善覆盖生产、经营、流通的全链条执法模式，追根溯源，协同查办关联案件。探索建立执法协作机制，加强侵权假冒信息互通和跨境案件查处。对于区域联动案件，统筹考虑，研究制订查处方案，有效组织开展区域间联合执法行动。结合区域发展战略实施，建立和完善区域知识产权执法机制，加强与区内企业的沟通联系，了解企业诉求，切实保护权利人的合法权益。

第4章 罗江区营商环境指标表现

罗江区营商环境指标评价总体表现见表4-1。

表4-1 罗江区营商环境指标评价总体表现

开办企业	罗江区	北京	上海	保护少数投资者	罗江区	北京	上海
开办企业手续（数量）	2	4	3	披露透明度指数	10	10	10
开办企业耗时（天）	2	9	8	董事责任程度指数	10	4	4
开办企业成本（人均收入百分比,%）	—	1.4	0.7	股东诉讼便利度指数	8.5	5	5
最低实缴资本（人均收入百分比,%）	—	0	0	股东权利指数	5	5	5
申请材料（件）	11	—	—	所有权和管理控制指数	6	6	6
				公司透明度指数	6	6	6
办理施工许可证	罗江区	北京	上海	纳税	罗江区	北京	上海
流程数量（个）	20	18	18	纳税（次）	6	7	7
耗费时间（天）	57.4	125.5	93	时间（小时）	103.5	138	138
建筑质量控制指数（0~15）	15	15	15	总税率和社会缴纳费率（占利润百分比,%）	39.34	55.10	62.60
所需材料（件）	86	—	—	报税后程序指标（0~100）	50	50	50
获得电力	罗江区	北京	上海	执行合同	罗江区	北京	上海
程序（个）	2	2	2	时间（天）	240	510	485

续表4-1

时间（天）	33	32	32	成本（占索赔额百分比,%）	5.93	17.5	15.1
成本（人均收入百分比,%）	0	0	0	司法程序质量指数	17	16.5	16.5
供电可靠性和电费指数透明度	7(8)	7(8)	10(13)				
申请材料（件）	4	—					
登记财产	罗江区	北京	上海	办理破产	罗江区	北京	上海
时间（天）	1	<0.5	1	回收率（百分比,%）	—	36.9	36.9
土地管理质量指数	23	24.5	24.5	时间（年）	1.5	1.7	1.7
基础设施指标可靠性	5	8	8	成本（债务人不动产价值的百分比,%）	—	22	22
信息透明度指数	3	4.5	3.5	结果（0为分割销售,1为持续经营）	0	0	0
地理覆盖	8	4	4	破产框架力度指数（0~16）	13.5	13.5	13.5
土地争议解决	7	8	8	手续数量（个）	14	—	—
平等获得财产权指数	0	0	0	申请材料（件）	34	—	—
获得信贷	罗江区	北京	上海				
合法权利力度指数（0~12）	3	4	4				
信贷信息深度指数（0~8）	8	8	8				
信贷登记机构覆盖率（成年人百分比,%）	100	100	100				
信用局覆盖率（成年人百分比,%）	0	0	0				

4.1 世界银行营商环境评价指标表现

4.1.1 开办企业

"开办企业"指标衡量了企业家要开办并正式运营一个工业或商业企业时，官方正式要求或实践中通常要求的所有手续，完成这些手续所需的时间和费用，以及最低实缴资本。这些手续包括企业家为获取所有必要的执照和许可并完成企业及员工应向相关主管机关作出的通知、验证及注册所经历的程序。2020 年世界银行《营商环境报告》显示，中国"开办企业"指标得分 94.1，全球排名第 27 位。

2019 年，北京、上海"开办企业"在耗时和手续数量方面分别为 8 天/3 个手续、9 天/ 4 个手续。对比 2019 年的数据，罗江区"开办企业"耗时优于北京上海，其中现场申请办理需 3 天、网上办理需 2 天，办理手续也缩短为 2 个环节，具体数据对比情况详见表 4-2。2020 年，四川"开办企业"总耗时为 2.26 天，沈阳、南宁在进一步加大互联网对政务服务平台的优化后，有效缩减了审批环节、所需资料和办理时限。目前两地开办企业总耗时都压缩为 0.5 天。

总体来看，罗江区"开办企业"在耗时和手续数量上表现优异，优于先进城市。但结合现场调研情况仍存在以下问题：一是行政审批局的问卷反馈表明了罗江区已经开通了快递送达服务，但罗江区政务服务官网显示，"开办企业"办理暂不支持全省就近取件和全省就近办理。二是罗江区电子政务服务平台功能不够完善，业务部门之间数据共享存在壁垒，无法实现信息的互联互通，造成工作人员办事效率低。罗江区下一步工作应着力优化电子政务服务平台，完善企业开办"一窗通"平台服务功能，实行"登录一个平台、填报一次信息、后台实时流转、即时回馈信息"相关服务。

表 4-2 罗江区"开办企业"与国内代表城市和东亚及太平洋地区对比情况

开办企业	罗江区	北京	成都	四川省（平均）	东亚及太平洋地区	经合组织高收入经济体	最佳表现
开办企业手续数量（个）	2	3	3.7	—	6.5	4.9	1（2 个经济体）
开办企业耗时（天）	3（现场）2（网络）	8	10.5	2.26	25.6	9.2	0.5（新西兰）

开办企业	罗江区	北京	成都	四川省（平均）	东亚及太平洋地区	经合组织高收入经济体	最佳表现
开办企业成本（人均收入百分比,%）	—	0.7	—	17.4	3	0（2个经济体）	—
最低实缴资本（人均收入百分比,%）	—	0	—	—	3.5	7.6	0（120个经济体）
申请材料（件）	11	—	12.5	—	—	—	—

注：上表中北京选用 2019 年度数据，成都选用 2018 年度数据，四川省选用 2020 年第一季度测评数据。

4.1.2　办理施工许可

"办理施工许可"指标主要记录建筑行业的企业建设一个项目需要办理的所有手续及各项手续所需的时间和费用，主要能反映获得建筑许可证的效率。此外，它还能衡量建筑质量控制指数，评估建筑规章的质量、质量控制与安全机制、责任与保险制度以及执业资格要求的力度。建筑质量控制指数基于六个方面：建筑法规质量、施工前质量控制、施工中质量控制、施工后质量控制、责任和保险制度以及专业认证。其中，建筑法规质量指数范围在 0 到 2 之间，分值越高表明建筑法规越明确、透明；施工前质量控制指数范围在 0 到 1 之间，分值越高表明审查建筑设计图方面的质量控制越好；施工中质量控制指数范围在 0 到 3 之间，分值越高表明施工过程中的质量控制越好；施工后质量控制指数范围在 0 到 3 之间，分值越高表明施工后的质量控制越好；责任和保险制度指数范围在 0 到 2 之间，分值越高表明潜在缺陷责任和保险制度越严格；专业认证指数范围在 0 到 4 之间，分值越高表明对专业认证的要求越严格。建筑质量控制指数满分为 15 分。

"办理施工许可"指标方面，罗江区在"办理时间"维度上测得数据为 41 个工作日（57.4 天），优于北京（93 天）、上海（125.5 天）和四川省（平均 63.17 天）；按照相对距离法计算该维度得分为 91 分，超过北京（80.7 分）和上海（71.3 分）。罗江区在"办理成本"维度测得数据为仓库假设价值的 3.06%，低于北京（3.5%），但高于上海（2.8%）；按照相对距离法计算该维度得分为 84.7 分，高于北京（82.5 分），但低于上海（88.5 分）。罗江区在"办理环节"维度测得数据为 20 个，高于北京（18 个）、上海（18 个）；按照相对距离法计算该维度得分为 40 分，低于北京（48 分）和上海（48 分）。在建筑质量控制指数维度得分为满分 15 分，与北京、上海相同。详见表 4-3。

表 4-3　罗江区"办理施工许可"与国内代表城市及最优国家和地区对比情况

办理施工许可	罗江区	北京	四川（平均）	成都	中国大陆地区	中国香港地区	中国台湾地区	新加坡	韩国
流程数量（个）	20	18	—	23.9	20.4	11	10	10	10
耗费时间（天）	57.4	93	63.17	292.2	155.1	72	82	41	27.5
建筑质量控制指数	15	15	—	—	11.1	14	13	12	12
所需材料（件）	86	—	—	81.2	—	—	—	—	—

罗江区在"办理时间"维度得分领先，在"办理成本"维度得分居中，在"办理环节"维度得分较低，显示出罗江区在施工许可证办理方面虽然已经采取了归口行政审批局办理、项目秘书制度等具有罗江特色的有力措施，但仍存在一些问题。结合现场调研情况，罗江区在办理施工许可证方面主要存在以下问题：一是立项用地规划、工程规划和施工许可三阶段内部各手续办理仍有先后顺序，不利于企业节约办理时间；二是施工完成后验收阶段仍然是消防、规划等在多个部门分别办理，联合验收推行效果不佳；三是企业申请供水、接入污水管网等需求无法一站式办理，相关事项在不同的科室处理，由不同的人负责，降低了办事效率。

4.1.3　获得电力

获得电力指标方面，罗江区的低压用户办理需要 2 个程序，包括申请受理和装表接电；高压用户办理需要 4 个程序，包括申请受理、答复供电方案、外部工程实施、装表送电。在申请受理阶段，通常需要的材料包括用电主体资格证明材料、房屋产权证明或土地权属证明文件；在装表送电环节，通常所需的材料包括竣工资料、实验报告。罗江区在获得电力方面，低压用户花费的总时长约为 3 天，而高压用户花费的总时长约为 33 天。就成本而言，除高压用户会收取高可靠性费用外，其他用户在获得电力过程中无须花费任何费用。结合北京、上海和成都已有指标情况，罗江区在获得电力方面对比结果详见表 4-4。

表 4-4 罗江区"获得电力"与国内代表城市对比情况

获得电力	北京	上海	成都	罗江区
电价（元/千瓦时）	1.18	0.9	—	单一制：1kV 以下为 0.64750；1~10kV 为 0.63530；35~110kV 为 0.62320 两部制：1kV 以下为 0.57640；1~10kV 为 0.55640；35~110kV 为 0.53640
程序（个）	2	2	3.1	低压：2 个；高压：4 个
时间（天）	32	32	低压：3.69 天 高压：41.52 天	低压：3 天；高压：33 天
成本(人均收入百分比,%)	0	0	—	低压：0 元；高压：高可靠性费用
供电可靠性和电费指数透明度	7(8)	7(8)	—	10（13）
申请材料（件）			3.3	4

由此可知，罗江区在程序数量方面与北京、上海等先进城市相比无明显差异，并且区分高压、低压差异具有特定性。在所需时间方面，无论低压还是高压均优于成都市。但罗江区的"供电可靠性和电费透明度"指标却比北京、上海得分低，主要原因在于平均停电时间和平均停电次数较高，供电可靠性有待提升。因此，如何通过技术或管理等手段有效合理改善停电时间长、停电频率高现象，是罗江区进一步需要解决的问题。

4.1.4 获得用水用气

获得用水指标方面，罗江区的"程序数量"（3 个）比成都市表现好，环节精简便利；"所需时间"（10 天）也比成都市表现好。罗江区在前期企业申请时实名申请即可，无须任何证明材料。罗江区获得用水环节明确精简，主要包括企业填报用水申请表、现场踏勘、签订用水施工安装合同。罗江区获得用水无须任何材料，仅企业填写申请表即可完成申请流程。罗江区在获得用水方面与成都市的指标对比情况详见表 4-5。

表 4-5 罗江区在"获得用水"方面与成都市对比情况

获得用水指标	成都市	罗江区
手续数量（个）	5.1	3
时间（工作日）	13.03	10
申请材料（件）	5.8	无

由此可知，罗江区获得用水无须任何材料，仅企业填写申请表即可完成申请流程，但申报方式为自来水营业大厅，多渠道如网络线上申报方式仍待改进和加强，以提高工作效率。

获得用气指标方面，罗江区所需"程序数量"为5个，环节精简便利，所需时间为26天。罗江区获得用气环节明确精简，主要包括用户申请（1个工作日）、现场踏勘（2个工作日）、设计（20个工作日）、编制工程预算（2个工作日）、签订安装合同（1个工作日）。企业在办理获得用气时，通常城区内价格为4500元左右/户，而乡村价格为4800元左右/户。罗江区与成都市在获得用气方面的指标对比情况详见表4-6。

表4-6　罗江区在"获得用气"方面与成都市对比情况

用气指标	成都市	罗江区
手续数量（个）	7.9	5
时间（工作日）	17.35	12
申请材料（件）	6.2	无

由此可知，罗江区获得用气在手续和时间方面均比成都市少，同时在申请时，无须任何材料，仅填写申请表即可。但罗江区获得用气的申报方式为燃气公司客服大厅现场办理，多渠道如网络线上申报方式仍待改进和加强，以提高工作效率。

4.1.5　登记财产

《营商环境报告》记录一个有限责任公司（买方）从另一个企业（卖方）购买一个财产，并且把此财产的使用权从卖方转移到买方，使买方能将此财产用于扩大自己现有的企业，或将此财产作为抵押物以获取新的贷款，或者在必要的时候将此财产卖掉的所有手续。该报告也评估完成每一项手续所需的时间和费用。登记财产是世界银行营商环境评价指标之一，主要用于衡量企业从二级市场购买土地、房产等不动产所需的流程、时间和办理费用，并从信息透明度、土地争议解决指数等角度评估土地管理质量。评价涉及的财产登记程序、时间和费用包括与不动产交易、税务、登记等政府部门之间的各项事务以及律师、公证员等中介服务机构的尽职调查等事项。

世界银行日前发布的《2019营商环境报告》显示，在监测的190个经济体中，我国营商环境评价"登记财产"指标从2018年的第41名上升至第27名，提升了14名，达到全球先进水平。据对上海、北京两个主要城市的评估，平均登记财产需 3.6 个手续、耗时 9 天，成本占财产价值的 4.6％，土地管理质量指数为 23.7 分。与 2018 年相比，登记财产手续减少 0.4 个，耗时减少 10.5 天，土地管理质量指数提高 5.4 分。

4.1.5.1 时间方面

罗江区现已实现不动产登记"一窗受理、并行办理"模式，可实现 1 日办结，高于四川省平均水平（4 日）的高效工作使"办理时间"指标优于全国平均水平，与北京（1 日）、广州（0.5 日）、上海（当场完成）相比差别不大，详见表 4-7。

表 4-7 罗江区"登记财产"时间与国内代表城市对比情况

登记财产	罗江区	上海（2019）	北京（2019）	广州（2019）	四川省（平均）（2020）	最佳表现
时间（天）	1	<0.5	1	1	4	—

4.1.5.2 土地管理质量指数方面

罗江区在土地管理质量指数方面得分为 22.5，与北京（24.5）、上海（23.5）存在一定差距，但相差不大，远高于东亚与太平洋地区的平均水平，详见表 4-8。

表 4-8 罗江区"登记财产"土地质量指数与国内代表城市对比情况

土地管理质量指数	罗江区	上海（2019）	北京（2019）	广州（2019）	四川省（平均）（2020）	最佳表现
得分	22.5	23.5	24.5	16.2	23.2	—

由表 4-8 可知，罗江区在地理覆盖上表现较优，但基础设施可靠性维度、信息透明度、土地争议解决维度上与北京、上海有差异，距离实际要求和市场期盼还存在以下差距：

（1）开办企业多项流程合并为一步。开办企业申请营业执照、刻制公章、领用发票、"五险一金"用工信息采集等事项全部纳入一网通办平台，实现"一窗办理、一次填报、一个环节"。

（2）罗江区目前暂未实现"一网通办"，且不动产登记平台与税务平台尚未打通，无法获取企业不动产转移登记全流程数据。

（3）产权信息和地图测绘信息保存以扫描形式及纸质形式为主，未实现全数字化保存，没有建立本地的地理信息电子数据库。

（4）公众无法在网上或工具栏中及时获取新地图，还不能自由获取本地的地图地块、地籍规划等信息。

（5）本区在进行身份文件核实时并没有联网公安系统，故没有全国性数据库以核实身份文件的准确性。

（6）没有定期公开产权交易的统计数据和一审的土地争议数量的统计数据。

（7）未全面开放土地所有权信息查询。

罗江区"登记财产"各指数与国内代表城市对比情况见表4-9。

表4-9 罗江区"登记财产"各指数与国内代表城市对比情况

登记财产	罗江区	上海（2019）	北京（2019）
基础设施指标可靠性	5	8	8
信息透明度	3	3.5	4.5
地理覆盖	8	4	4
土地争议解决	6.5	8	8
平等获得财产权指数	0	0	0

4.1.6 获得信贷

"获得信贷"用于衡量担保交易中借贷双方的合法权利和信贷信息的获得便利性。它包含两个指标：

（1）"合法权利力度指数"，描述担保和破产法中是否有某些特征使贷款更加便利，指数分值范围在0到12之间，得分越高说明担保和破产法制定得越有利于信贷的获得。

（2）"信贷信息深度指数"，衡量征信服务如信贷社和信贷登记处所提供的信贷信息的覆盖面、范围和开放程度，指数分值范围在0到8之间，分值越高说明可以获得的信贷信息越多，而不论这些信息是从信贷社还是从信用登记处获得的，这有助于贷款决策。详见表4-10。

表4-10 罗江区"获得信贷"与国内代表城市对比情况

获得信贷指数	罗江区	北京	上海
合法权利力度指数（0~12）	3	4	4
信贷信息深度指数（0~8）	8	8	8
信贷登记机构覆盖率（成年人百分比，%）	100	100	100

获得信贷指数	罗江区	北京	上海
信用局覆盖率（成年人百分比，%）	0	0	0

世界银行 DB2016~DB2020 显示，在我国绝大多数指标排名提升，甚至是显著提升的情况下，作为十大指标之一的"获得信贷"指标排名不但没有提升，反而一直在下降，由全球第 62 名跌至第 68 名，继而跌至第 73 名，最新一次仅排第 80 名。

"信贷信息深度"方面，罗江区和北京、上海均得满分 8 分，可获得的信贷信息多而全面。信贷登记机构覆盖率（成年人百分比）方面，经了解罗江区未设立地方性信贷社或信用登记处，但中国人民银行征信中心网站提供的信贷信息可满足内容丰富、获取便利、与金融机构互通等方面要求，且覆盖成人人口超过 5%。

在"合法权利力度"方面，我国担保法和破产法暂未放开对信贷的支持，我国整体表现不优，且罗江区得分比北京、上海低 1 分，结合现场调研情况，突显了罗江区在协助企业获得信贷方面存在以下问题：一是罗江区抵押登记机构暂无现代化特征，如暂不允许有担保债权人（或其代表）在线注册、搜询、修正及上网取消担保权益；二是罗江区为解决中小企业融资难问题，虽然从降低融资成本、扩展融资渠道、扩大融资额度等多个方面做出努力，甚至以政府担保组建基金池，但是市场供给远低于中小民营企业融资需求，因此并未在真正意义上解决中小企业融资难问题。

4.1.7　保护少数投资者

如图 4—1 所示，"保护少数投资者"包含 3 级指标，各级指标关系及分值情况如下：纠纷调解指数=average（披露程度指数，股东诉讼便利度指数，董事责任程度指数），得分范围是 0 到 10 分，数值越高说明利益冲突调控能力越强；股东治理指数=sum（股东权利指数，治理制度强度指数，公司透明度），得分范围是 0 到 20 分，数值越高说明股东在公司治理中拥有的权力越大；少数投资者保护力度指数=纠纷调解指数×3+股东治理指数，得分范围是 0 到 50 分，分值越高说明对少数投资者的保护力度越大。

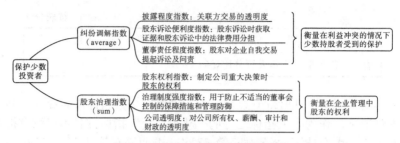

图 4-1 保护少数投资者指标分级

根据世界银行对保护少数投资者课题的假设，该课题针对上市公司，若经济体没有股票交易所，则针对一家有多个股东的大型私营公司，评价对象数据来自对公司法、证券法、证券监管规则、民事程序法等。罗江区仅有"四川新金路集团股份有限公司"一家上市公司，未针对上市公司颁布地方性法规、政策等，应用《证券法》《公司法》等相关现行法律，即本调研所指"保护少数投资者"指标项下的营商环境改善是全国性无差异的改善。

在世界银行 DB2020 中，我国"保护少数投资者"指数排第 28 名，少数投资者保护力度指数得 36 分（满分 50 分）。

如图 4-2 所示，在本次调研中罗江区"少数投资者保护力度指数"达 45.5分，优于上海、北京（36 分），其中"股东治理指数"罗江区与上海、北京无差别，得分 17 分（满分 20 分），而"纠纷调解指数"罗江区得分 9.5 分（满分 10分），优于上海、北京（6.33 分），即为了使上市公司的少数股东不受董事们滥用公司资产为自己谋利的损害，对他们进行保护的力度有明显增强。影响"纠纷调解指数"和"股东治理指数"的细项指标对比分析如下。

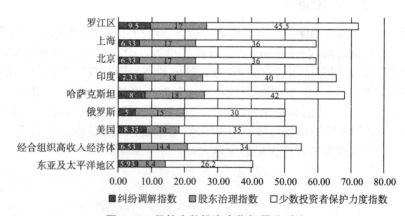

图 4-2 保护少数投资者指标得分对比

如图 4-3 所示，"董事责任程度指数"得分由 4 分增加到 10 分（满分 10 分），董事所负的法律责任明显增大，"股东诉讼便利度指数"得分由 5 分增加到 8.5 分（满分 10 分），股东挑战交易的权利有所增大。我国对保护少数投资者、改善国内营商环境做出了努力。2019 年 4 月 29 日起施行《最高人民法院关于适用〈中华人民共和国公司法〉若干问题的规定（五）》，如果有证据表明存在不公平、利益冲突或者损害，足以就关联交易给公司造成损失，追究关联董事及董事会其他成员的责任；2019 年 4 月修订《上海证券交易所股票上市规则》，要求若上市公司股东在针对利害关系董事的诉讼中胜诉，则该董事可被公开认定 3 难以上不适合担任上市公司的高管人员。2020 年 5 月 1 日起施行的《最高人民法院关于民事诉讼证据的若干规定》明确民事审判期间，原告请求法官从被告或不合作的证人处收集相关信息的操作步骤，使得少数投资者对纠纷相关的难获得信息的可获得性增加。

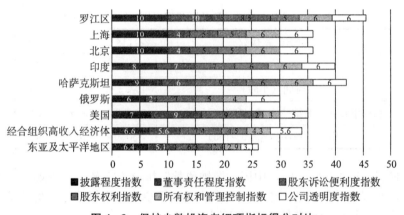

图 4-3　保护少数投资者细项指标得分对比

"股东权利指数"得分 5 分（满分 6 分）、"所有权和管理控制指数"得分 6 分（满分 7 分）、"公司透明度指数"得分 6 分（满分 7 分），均有失分且暂无改善。罗江区当前处于仅有一家上市公司的经济发展阶段，保护少数投资者方面可应用全国通行的法律法规，暂时没有必要对此作出改革，未来可关注以下几个方面的问题：一是民事案件审理期间，原告不能在未事先征得法官同意的情况下直接质询证人；二是民事案件中，股东原告不能在诉讼失败的情况下被法院支持获得律师费用的补偿；三是上市公司股东不能在公司发行新股时自动获得优先购买权；四是首席执行官未被禁止担任董事会主席；五是上市公司不能保证股东大会召开 21 天前，让股东收到一份详细的股东大会通告，此项尤其需要注意的是《公司法》对此要求严格，而实操不规范占大多数。

4.1.8 缴纳税款

"缴纳税款"记录一家中型、标准化企业在某一特定年份内必须缴纳的各种税项和强制性派款（包括由雇主缴纳给返还型私人养老基金或职工保险基金的政府强制派款），也衡量因纳税与支付派款以及进行税后合规而产生的行政负担。为了使各个经济体的数据具有可比性，假设了一个标准化的案例，具体到一整套财务报表涉及的内容及对应交易，本指标相关部分数据收集与测算依据该假设。"缴纳税款"包括纳税次数、办理时间、总税率和社会缴纳费率、报税后程序4项指标。其中，报税后程序对增值税退税合规的时间（小时）、获得增值税退税的时间（周）、企业所得税申报修正合规的时间（小时）、完成企业所得税申报修正的时间（周）4项要素按百分制计分后求平均值。本次调研情况及与其他地区的对比情况详见表4-11。

表4-11 罗江区"缴纳税款"与国内代表城市对比情况

缴纳税款指数	罗江区	上海	北京
纳税（次）	6	7	7
时间（小时）	103.5	138	138
总税率和社会缴纳费率（占利润百分比，%）	39.34	62.60	55.10
报税后程序指标（0～100）	50	50	50

在世界银行DB2020中，中国"缴纳税款"排第105名。普华观点指出，近两年来，我国在纳税次数、纳税时间及企业所得税更正申报等方面均处于全球较为领先水平，纳税指标总体在金砖五国中位列前三。

"纳税次数"方面，罗江区纳税需办理6次，较优于北京（7次）、上海（7次）。房产税、城镇土地使用税在2019年10月1日起，申报表合并为"城镇土地使用税 房产税纳税申报"，这是全国性无差异的纳税次数的减少。

"总税率和社会缴纳费率"方面，罗江区该口径税负达39.34%，低于上海（62.6%）、北京（55.1%）。罗江区企业税负相对较低，如罗江区给予范围内耕地占用税税收优惠，在一定程度上降低了企业负担的纳税成本。根据《四川省人民代表大会常务委员会关于耕地占用税税额的决定》，2019年9月1日起罗江区耕地占用税税收优惠结束。

"报税后程序"方面，我国发布《财政部 税务总局 海关总署关于深化增值税改革有关政策的公告》，规定从2019年4月1日起，试行增值税期末留抵税额退税制度，让增值税系统更中立、无倾向性。罗江区留抵增值税退税合规时间为

32 小时，慢于韩国（世界银行 DB2020 公布最优表现，0 小时），获得留抵增值税退税时间为 0.14 周，快于澳大利亚（世界银行 DB2020 公布最优表现，3.2 周）；企业所得税申报修正合规时间为 1 小时，快于爱沙尼亚（世界银行 DB2020 公布最优表现，1.5 小时），完成企业所得税申报修正时间 0 周，与日本相同（世界银行 DB2020 公布最优表现，0 周）。按照前沿距离法计算该维度得分为 85.7 分，总体优于北京和上海。

上述各方面罗江区都展现出营商环境相对优势，但是"纳税所需时间"方面尚有不足。罗江区纳税虽已完全实现在线缴税，但是年度缴税需耗时 103.5 小时，与 2020 年一季度调查四川纳税耗时 89.1 小时、德阳 74.3 小时、成都 59.3 小时相比，有一定差距。罗江区可从以下方面改善企业纳税环境：一是通过税务流程再造，利用更新的科技手段，合并、简化可同时进行的程序步骤，进一步缩短纳税时间；二是提升税务机关人员素质和工作能力，提高合规审查效率。

4.1.9　跨境贸易

目前罗江区并未设有海关的分支机构，当地涉及进出口贸易的企业大都选择在成都完成海关申报流程，极少数也会在德阳海关完成相关申报流程。尽管在这个过程中也有相关政府部门协助企业进出口的部分流程，但这些协助在世界银行的评价体系中难以体现。因此，该指标不适用于罗江区的实际情况评价。

4.1.10　执行合同

"执行合同"是世界银行营商环境评估体系中的指标之一，也是世界银行《营商环境报告》中关于司法制度和诉讼程序的最重要指标。它用以衡量司法程序解决商业纠纷的时间消耗与经济成本，以及对司法程序的质量评估。该指标涵盖了有关审判组织、司法程序、审判效率、诉讼成本、多元化纠纷解决、法院信息化建设、司法改革等多方面内容。2020 年世界银行《营商环境报告》显示，中国在"执行合同"指标方面得分 80.9 分，增加 1.93 分，排名提升一位，列全球第五，为 10 个指标中排名最靠前且唯一连续 5 年保持世界前 10 名的指标。北京、上海二级指标"司法程序质量指数"连续两年排名全球第一。

在"合同执行"指标方面，罗江区在时间、成本、司法程序质量指数方面的表现优于全国平均水平，也优于北京、上海的表现，位于世界前列。

（1）时间方面：罗江区人民法院处理假设案件详见表 4-12，按照简易程序审理，时间可压缩至 240 日以内完成。如果按照普通程序，审判时间则由 90 日内变更为 180 日内；执行时间由 65 日内变更为 180 日内，实际上会根据处置情况发生变化，较复杂项目平均处理时间为 150 日。在非简易程序下，罗江区立案、审批、执行的合计时间最长为 445 日。

表 4-12　罗江区执行合同假设案件信息

假设案件信息	
诉讼金额	人均收入的 200％或 5000 美元相对大的数额
法院名称	罗江区人民法院
行政区域	罗江区

(2) 成本方面：罗江区平均律师费占诉讼额的百分比约为 5％；法庭费用占诉讼额的百分比（法庭费用还包括双方支付给专家以获取意见的费用，无论是付给法庭还是直接付给专家）在简易程序下为 0.93％，非简易程序时为 1.86％，但该费用未计算鉴定专家费用；执行费用占诉讼额的百分比〔执行费用为卖方（原告方）必须预先支付的、为了通过公开出售买方流动资产来执行判决的一切成本，不论卖方最终发生的成本为多少〕为 0。根据罗江区人民法院的解释，因罗江属于欠发达地区，律师平均实际收费约 5％；专家费用法院不经手，由鉴定机构直接收取，具体不详；执行费用不需预付，执行到位后直接从中扣收，因此胜诉方申请执行费用为 0。罗江区在成本方面的指标表现在简易程序下应高于5.93％，普通程序下应高于 6.86％，但整体仍然远低于上海的 15.1％和北京的17.5％。罗江区与国内代表城市时间与成本的比较情况见表 4-13 和图 4-4。

表 4-13　罗江区"执行合同"与国内代表城市对比情况

执行合同	罗江区	上海	北京	最佳表现
时间（天）	240	485	510	120（新加坡）
成本（占索赔额百分比,％）	5.93	15.1	17.5	0.1（不丹）
司法程序质量指数	17	16.5	16.5	—

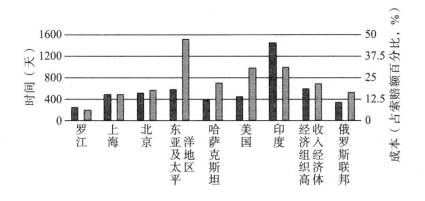

图 4-4　罗江区"执行合同"时间、成本与国内代表城市对比情况

4.1.11　办理破产

"办理破产"用以衡量一家企业在进入破产程序后，债权人收回贷款所需时间、破产程序中产生的一切诉讼成本（包括法庭费用、破产管理费、拍卖费、评估费、律师费等）、企业经过破产程序后是继续运营还是会被分割出售、债权人能收回债务的比例，以及适用于清算和重组程序的法律框架的力度。办理破产指标的数据来自对地方破产从业单位对调查的答复，并且通过对有关破产制度的法律法规及公共信息的研究加以验证。

世界银行"办理破产"指标下设两项子指标，分别是回收率和破产框架力度指数，各占 50% 的权重，最终的营商便利度排名是根据"回收率"和"破产框架力度"两个分数平均得出的。回收率是关于破产程序的时间、成本、结果及贷款利率的函数，按担保债权人收回的债务占债务额的百分比来记录。破产框架力度指数是对一个经济体现有破产法律框架的充分性和完整性进行评估，该指标取值范围为 0~16 分，数值越高，表示破产框架力度越好。2020 年世界银行《营商环境报告》显示，中国（以北京、上海为例）"办理破产"指标得分 62.1，全球排名第 51 位。其中办理破产的时间为 1.7 年，回收率为 36.9%，成本约为债务人不动产价值的 22%，办理破产的结果以被分割出售为主，破产框架力度指数为 13.5。

罗江区"办理破产"法定程序耗时为 1.5 年，其中未包含企业自定义时间，例如，企业债权人就破产整顿与和解协议进行讨论。对比 2020 年四川省"办理破产"债权人收回债务时间 1.4 年，依旧存在较大差距。此外，因企业破产的相关法律法规全国统一，罗江区的破产框架力度指数与北京、上海一致，均为13.5，详见表4-14。该数值越高，表示破产立法设计越有利于恢复可存活的企业和清算不可存活的企业。

表4-14 罗江区"办理破产"与国内代表城市和先进国家或地区的对比情况

办理破产	罗江区	上海	北京	四川省（平均）	最佳表现
回收率（百分比,%）	—	36.9	36.9	—	92.9（挪威）
时间（年）	1.5	1.7	1.7	1.4	0.4（爱尔兰）
成本（债务人不动产价值的百分比,%）	—	22	22	—	1.0（挪威）
结果（0为分割销售，1为持续经营）	—	—	—	—	—
破产框架力度指数（0～16）	13.5	13.5	13.5	—	—
手续数量（个）	14	—	—	—	—
申请材料（件）	34	—	—	—	—

总体来看，罗江区"办理破产"指标无法与先进城市形成有效对比。结合现场调研情况来看，原因主要为以下几个方面：一是罗江区无律所驻场，法院经手的破产案例都是在执行过程中发现被执行人资不抵债、达到破产界限而转为破产的案例。二是法院经手的案例均未结案，没有之前可供参考的案例数据。三是因区县经济发展潜力不同，罗江区申请破产的企业在资产和规模上与先进城市办理破产的企业不具备可比性。因此，难以统计出企业办理破产所需成本（破产管理费、拍卖费、评估费和律师费），进而导致无法按照世界银行方法论算出破产回收率。四是罗江区尚未积极推进企业破产重整、和解工作，未实现债权人、债务人、股东、社会综合效益最大化。

世界银行报告指出一个经济体良好的破产制度应当具备以下特征：①帮助债权人实现资产价值最大化。②允许有救助可能的企业进行重组，并有效关闭失败的企业。如果企业能通过有效的破产重组使公司持续经营下去，转危为安，那么将保留企业100%的市场价值，保障更多员工从事原有工作，保护供应商及客户网。直接将破产企业分割出售，只能获得当前市值的70%，并会在一定程度上影响市场经济的稳定与增长。

综上所述，罗江区人民法院下一步应重点关注：①如何处理企业无产可破案件，压减案件审理时限，推行预重整制度，提高破产企业重整的成功率。②保证企业的合法权益，加大对企业破产法的宣传普及。

4.1.12　劳动雇佣

该指标在世界银行的评价体系中不纳入计分排名，其评价重点在于考察参评区域劳动雇佣的法律法规、政策要求是否完善。罗江区人社局的反馈问卷表明劳动合同法宣传和相关政策基本落实到位。但该指标对法律的遵守和执行效果的评估是有限的，也很难从企业和劳动者的角度反映劳动雇佣存在的问题。在前期企业调研中收集到企业反映高端、技术人才短缺，对人才的吸引力不足，当地劳务人员质量参差不齐和人才优惠政策（如人才公寓）门槛较高或者存在信息不对称等问题。

4.2　营商环境评价指标表现

4.2.1　政府采购

罗江区建立了电子化政府采购平台，但政府采购各环节实现电子化的普及度不高。例如，罗江区全年只有 53％ 的项目是通过电子平台进行采购，电子采购项目金额占总采购项目金额的 7.3％，目前只有网上竞价采购能实现电子化，但无法在线签订委托代理协议、在线发出履约验收公告、审签变更、查阅结果等，无纸化档案建设和管理也有待提高。罗江区下一步应加快推进采购项目电子化，加快完善电子化政府采购平台的网上交易功能，实现在线发布采购公告、提供采购文件、提交投标（响应）文件，实行电子开标、电子评审。

4.2.2　招标投标

罗江区目前已实现全省公共资源交易数字证书和电子签章兼容互认、一地注册、全省通用。政府采购的工程项目 98％ 是德阳市以内的本地企业，但尚未建立"互联网＋"招标采购交易平台，实现全流程电子化招标、投标、开标和评标；尚未开展异地远程评标、多地联动异地远程评标。罗江区公共资源交易中心下一步应全面优化招投标流程，鼓励采用电子保函等非现金形式提交投标和履约保证金，推进招投标全程电子化、无纸化档案建设和管理。

4.2.3　政务服务

罗江区互联网优化政务服务水平相对较高，可通过四川省政务服务网（罗江区）、天府通办 App、"罗江政务"微信公众号等平台查询政府服务事项的相关办事流程、政策文件，预约、办理相关业务。2017 年成立行政审批局，划转 22 个部门 149 项行政审批职能，2018 年罗江区行政审批和公共服务事项共计 256

项，已入驻 197 项，入驻比例 76.95％。目前，罗江区依申请政务服务事项承诺提速率达 80％以上，政务服务大厅办理事项网上可预约率 100％，行政审批局也提供了 52 个主题场景服务，如"我要开餐馆""我要办理企业注销登记"等，方便企业、居民快速进行一站式办理。

但仍有 4 个方面有待提高：

第一，行政审批局的审批事项集中率还未达最优，办事群众多头跑的情况依然存在。目前公安分局、自然资源局、司法局的行政许可审批职能依然保留在原单位，未入驻政务大厅。行政审批局的审批事项集中率只有 59.6％，还有近 40％的政务服务事项可以移交到行政审批局统一进行审批办理，提高居民企业的办事便利度。

第二，"互联网政务服务"和数据共享应用程度不高。虽然罗江区政务服务大厅办理事项网上可预约率为 100％，但全程网办率仅为 22.67％。建议升级政府信息共享平台，形成涵盖政务服务全域、数据实时共享的信息交换体系，促进各部门数据整合、共享应用和业务协同。重点落实"一网通办"改革，全程网办占比率提高至 30％~50％。加快电子证照、电子印章、电子签名在政务服务领域实现跨区域、跨部门共享互认，推动业务办理全流程电子化。

第三，政企沟通互评机制仍需提高。目前罗江区的投诉渠道只有 12345 政务服务热线、天府通办 App 评价、扫码评价，"好差评"主动评价率仅为 0.32％。建议推动线下评价与线上系统的对接，明确评价规则，定期公布评分榜单，强化评价结果的分析与应用。在目前的评价系统里增添办件进度实时查询、主动提醒服务、投诉建议实时反馈、问题受理渠道、时间等功能页面，持续探索更多主动服务内容。健全政务服务部门和窗口工作人员日常培训及岗前培训机制，全面提升工作人员业务能力和服务水平，积极引导办事群众对政务服务做及时主动评价，进一步提升政务服务市场主体满意度。

第四，完善居民主页，定制优化营商环境专栏。加强对惠企利民政策的分类梳理及公布，提升对各类人群的政策及服务宣传推广能力。

4.2.4 知识产权创造、保护与运用

"知识产权创造、保护与运用"用以评价地区创新创造能力和保护创新成果能力；包括知识产权创造质量、知识产权运用效益、知识产权保护社会满意度、非诉讼纠纷解决机构覆盖面四个指标。世界知识产权组织发布的《2019 年全球创新指数》报告显示，中国排名提升至第 14 位，比 2018 年上升 3 位，位居中等收入经济体首位。

"知识产权保护社会满意度"和"非诉讼纠纷解决机构覆盖面"方面，罗江区配备了一个服务于非诉讼方式解决知识产权纠纷的专业机构，2019 年成立知

识产权局，专门负责配合德阳市执法部门进行知识产权保护行政执法，无明显不足。

"知识产权创造质量"和"知识产权运用效益"方面，罗江区相比北京有巨大的差异。北京 2019 年商标申请量 54.7 万件，商标注册量 47.5 万件，截至 2019 年 12 月商标有效注册量 192.2 万件；而罗江区截至 2020 年 5 月有效发明专利 69 件，平均每万人 2.8 件；有效商标注册 1101 件，平均每万人 45.9 件；且均未获得中国或四川省专利优秀奖。"知识产权创造"方面，罗江区各类专利审查时间均长于我国平均时间。截至 2019 年，我国发明专利审查周期 22.5 个月左右，高价值专利审查周期 20.1 个月，商标注册平均审查周期 5 个月以内，审查效率处于国际第一梯队；而罗江区发明专利审查周期为 2～4 年，实用新型 10～12 个月，外观设计 6 个月左右。结合现场调研情况，罗江区知识产权创造、保护和运用主要存在以下问题：一是罗江区自主创新能力不强，科技成果转化率不高，缺乏关键核心技术，不利于形成多元化的、活跃的企业营商氛围，不能获得创新的正向反馈；二是罗江区从政府到企业，知识产权保护意识不够深入人心，这是知识产权创造发展的掣肘；三是申请专利质量不够上乘，常需要根据专家审查意见多次修改，同时延长了审查周期。

4.2.5　市场监督

"市场监督"主要评价地区行政执法公正性、维护市场公平性及市场主体信用公开性，包括"双随机、一公开"监管覆盖率、监管执法信息公开率、政务诚信度、商务诚信度、与国家"互联网＋"监管系统数据共享 4 个方面。

"双随机、一公开"是党中央、国务院 2015 年开始正式发文要求全国全面推行的一种监管模式，落到罗江区实际工作中，虽然市场监督管理局建立了监督执法信息公开平台，监管覆盖企业数量达 100%，纳入执法名录库的执法人员占人员总数的 75%，但是存在以下不足：一是除市场监督管理局外，其他部门还没有全面推行"双随机、一公开"监管，与市场监管各领域的全链条、全覆盖的多倍数监管要求存在一定的矛盾；二是罗江区（区场监督管理局）、四川省和国家三个层面使用不同的信息平台，且信息不能互通，不仅增加了工作人员重复录入信息的工作量，增加了时间成本和机会成本，而且存在企业不能获得最全面、最权威信息的可能；三是各部门单独进行行业监管，各部门使用系统不统一的情况下，暂时没有合适的办法将"双随机、一公开"应用于跨部门的检查中去，对企业不合规行为的监管不够灵活。

"政务诚信度"和"商务诚信度"方面，罗江区虽然已将政务诚信纳入绩效考核和开展政府（部门）守信践诺清理（治理）工作中，但是还存在以下问题：一是罗江区缺少政务失信投诉机制、治理机制，无商务主体诚信档案、奖惩机制、宣传等，企业与政府合作不能得到合理合法的高信用保障；二是罗江区社会信用体系建设相比其他县市区较为滞后，由于该项工作的具体机构职能不够完善，全区"信用德阳"信用信息共享平台使用率偏低，信用信息质量及应用不到位，信用联合惩戒推进不力，多方原因导致社会信用体系建设工作推进缓慢，应按照德阳市《加强政务诚信建设实施方案》，在政府采购、政府和社会资本合作、招标投标、招商引资、政府债务、基层政务和环境保护 7 个领域从点到面开展政务诚信建设。

4.2.6　包容普惠创新

包容普惠创新包括以"实际利用外资增长率"，"民间投资增长率"衡量除政府投资外的社会投资增长情况。有研究表明，外商投资增长率、民间投资增长率与 GDP 增长率呈同向变化的变动趋势，这两个增长率将影响地方政府对外商投资、民间投资和政府投资实施不同力度的政策措施以促进 GDP 整体最优增长，进而影响企业未来发展战略。"学前三年毛入园率""每千人拥有执业（助理）医师数"表现初等教育和医疗等生活配套的覆盖程度，多为年轻一代的企业员工、创业者所重视，教育、医疗、休闲等基础生活配套，可侧面优化营商环境。其他还有"创新创业活跃度""人才流动便利度及市场开放度""综合立体交通指数""基本公共服务群众满意度""蓝天碧水净土森林覆盖指数"，各项指标衡量经济体包容合作、普惠利民、创新发展的建设，见表 4-15。

表 4-15　罗江区"包容普惠创新"指数与国内代表城市对比情况

包容普惠创新指数	罗江区	德阳	四川省（平均）	成都	绵阳
实际利用外资增长率（%）	−64	33.23	2.34	11.75	—
民间投资增长率（%）	18.75	−12.1	−3.9	−10.1	—
学前三年毛入园率（%）	95.79	95.14	89	106.83	100
每千人拥有执业（助理）医师数（人）	2.06	3.09	2.66	4.16	2.8

（对照地区数据来源：2020 年一季度省直部门（单位）营商环境监测指标核验情况）

罗江区实际利用外资（FDI）增长率为−64%，相比表 4-15 中其他地区，罗江区都是最低增长；罗江区民间投资增长率为 18.75%，高于表 4-15 中其他地区；罗江区"学前三年毛入园率"与其他地区相比无明显差异；"每千人拥有执业（助理）医师数"却是各地区中最少的；至于"蓝天碧水净土森林覆盖""人才流动便利度"及其他方面，罗江区都表现良好。具体来看，罗江区"包容普惠创新"方面的营商环境存在以下问题：

一是罗江区外商投资薄弱。外资流入我国，不只对 GDP 增长有短期裨益，还对开展对外贸易、引进国外先进技术提供了便利，可建立长远优势。罗江区实际利用外资（FDI）出现负增长，相对应的，罗江区民间投资增长率是上表各地区中唯一有正向增长的。虽然在外商投资降低的情况下，罗江区已积极扩大民间投资，鼓励民营经济发展，但还应完善利用外资，扩大外资规模，提升外资质量。

二是城镇内青壮年的生活、娱乐配套不足。罗江区现有的医疗系统已对其人口老龄化做出积极应对，提供大量养老、护理型床位。但是罗江区整体青年人占比少，城镇内受年轻人青睐的休闲场所供给不足，而青壮年却是企业生产经营的主干力量，这降低了企业生产经营者的生活便利度和幸福度。

4.2.7　民营经济发展

一是民营经济活力方面，罗江区企业融资渠道单一。2019 年民营企业合法权益维护案件办结率达 100％，民营经济活力较为充沛。但是"获得信贷"指标项下的分析，中小企业都可能存在民营企业融资难问题而阻碍企业发展，如"保护少数投资者"指标项下的分析，罗江区上市公司仅一家，企业融资渠道较单一。没有资金投入，企业完全依靠自身的力量难以迅速成规模、快速见成效，因此可能失去稍纵即逝的机会和长远的竞争力。

二是民营经济创新力方面，罗江区创新孵化暂未见明显成效。罗江区落实创业补贴政策，对大学生、返乡农民工等成功创办个体工商户和小微企业给予一次性创业补贴。截至 2019 年 11 月底，已发放高校毕业生、返乡农民等创业补贴 136 人合计金额 131.80 万元。同时扩大创业担保贷款对象范围，降低贷款门槛，提高贷款额度，截至 2019 年 11 月底，已为符合条件的 55 户个体工商户申请担保贷款共计 485 万元（贷款额度最高为 15 万元，贷款期限最长为 3 年），已兑付创业担保贷款贴息 2.8 万元。但正如"知识产权创造、保护和运用"指标项下的分析，罗江区民营经济现阶段虽已初步营造了创新孵化的温室，但暂时未见明显成效。

三是民营经济健康度方面，解决企业面临的问题尚需持续长久的努力。罗江区民营经济健康高效，特设项目秘书和驻企特派员，分别为签约落地企业和投产企业提供全方位一对一的政务服务，2019 年度向企业征集问题台账办结率达 100％。但是存在项目秘书和驻企特派员专业技能和人员缺乏的情况，罗江区届时调动行政人员兼职解决；而政企沟通的信息化平台大材小用、无实质内容的情况暂未得到处理；当前存在未获取土地指标问题的企业合计 26 家未解决；经开区企业 2019 年度共计接受过本级及上级领导的考察合计 250 次，频次颇多而影响企业正常经营。这些问题以及未来随着民营企业和市场经济发展将不断涌现的问题尚需政企共同协调、努力解决。

第5章 罗江区营商环境问卷调研分析

5.1 工作方案调研分析

5.1.1 调研设计

5.1.1.1 调研问卷

罗江区针对此次营商环境评价与优化工作，制订了《德阳市罗江区优化营商环境工作方案》，该方案按照《优化营商环境条例》和省、市有关要求，结合罗江实际制定。方案共设定了 21 个专题，囊括了行政审批、政府服务、要素配套、法制建设四个主要的方面。为广泛听取社会各界意见，完善政策制定，笔者为该方案设计了调研问卷。

此次针对《德阳市罗江区优化营商环境工作方案（三）》的调研问卷主要分为三个部分：第一部分是调研对象的基本信息，包括个人信息和单位性质两大类。其中，个人信息主要统计了被调查者的职务和单位；单位性质则根据调研工作开展的实际场景，设置了"工业企业、农业企业、金融机构、政府部门、学校和其他服务行业"。第二部分针对工作方案的 21 个专题提升调研对象单位在罗江营商的便利和效率的有效性程度进行了有效性评价，分值设置为 0~5 分，其中 0 分表示完全无效，5 分表示完全有效。第三部分为开放性问题，邀请调研对象对 21 个专题内容分别给予意见和建议，并设置了一个其他问题和建议的开放性问题。

5.1.1.2 调研对象

此次《德阳市罗江区优化营商环境工作方案（三）意见征集问卷》的调研对象为参加罗江区企业家沙龙的受邀单位人员，包括罗江区各政府部门主要负责人以及全区规上企业家和部分中小企业主、民营非企业（民办学校、民营医院）代表。

5.1.1.3　调研过程

2020 年 5 月 12 日，罗江区召开了以优化营商环境为主题的企业家沙龙，邀请了全区规上企业家和部分中小企业主、民营非企业（民办学校、民营医院）代表参加。笔者在发改局的协助下就《德阳市罗江区优化营商环境工作方案（三）》设计了调查问卷，并在会议开始前进行了问卷发放。为了扩大参会人群，该沙龙会议分两个会场同步开展，第一会场在罗江区人民政府，分会场在罗江经开区。

5.1.1.4　信度保障

信度在社会学中是衡量测量方法质量的一个重要指标，即对同一现象进行重复观察是否可以得到相同的资料，它代表着调查的可信度。为保证该调查结果具有较高信度，笔者进行了如下工作：第一，调查问卷的发放范围广泛。调研对象涉及罗江区工业企业、农业企业、金融机构、学校、政府部门和其他服务机构人员，且以非政府人员为主，调查普及面较广，可信度较高。第二，调研对象素质较高。本次调研对象主要为单位负责人或中高层管理者，对现状有较为深刻的感触，对政策有较为清晰的认知，反馈的问卷信息有较高的可信度。第三，调查过程具有客观性。由于本调查主要通过问卷网、微信进行，完全由调研对象自愿参与填写，避免了上级摊派填写可能造成的统计误差。第四，保密性。本次调查问卷在网上完成收集和填写，由第三方机构负责开展，调研对象个人信息直接由第三方保管，不经由政府部门。因此，最大限度地保证了调查问卷结果的真实性和客观性。

5.1.1.5　数据处理

本次调研共计收回有效问卷 30 份。问卷数据通过 Excel 完成原始数据录入，借助柱状图、饼状图等展示调研对象的基本信息和对专题方案的有效性评价，通过描述性统计分析展开对各专题方案有效性的分析和解释。

5.1.2　调研分析

5.1.2.1　问卷基本信息统计

本次问卷调研共计收到 30 份有效反馈，征集到了来自工业企业、农业企业、金融机构、政府部门和其他服务行业的反馈信息。其中，以工业企业为主，调研对象分布如图 5-1 所示。工业企业、其他服务企业、金融机构、农业企业、政府部门的比例分别为 46.66％、23.33％、16.67％、6.67％、6.67％。

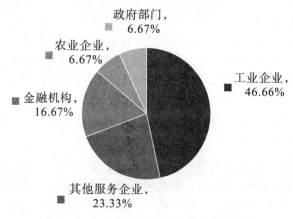

图5-1 工作方案调研对象行业分布统计

本次问卷的调研对象以单位负责人或中高层管理人员为主，占比超过85%（如图5-2所示），调研样本有较好的代表性。

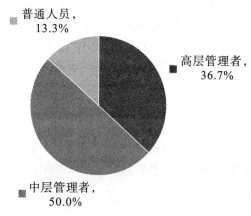

图5-2 工作方案调研对象职务统计

5.1.2.2 调查结果分析

图5-3展示了受访单位对《德阳市罗江区优化营商环境工作方案（三）》中出台的21项专题措施对提升其在罗江营商的便利和效率的有效性程度的评价情况。具体情况分析如下：

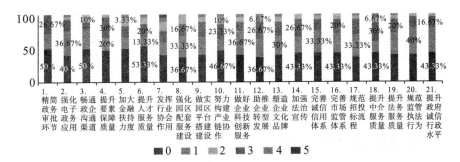

图 5-3 工作方案专题有效性评分统计

（1）政务环境优化方案整体有效，精准化措施有待进一步加强。针对"精简政务审批环节""强化电子政务应用"和"畅通政企沟通渠道"的专题方案，约有 75% 的受访单位认为有效或比较有效，但也有 6%~10% 的受访单位认为"强化电子政务应用"和"畅通政企沟通渠道"不够有效。企业建议进一步提高政策实效性，充分发挥项目秘书的协调作用，提倡无纸化审批，推广简要网上办理手续，多召开政银企对接会议或沙龙。

（2）要素保障有效性相对偏低，改革措施有待强化与落地。平均有超过 60% 的单位认为"提升要素保障质量""加大金融扶持力度""提升人才服务质量""发挥行业协会作用""强化园区配套服务建设"专项方案有效或比较有效，其中有超过 50% 的单位认为"加大金融扶持力度"和"提升人才服务质量"十分有效。但也有超过 10% 的受访单位认为"加大金融扶持力度""提升人才服务质量""发挥行业协会作用""强化园区配套服务建设"不够有效。受访单位提出的建议主要包括：加大对农牧业的土地支持，提高要素保障质量；增强金融扶持政策的时效性，加大对农牧业的金融支持，降低民营企业融资利率，拓宽融资渠道；强化技术人才招聘和加强招聘稳定性，多行业增加人才供给（如农牧业）；加强行业协会考察调研；建设物流园区，规范交通物流，强化生活配套设施设备，要素保障应集中精力突出重点，避免降低保障实效。

（3）企业发展与科技创新方案整体有效，产业协作短板突出。有超过 65% 的受访单位认为"做实园区平台搭建""做好企业科技创新服务""塑造企业文化品牌"专题方案较为有效；但"努力构建产业链协作"和"助推企业转型发展"专题方案有效性较低。受访企业的意见主要包括：强化孵化园建设；在产业链协作方面应加强政企沟通与研究，深耕细作；支持农业科技创新；企业转型方面应遵从企业的内生动力，避免政府的过度干预和引导；对于品牌塑造给予一定的政策支持。

（4）诚信与法治建设方案有效性较高，诚信体系建设与规范执法成为关注重点。有超过 75％的受访单位认为"完善诚信信用体系""规范执法行为""提升政府诚信行政水平"比较有效。其中，"规范执法行为"成为此次调研对受访单位改善经营最为有效的专题。企业提出的建议主要包括：加大对企业诚信守法的支持，提供法务上门服务，强化政企沟通，落实承诺兑现，重视投资落地及后期跟进。

5.2 营商环境调研分析

5.2.1 调研设计

5.2.1.1 调研问卷

为保障罗江区营商环境评价的独立性、专业性，获取企业对罗江区营商环境更多、更广泛的真实感受、意见和优化建议，笔者基于暂定的 2020 年罗江区营商环境评价指标体系和罗江实际情况设计了"2020 年德阳市罗江区营商环境评价——企业调查问卷"。

此次企业调查问卷主要分为三个部分：第一部分是调研对象的基本信息，包括答卷人信息和企业信息两大类。其中，答卷人信息主要统计职务、联系方式，企业信息主要统计企业名称、主营业务等基本情况和开办时间地点、组织结构、经营情况、税负等营商要素。第二部分针对生产要素保障、获得信贷、知识产权保护、跨境贸易、市场监督、民营经济发展等营商环境评价指标，细化具化到企业成本变化、企业融资渠道、政府诚信、政企沟通、政务服务、政策宣传等合计30 个问题，请调研对象分别予以作答，综合反映企业对罗江区营商环境的真实感受。第三部分为开放性问题，邀请调研对象反映罗江区经营遇到的问卷未涉及的问题，并对罗江区政府如何进一步改进服务、优化营商环境提出意见和建议。

5.2.1.2 调研对象

此次"2020 年德阳市罗江区营商环境评价——企业调查问卷"的调研对象为注册地在罗江的企业，了解各企业家和企业在发展过程中遇到的难题，了解企业社会环境的中高层管理人员、基层职工均可填写。

5.2.1.3 调研过程

2020 年 4 月 21 日，笔者结合暂定的 2020 年罗江区营商环境指标体系，编制完成"2020 年德阳市罗江区营商环境评价——企业调查问卷"，借助罗江区已与企业建立的良好沟通渠道，通过问卷网、微信向企业发布线上问卷，同时向企业说明问卷调查信息直接反馈给第三方咨询机构而不传回政府，请企业如实反映相关问题和建议。从 4 月 21 日到 5 月 13 日，笔者与罗江区相关部门多次督促各企业填写问卷，尽可能多地收集有效问卷。

5.2.1.4　信度保障

为保证该调查结果具有较高信度，笔者进行了如下工作：第一，调查问卷的发放范围广泛。调研对象涉及罗江区建筑、制造、科技、餐饮、仓储、居民服务等各个行业，调查面广，基本覆盖罗江区的主要产业结构，有较强的代表性。第二，样本量较大，本次调查参与人数较多，收集有效问卷 90 份，从企业家、中层管理者到基层职工都积极参与，能反映企业主流意见。第三，调查过程具有客观性。由于本调查主要通过问卷网、微信进行发布，完全由调研对象自愿参与填写，避免了上级摊派填写可能造成的统计误差。第四，保密性。本次调查问卷在网上完成收集和填写，调研对象信息直接由第三方收集、保管，不经由政府部门，保证了调查问卷结果的真实性和客观性。

5.2.1.5　数据处理

本次调研过程在 2019 年 5 月底完成，共计收回有效问卷 90 份。问卷数据通过 Excel 完成原始录入，借助条形图、饼状图等展示受访企业基本信息和对营商环境各方面现状评价，通过描述性统计分析企业眼中的罗江区营商环境。

5.2.2　调研分析

5.2.2.1 问卷基本信息统计

此次问卷调查共有答卷企业 90 家，其中跨境贸易企业 8 家，注册地非罗江区企业 2 家，结合 2019 年企业员工人数、企业所属行业类别、2019 年企业营收总额判断得出受访企业中超过 80％为中小企业。企业设立时间从 1998 年到 2019 年不等，其中超过 65％的企业为 2013 年及之后设立的企业。答卷人中企业主管级中高层以上管理人员超过 75％，其他为受中高层指派的行政、财务等辅助性职位人员填写。

5.2.2.2 调查结果分析

（1）2019 年企业经营所需要素有所不足。

2019 年营业呈亏损状态的企业占 32.22％，21.11％的企业盈亏平衡，42.22％的企业小幅盈利。其中，88.7％的企业环保成本有所增加，高于 81％的企业人工成本（平均工资）有所增长，80％的企业认为物流单位成本有所增长，70％左右企业的研发成本和设备成本有所增长。而纳税额占比（缴纳总税收/总营业额）方面纳税低于 15％的企业有 75.56％，纳税介于 15％～30％的企业有15.56％，剩余百分之 2.22％的企业（1 个微纳科技企业，1 个食品生产企业）纳税介于 30％～45％。与 2018 年相比，认为税费负担未增加的企业占 67.5％。根据中国人民大学财税研究所、中国人民大学重阳金融研究院、中国人民大学财政金融学院 2019 年发布的《中国企业税收负担报告》，2008～2017 年，我国企业平均总税负为 25.89%，不同所有制企业和不同行业间差异明显，房地产企业总税负最高，在 40% 以上。

综上可见，罗江区企业经营情况良好，税费负担不高，其中需要关注的是企业人工成本、物流单位成本的增加有部分原因在于罗江区本地人才供应不足、教育基础设施不足、物流配备不足，有待改善。有企业提出员工医保卡不能异地使用（如绵阳），导致很难吸引人才。其他生产要素中还有 38.86% 企业认为生活配套设施不足，有 37.7% 涉及土地的企业认为土地供给不足，32.89% 的企业认为交通基础设施及配套不足。有企业提出供水不足问题，还有跨境贸易企业提及在办理贸易出关、退税时存在因海关办事人员不熟悉流程事项而导致无法办理或办理效率低下的问题。

（2）企业融资困难问题尚未解决。

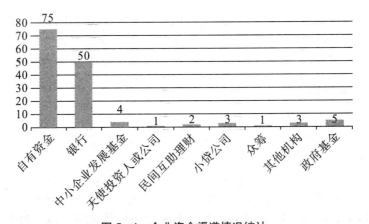

图 5-4　企业资金渠道情况统计

如上图 5-4 所示，受访企业中，有 75 家企业主要依靠自有资金经营，占比约 83%。有 50 家企业融资主要来自银行，占比 55.56%。实际利用政府基金的企业仅有 5 家，占比 5.56%，获得天使投资等融资的更是稀少。经统计，仅有 37.7% 的企业申贷成功率大于 80%，有 36% 的企业申贷成功率低于 20%。针对融资难问题，有 22.65% 的企业认为罗江区银行、证券、保险等金融机构不能满足企业需求，有 32% 的企业反映银行常常只给予一年内短期贷款，还有企业提出国有银行金融支持力度不够。针对融资贵问题，分别有 15% 和 11% 的企业反映过桥日息负担沉重，贷款的中介机构、担保公司收费过高（2.5% 以上）。

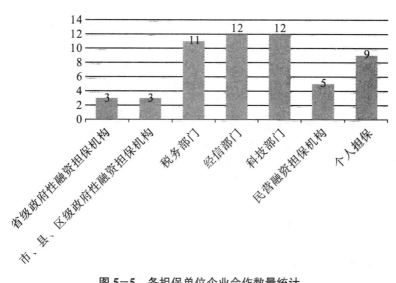

图 5-5　各担保单位企业合作数量统计

如图 5-5 所示，与企业合作较多的担保单位是罗江区的科技、税务、经信三个政府部门，但是与之合作的企业数占被调研的企业总数都不超过 15%，受访企业中，仅有 3 家企业与省级或者市、县、区级政府性担保机构有合作。有企业建议设立政府为企业融资担保机制，企业获得资金后专款专用，并接受监督，以便解决企业融资难及过高的担保成本。

（3）企业对政府信用、政务服务有所不满。

有 11 家企业指出政府存在反复开会，却不落实方针政策的问题。超过半数的企业表示对政府的下列"清单"是否公布表示不了解：权利清单、职责清单、专项资金清单、准入负面清单、政府性基金及行政收费清单、公职人员政商交往"负面清单""正向行为清单""双随机"监管内容清单、公共服务清单等。还有企业指出政府存在态度消极、走形式的问题，不认真执行清单，各类清单的内容和格式缺乏统一规范性标准，各类清单制度缺乏贯穿始终的审查和监督，没有明确的追责机制，对行政机关的约束力不够等问题；5 家企业指出政府制定涉企政策，不咨询企业家意见；12 家企业指出有关部门服务民企时存在不作为、慢作为现象；8 家企业指出政府工作人员业务不熟悉，不了解流程政策，同时建议进一步简化企业相关审批手续；还有较多企业认为政策宣传不到位。如图 5-6 所示，企业最不了解的是促进民间投资和"双随机、一公开"监管相关政策。

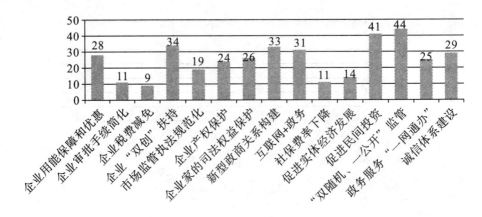

图 5-6　企业不了解的政策情况统计

①罗江区诚信、法治及其他方面社会环境的企业观念。

诚信环境：如图 5-7 所示，大部分企业认为罗江区诚信环境偏好，但是有企业认为守信奖励机制不足，失信单位和个人的信息公开不及时、不充分。也有部分企业（6~12 家）认为存在大部分企业诚信观念差、失信惩戒机制不足、没有失信公开平台（或者不知道平台）等情况。

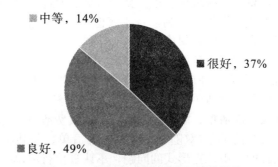

图 5-7　企业对罗江区诚信环境的评价

行政执法部门市场监管不严，企业的守法意识淡薄，社会大众的法治意识淡薄等情况。

其他环境：如图 5-8 所示，在尊商、亲商的舆论氛围、社会治安环境、统战及党建工作、产业服务平台建设、生活配套设施、创新创业氛围、对优秀企业家或管理者的个人表彰和奖励工作七个方面中，企业满意度最低的是生活配套设施，其次是创新创业氛围。

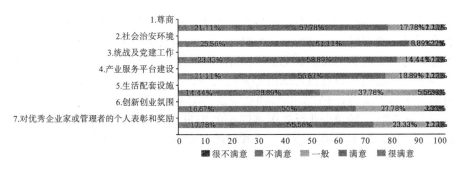

图 5-8　企业对罗江区各方面环境的评价

②企业创新推动及知识产权保护尚存不足。

如图 5-9 所示，企业认为政府在推动企业创新工作中尚存在多处不足，其中招才引智工作难是普遍认为的创新工作推动的痛点，其次还有创新平台建设不足、缺乏产业创新引导政策等。

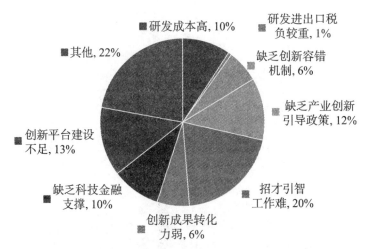

图 5-9　企业认为政府在推动企业创新工作中存在的不足

有 14 家企业认为罗江区知识产权保护工作（对知识产权保护的法律政策、执法、管理和服务、宣传培训等方面）做得不足。至于维权手段，企业主要选择私下协商、仲裁、司法渠道、向政府部门申诉，部分企业选择请工商联等组织协助，少数企业还会选择向媒体反映。其中有 2 家企业认为维权成本高，10 家企业表示企业维权达不到预期效果。

③对政府协助企业解决困难的建议。

42.22％的企业认为针对解决"政府部门为投资人和企业解决困难和问题工作力度不够"的问题，政府应该采取措施，最为重要的是利用移动互联网等新技术手段，建立企业实时反映困难问题的网上平台，平台数据供区领导、各级政府、问题责任部门、政府监督部门等实时共享、实时查看，增强责任部门解决困难问题的压力和动力；有23.33％的企业认为需要建立各级政府部门的政企对接平台和沟通机制，畅通企业反映困难问题的渠道；有13家企业指出政府反复征集意见、问题，却不解决，还有企业建议给各企业明确一位分管领导。

第 6 章　营商环境改革经验

6.1　全球改革概况

自世界银行发布《2005 营商环境报告》以来，其衡量的 190 个经济体实施了 3800 余项商业监管改革。这些改革大多是在中等收入经济体中进行的，主要着力于三个关键方面：一是消除不必要的烦琐细节以提升市场主体注册和经营的"效率"，二是设立有效且易于遵循和理解的"规则"，三是制定具体的保障措施以确保市场监管的"质量"。各经济体通过改革互鉴，不断简化流程，优化程序和提高效率，加强信息的可及性和透明度，通过建立良好的规则打造具有国际竞争力的发展环境。

从具体改革领域来看：一是降低企业在创设、发展等全生命周期的复杂程度和费用支出，主要在开办企业、办理施工许可证、获得电力、登记财产、纳税等具体领域推动改革；二是为企业提供健全的法制环境，特别是在获得信贷、保护少数投资者、执行合同、办理破产等方面为市场主体提供法治保障，并确保商业监管质量；三是提升跨境贸易便利化水平，通过简化通关程序和手续、改善基础设施、提高海关和报关人员业务水平等措施，为国际贸易创造有利条件。

在 2017—2018 年，全球营商环境改革活动达到高峰，128 个经济体进行了创纪录的 314 项改革。"开办企业"是最受重视的改革领域，1/4 的经济体通过减程序、减时间或减成本，使开办企业变得更容易。其次是"执行合同"领域，近 1/3 的改革发生在"开办企业"和"执行合同"两大领域。"获得电力"相关的改革数量也达到创纪录的 26 项，成为第三热门的改革领域。此外，各经济体还致力于在维护宏观经济稳定、完善基础设施建设、推动信息技术发展与应用、规范劳动力市场、维护金融市场的稳健性、提供优质公共服务、积累并升级人力资本、构建并发展创新生态等方面优化营商环境，为增强自身吸引力做好支持。

从 2018—2019 年，全球 115 个经济体在世界银行《营商环境报告》评估的 10 个领域中实施了 294 项商业监管改革。这些改革大多数涉及开办企业、办理施工许可证、获得电力和纳税，改革最少的领域是办理破产。最常见的改革特征包括提高和完善信贷机构和信用登记处的功能，开发或增强在线平台以符合监管要求，提高供电的可靠性，减少某些税项，加强对少数投资者的保护，简化财产登记流程以及实现国际贸易物流自动化。低收入经济体进行的改革占所有监管改革的 11%，其中多哥实施了最多项改革（5 项）。

6.2　主要城市指标提升改革措施

6.2.1　开办企业

广州制订改革方案，实现企业开办全流程涉及的企业设立登记、公章刻制、银行开户、发票申领四个联办事项组成的"一件事"在 0.5 天（4 个工作小时）内办结。企业登记材料常态化压缩到 5 件，同时税务、公安、人社基于数据共享实现"零材料"，把企业开办全流程申报材料从改革前的 20 份左右，压缩至 7 份以内。杭州推出"压缩企业开办时间绿色通道"，实现标准化数据字段一次采集、一次录入、全程流转、多方复用。例如，该"绿色通道"能与税务局实现平台对接，信息共享，1 分钟内即可全自动完成"税费种认定""一般纳税人登记""票种核定""发票领用号段发放"等 8 个办税流程。此外，杭州市探索"同城通办"，出台破解登记管辖权冲突、注册档案跨区移交、异地领照等问题的改革举措，方便企业就近办事，持续提升注册登记便利化。

6.2.2　办理施工许可

国内先进地区在"办理施工许可"指标上均设置了优化目标。成都市设置的目标办理时间是 29 个工作日，深圳市设置的目标办理时间是 30 个工作日，上海市设置的目标办理时间是 24 个工作日，北京市设置的目标办理时间是 20 个工作日。上述城市也为目标的实现提出了相应措施。成都市以"多规合一"为基础，在规划、国土审批事项及流程高度融合的基础上，提出了"并联审批"的举措，工程建设项目审批流程实现了"四个减少"（即减少审批环节、减少审批时限、减少审批要件、减少群众跑路）。并联审批的举措也为上海市政府所采用，上海最快可实现 10 天办结施工许可证。在工程项目施工完成后的竣工验收环节，上海市率先推出"多验合一"政策，使企业可以一次完成规划、消防、环保、质量、安全等部门的综合验收，不跑冤枉路、不花冤枉钱。成都市也在 2019 年跟进了这一举措，出台了《成都市工程建设项目流程优化提升及"多审合一、多证合一"工作实施意见》，对项目从立项、施工许可到竣工验收、办理产权登记的过程进行了优化。

6.2.3　获得电力、用水、用气

加强技术创新，持续加强智能电网的建设和维护，在实现最优供电服务水平的基础上，进一步减少非系统性的停电次数，缩短停电时间。

6.2.3.1 减少停电次数

国网上海电力不断加大投资和建设力度，逐步完善和强化以"两交一直"特高压电网为基础的主干网架结构。同时，国网上海电力不断强化主电网运维检修工作，牢牢守住电网安全运行底线。而在配电网端，国网上海电力聚焦城网升级改造，着力探索打造以 10 千伏开关站为核心节点、双侧电源供电、配置自愈功能的"钻石形"配电网，从而大大提升中心城网的负荷转供能力和故障自愈能力。"钻石形"配电网兼具经济性、可靠性、适用性的优势正逐步显现，并为超大城市电网的可持续发展树立起"上海样板"。

通过综合运用负荷转移、带电作业和应急发电等先进的作业方式及技术手段，国网上海电力积极实现复杂不停电作业常态化开展，推进供电可靠性本质提升。同时，带电专业机器人、带电作业"蜘蛛车"、空调防电弧服等一批"黑科技"装备投入实际应用，也为上海电网的不停电作业更快、更稳、更智能增添了保障。

6.2.3.2　减少停电总时长

针对停电总时长中占比较大的计划停电，国网上海电力则通过建立停电预算管理模式、严控施工时长和施工方式等手段，最大限度地压减无效停电时间，杜绝用户停电时间"跑冒滴漏"。

6.2.4　登记财产

6.2.4.1 提供不动产登记、交易和税收"一窗受理、并行办理"服务

上海、北京、成都均依托政务服务平台，改革不动产登记流程，推进不动产交易、纳税、登记"一窗办理"改革，整合房屋交易管理部门、税务部门和不动产登记部门窗口，设立"一窗办理综合服务窗口"，当事人办理不动产交易登记只需到综合服务窗口即可完成全流程业务，彻底改变分部门串联办理模式，实行并联办理，减少办事成本。其中，北京取消企业间存量非住宅房屋买卖合同网签，企业之间买卖存量房的不再进行网签，可直接到综合服务窗口申请缴税及登记；针对土地增值税的业务办理创新方式方法，调整税收征管工作模式。对具备办理条件的，即时受理，当日办结；对不具备办理条件的，在留存相关涉税资料后，可为买受人当日办理契税申报。

6.2.4.2 实行不动产登记"一网通办"

北京、上海依托"一网通办"，实现不动产登记一口受理。将房屋交易合同网签备案、缴税及不动产登记等业务由多部门网站办理变为一表申请一网办理，为群众办事提供网站登录预申请、后台各部门预审核、现场综合服务窗口当日办结领证的全流程服务，即"一网、一门、一次"服务。同时依托政务服务平台，开通不动产登记信息网上查询服务，便于企业群众进行交易。其中，上海依托政务服务平台，与市大数据中心及相关政府部门实现数据互联互通，推行不动产登记电子证照协同互认。政务服务方面，为法院、市场监管、民政等多部门提供数据共享和实时查询服务；便民服务方面，为银行开通在线查询系统。目前已向市大数据中心全部汇交不动产登记数据共约 1033 万条，新增数据已实现实时汇交；从市大数据中心获取不动产登记业务需要的数据，不再要求申请人重复提交，减少了群众办事成本。

6.2.4.3 提供不动产登记信息网上查询和现场自助查询服务

上海、北京、成都均提供不动产登记资料自助查询服务，在各区登记受理大厅安放自助查询设备，权利人可以查询自己名下的所有不动产登记资料，其他人可以根据坐落查阅用途、面积、抵押情况、限制信息和地籍图等登记资料。上海、北京还提供不动产登记信息网上查询服务。公众、机构注册并实名认证后，可登录相应网站，点击不动产登记信息查询系统进行查询。权利人、利害关系人等查询申请人均可进行网上查询。任何查询申请人均可通过不动产登记信息查询系统查询不动产登记的自然状况信息，是否存在共有情形，是否存在抵押权登记、预告登记或者异议登记情形，是否存在查封登记或者其他限制处分的情形。

6.2.4.4 推行不动产登记信息和地籍图信息互联互通

北京、上海均建立市级层面统一的不动产登记和地籍管理信息平台，采用不动产登记单元号作为不动产登记和地籍测绘数据库的唯一关联码。实现不动产登记"带图作业"，登记信息和地籍管理信息融合互通，平台同时实现网上申请、登记办理、网上查询、信息共享等多种功能。

6.2.4.5 建立健全不动产登记和权籍测绘投诉机制及土地纠纷相关信息公开制度。

上海设立 962988 投诉热线，专门负责不动产登记和测绘调查的投诉处理。加强不动产登记和土地纠纷信息公开，实行不动产登记办理流程、文件清单、收费目录、登记数量等信息网上公开，与法院联合公开一审土地纠纷数量的统计数据，进一步提升土地管理质量指数得分。

北京主要采取以下两个措施：①针对服务态度、违反党纪政纪、工作不规范、工作建议和意见以及反映有关情况提出投诉请求五大类问题，分别明确投诉渠道，并对投诉处理提出了具体要求。②市规划和自然资源委负责定期汇总统计全市土地权属争议案件的调查处理情况，并在"北京市建设项目办事服务互联网平台"设立"土地权属争议调查处理统计查询"和"北京法院涉及土地纠纷案件统计查询"栏目，向社会公开土地权属争议案件的调查处理情况，同步公开"北京法院审判信息网"涉及土地纠纷案件的审理情况及数据。

6.2.5 获得信贷

福州市、重庆市、桂林市从以下几个方面来提升融资便利度，解决融资难、融资贵问题，进一步优化"获得信贷"方面的营商环境。

6.2.5.1 发展地方金融业

福州市陆续与国开行、农行、厦门国际银行、兴业银行、兴业证券、中国银行等大型金融机构签订战略合作协议，2019 年金融招商超百亿元，包括全省首家理财子公司兴银理财子公司成功落户福州，省交运集团财务有限公司等项目开业运营，兴业信托增资 50 亿元等。

6.2.5.2 积极推动企业股权融资

福州市与专业中介力量开展战略合作，创新推出"上市辅导员"做法，推进市内多层次资本市场建设，通过"一企一议"协调解决重点上市后备企业难题。还筛选了 272 家市级上市后备企业，并以此为基础列出"重中之重"企业，加快企业上市步伐。

6.2.5.3 积极推动企业债权融资

福州市开展"银税互动"助力小微企业活动，助力守法诚信的小微企业发展壮大，推广专利权质押贷款和园区企业资产按揭贷款。

桂林市建立获得信贷指标"红黑榜"，让市内各县（市、区）在竞争中进步，市金融办、市自然资源局还加强合作，积极推进不动产抵押登记网上办理工作，在银行机构开展降低贷款利率、发放无还本续贷、规范服务收费等工作。

重庆市探索知识价值信用贷款改革，打开科技型企业轻资产融资之门。通过建立知识价值信用评价体系，与金融机构共享授信额度，让科技企业"能够贷"；设立知识价值信用贷款风险补偿基金和风险防范机制，财政与银行共担风险，让银行"愿意贷"；开设绿色通道，各合作银行下沉贷款审批权限到支行，同时建成知识价值信用贷款申报线上平台，让企业"方便贷"。

6.2.6 纳税

南宁市、厦门市、内蒙古自治区深化"减税降费、便利办税"，以下几个举措对优化营商环境产生了积极作用。

6.2.6.1 电子化办税，业务提速更公开

广西壮族自治区税务局以南宁市为试点，着力突破数据共享、价格评估、办

理方式三个关键核心，升级"不动产交易税收管理平台"，将不动产登记涉税业务提速至"30分钟办"。

厦门税务落实减税降费释红利，推出微信版税收执法信息公示平台，实现执法信息公开透明、执法全过程记录留痕、执法决定合法有效；全国首推手机端"全线上银税互动平台"；推出"涉税文书电子送达"，依托电子签章和Ukey认证技术，纳税人可通过电子税务局、掌上办税厅、厦门税务微服务等多种电子化办税载体，查看、下载、打印加盖专用印章的文书；推出支持民营企业、"三高"企业和大企业个性化服务一揽子实打实帮扶举措，包括减税费、问需求、优服务等方面；推出一批税收服务发展的实招硬招，比如试点在银行网点放置自助办税终端，方便纳税人就近办税。

6.2.6.2 创新服务平台，智慧纳税

内蒙古自治区推行"i税服务平台"便捷服务纳税人。为纳税人、缴费人提供宣传培训、涉税业务咨询、涉税事项提醒、推送红利账单等个性化服务。该平台由阿里巴巴支付宝、钉钉和杭州孚嘉科技有限公司提供技术服务，钉钉作为合作方提供技术服务，"i税服务平台"上，纳税人加入钉钉虚拟组织获取纳税、政策等信息；每月纳税人上报税务数据，钉钉端的"丁税宝"可自动汇总生成报表，对于没有按时上报的企业，税务部门只需要发布一个DING消息就能全部通知到位。

6.2.6.3（3）强化减税降费风险防控

海南省构建减税降费风险统筹应对体系强化风险防控。整合创新增值税和企业所得税申报"一表集成"等功能；通过组建团队、健全机制、扎口统筹等方法，有效解决减税降费政策落实初期暴露出的指挥不力、任务推送指向不明确、风险任务统筹不够等问题；搭建智能监控平台，做到事前提醒、事中预警、事后监控，不断加强减税降费全过程管控，最大限度地防控政策落实不到位的风险。

6.2.7 跨境贸易

截至2019年，罗江区已有76家企业申报了自营进出口，其中11家实际发生了进出口业务。2019年罗江区的企业进出口贸易额达8.29亿元。尽管罗江区没有直接的海关分支机构，但根据相关城市经验，罗江区有关部门可以通过以下措施来提升罗江区进出口贸易营商环境：

6.2.7.1 推动进出口流程便利化

积极协助企业到相关部门办理跨境贸易经营过程中所涉及的"单一窗口"、出口退税、外汇、检验检疫、报关通关等业务，由项目秘书协助企业，告知企业备案流程及备案材料，协助企业到市局办理备案。

6.2.7.2 加大吸引外商投资

积极参加各类招商引资活动，扩大外商的市场准入，保障境外投资者利润自由汇出；支持外商投资项目用地等。

6.2.7.3 采取多种方式推广本区优势企业和产品

促进本地企业走出国门，比如借助跨境电商平台、大型推介会等。

6.2.8　执行合同

6.2.8.1 强化政策指引

浙江省高级人民法院联合省委改革办印发《浙江省优化营商环境提升执行合同质效行动方案》，纵深推进司法领域"最多跑一次"改革。

重庆市 2019 年 8 月在全国首发《法治化营商环境司法评估指数体系(2019)》，构建公正裁判、平等保护、司法效率、司法便民、透明廉洁 5 项一级指数，设置二级指数 12 项、三级指数 26 项、四级指数 64 项。重庆市高院印发《强力推进网上立案无纸化办理的通知》，对网上立案案件，原则上不得要求当事人再提供纸质立案材料，努力打造网上无纸化立案实践；制定《商事案件信息公开规定》，指导案件信息公示；出台《对外委托鉴定工作管理规定》《执行中司法拍卖若干问题的规定（试行）》等文件，不断压减解决纠纷耗时，让司法公正更快实现。

北京市印发《北京市高级人民法院关于充分发挥审判职能为优化首都营商环境提供司法保障的实施意见》，提出了 5 个方面，32 项改革举措，以提高案件审判质效、优化诉讼服务和加强司法公开为重要抓手，以信息化建设为推动，对商事审判立、审、执全流程提速增效。

成都市中院配合市委市政府起草制订市营商环境"1+10"行动方案，起草《成都市提升"执行合同"水平服务保障国际化营商环境建设行动计划》，制定《服务保障成都市国际化营商环境建设的实施意见》，细化分解任务目标，形成 56 项具体任务，落实任务牵头单位和配合部门，明确完成时限。针对社会热点，成都中院还发布了《涉营商环境知识产权司法保护白皮书》及十大典型案例，开展优化调整破产管理人名册工作，同时在全市两级法院下发破产案件受理审查规程、破产案件立案审查规程、执行案件移送破产审查立案规程、强制清算案件立案规程 4 个规范性文件。与市公安局、市司法局等会签《关于建立道路交通事故损害赔偿纠纷"网上数据一体化处理"工作联席会议制度的意见》。

6.2.8.2 构建智慧平台

三亚市通过推进移动微法院、24 小时自助法院的建设，构建现代化诉讼服务体系，提供网上立案、缴费、阅卷、鉴定、保全、申诉等一站式电子诉讼服务，大力推进"审送分离"的集约化、智能化送达模式改革，构建微信、邮箱、传真等电子送达工作模式。大力推进智慧法院建设，立项"电子卷宗随案同步生成及深度应用+庭审语音识别系统"为核心的智慧审判三亚模式审判应用系统，将审判法庭全部改建为高清标准数字法庭，实现同步录音录像、智能语音识别、庭审记录展示全覆盖。同时，在微信公众号附加智能法律咨询、裁判文书查询、诉讼资产查询、执行信息查询、智能诉状生成等小程序，使群众可以足不出户参与诉讼活动。

重庆市上线律师服务平台2.0版，实现全方位在线服务。推行电子支付，引导当事人、律师通过重庆法院公众服务网、律师服务平台、"易法院"手机App、移动微法院等在线方式参与诉讼。创建营商环境"数智说"平台，推动营商司法可视化。包含纠纷耗时、诉讼成本、收结案趋势等分析项目，以大数据反映延期开庭、庭前会议等运行情况，快捷、全面、直观掌握优化营商环境司法保护总体态势。

北京市构建了包括网上预约立案、微信预约立案、京津冀跨域立案、微信快速立案四项主要内容的"立体化线上立案系统"；成立了北京互联网法院，实现了审理的全部案件，起诉、立案、送达、庭审、调解、宣判、执行等全部诉讼环节网上办理、全流程依法公开。为解决"送达难"问题，北京市23家法院统一成立集约送达中心，一体推进集约送达中心实体化建设。全面上线运行"北京法院集约送达一体化平台"，送达工作在全国率先实现法院内网与互联网互通互联。依托"北京法院诉讼服务"微信公众号，借助人脸识别、数字认证等技术，方便当事人直接利用手机随时随地接收和查阅诉讼文书。实行买卖合同等5类商事纠纷立案、鉴定、调解、送达、处置全程网上办理，实现立案24小时不"打烊"；北京互联网法院为当事人提供一站式服务，实现互联网案件立案、审判、执行全流程在线办理。北京法院审判信息网的优化营商环境专栏，设置商事案件信息公开查询窗口，可查询全市各个法院的全部商事案件的收结案情况和审理时长。当事人及其代理人可通过中国审判流程信息公开网查询单个案件审判流程信息。

成都自贸区搭建线上线下融合交互的诉讼服务平台，与腾讯公司合作建设西部首家依托微信搭建的智能电子诉讼平台——"天府智法院"，通过微信小程序在线申请调解、立案、参加庭审等，可实现足不出户打"官司"。

6.2.8.3 整合各方资源

三亚市城郊法院引入品牌律师团队成立品牌律师调解工作室。北京市高级人民法院与北京市人民检察院、北京市公安局、北京市司法局共同构建联动机制，形成"基本解决执行难"的工作合力。成都市与成都理工大学共同发起设立四川省法学会破产法学研究会。

6.2.8.4 丰富宣传手段

重庆建立对标国际先进营商环境中英文双语公开互联网专栏，深度公开商事审判信息。北京启动"优化营商环境政策天天讲"服务，并于2019年3月初在新媒体平台上线系列微视频，市规划自然资源委、市商务局、市政务服务管理局等市有关部门的 23 位政策起草者参与了录制。

6.2.9　办理破产

2020 年，上海、浙江、深圳将持续优化破产审批制度，通过有效的破产重整、和解程序提高企业持续经营的价值，创造更高的债权清偿水平；加快破产清算进程，通过高效清算减少时间和成本，最大限度地实现债权人的权益回收。

6.2.9.1 准确识别破产企业，优化破产启动程序

确保破产立案渠道畅通，准确把握《企业破产法》及相关司法解释关于重整程序、和解程序及破产清算程序启动及转换条件的规定，依法及时启动或转换对应程序，节约破产程序时间，提高破产审判效率。

完善"执行转破产"工作机制。进一步推动符合条件的执行案件移送破产审查工作，充分发挥破产程序的制度价值，加快推进解决执行难。结合工作实际完善执行转破产工作考核机制，科学设置考核指标，进一步推进破产审判部门与执行部门信息共享，保障执行程序与破产程序有序衔接、协调配合，提升工作实效，确保破产启动程序顺利有序进行。

6.2.9.2 积极推进破产重整工作，实现社会综合效益最大化

发挥重整程序的拯救功能，通过听证、咨询政府相关部门和第三方专业机构等方式，结合债务人企业陷入困境的原因、企业财务指标等因素，综合识别判断债务企业是否具备挽救价值和再生可能，实现债权人、债务人、股东、社会多方利益共赢。对于暂时经营困难但适应市场需要、具有发展潜力和经营价值的困境企业采取司法救治，积极引导适用重整、和解程序；对于低端低效不具有救治价值或救治无望的企业，及时通过破产清算程序实现市场出清，防止债务风险累积引发危机。

拓宽企业融资渠道，重视企业整合和资产重组。积极引导风险投资/私募股权投资（VC/PE）参与企业重整，促进有价值的困境企业再生和转型升级。推广适用"预重整"制度，依法支持债权人、债务人、出资人、战略投资人等利害关系人对困境企业进行预重整。探索庭外重组与庭内重整的衔接制度，支持当事人通过谈判、协商对债务重组事宜作出合理安排。

推动不动产、特殊动产、设备、银行存款、车辆、股权、知识产权及其他财产权利登记系统向破产管理人开放，方便破产管理人依法清收查控相关财产，推进破产案件办理进程。加大市场化破产重整工作力度，充分释放破产重整在市场资源配置中的程序价值。

6.2.9.3 推进破产案件简易审理，缩短破产案件周期

制定破产案件简易审理规范性文件。针对破产案件周期长、效率低的问题，探索破产案件繁简分流、快慢分道。在确保利害关系人程序和实体权利不受损害的前提下，对于债权债务关系明确、债务人财产状况清楚、破产财产可能不足以支付破产费用、债务人与全体债权人就债权债务处理自行达成协议等破产案件，实行简易审理，切实提高办案效率。

6.2.9.4 加强破产审判信息化建设，便利破产财产处置

推动网络司法拍卖。各级人民法院要积极探索更加符合破产案件特点的财产网络拍卖方式，单设破产财产网络拍卖板块，适时研究制定破产财产网络司法拍卖规则，提高破产财产处置效率，实现破产财产价值最大化。

推动债权人会议网络化。鼓励破产案件审理法院采用召开网上债权人会议等方式深度运用信息化手段，便利债权人参会，提高审判效率。

实现办案工作平台与全国法院破产重整信息平台的对接。利用全国法院破产重整信息平台的网上立案端口，通过网上预约立案渠道探索网上立案、跨域立案，降低立案成本。通过"一网两平台"同步生成破产审判电子信息数据，加大司法公开力度。

6.2.10　劳动雇佣

2020 年，上海、浙江等地从以下几个方面来规范企业用工、畅通举报投诉维权渠道，进一步优化"人才服务"方面营商环境。

（1）编印发放"维权 365"规范劳动用工指导服务联系卡，公布对口联系方式，用来收集企业意见建议，了解企业生产经营情况，及时预警预防不稳定因素，建立点对点指导服务长效机制，共同构建并不断完善劳动关系预警和处置的联动机制，有效促进了劳动关系的和谐发展。

（2）组织开展"维权 365"劳动保障法律法规宣讲活动。针对企业劳动用工中遇到的重点、难点、热点问题，坚持以问题为导向，并结合企业实际需求和监察实例，专门组建宣讲志愿小组，对全区 14 个街镇（园区）开展劳动保障法律法规巡回宣讲活动，送法进企业，指导规范企业劳动用工行为，不断提高劳动保障监察执法的主动性、针对性、服务性。

（3）坚持开门办案，畅通举报投诉维权渠道。一方面，监察举报接待窗口推行不间断值班制度，并通过 12333、12345 等平台及时受理劳动者的维权诉求，有效保证劳动者维权渠道的畅通，对发现侵害劳动者合法劳动权益的问题，监察组坚持做到快速监察、抓紧处理。另一方面，监察组积极推行各种便民利民措施，在窗口接待场所放置相关法律法规宣传手册、《劳动报》、周边公交线路图等资料，设置意见箱、急救小药箱等，为广大来访者提供全面、细致、周到的服

务。同时在醒目位置公布《劳动保障监察办案流程》《举报投诉接待须知》等内容，自觉接受来访者的监督。

（4）持续加大宣传普法力度。监察组借助"春风行动""维护女职工权益专项行动"等，利用劳动者春节后集中返城求职的高峰契机，监察组组织精干力量，专门在招聘会现场设置劳动保障咨询平台，重点就"劳动合同签订""试用期约定""劳动报酬""社会保险缴纳""工作时间和休息休假"等普遍关心的劳动用工相关事宜涉及的劳动保障法律法规向广大劳动者进行深入讲解和剖析，并发放宣传资料和公布大队咨询联系电话。同时，积极组织各街镇、园区协管服务社，采取设摊、发放资料等多种形式向广大劳动者宣传劳动保障法律法规，不断加大宣传普法力度，提高劳动者理性合法维权意识，营造良好的劳动保障法治氛围。

6.2.11　政府采购

逐步建立电子化政府采购平台与财政业务、采购单位内部管理等信息系统的衔接，完善和优化合同签订、履约验收、信用评价、用户反馈、提交发票、资金支付等线上流程。积极推进电子化政府采购平台和电子卖场建设，建立健全统一的技术标准和数据规范，逐步实现互联互通，推动与公共资源交易平台数据共享，提升供应商参与政府采购活动的便利程度。

6.2.12　招标投标

2020 年，广州市将深化招投标领域改革。全面优化招投标流程，取消招标文件事前备案，推行招标人负责制，清理无法律依据的投标报名、招标文件审查、原件核对等事项及材料。试行取消财政投资交通项目向投标人收取招标文件印刷费、交易服务费，实现投标"零成本"。鼓励采用电子保函等非现金形式提交投标和履约保证金，推进招投标全程电子化。

6.2.13　政务服务

2020 年，四川等地均从全面落实"一网通办"，推进"一件事"主题套餐服务，升级政府信息共享平台，推行政策兑现"一门式"办理等方面进一步优化对政务服务领域的改革。

6.2.13.1 建设"一网通办"高效的政务服务品牌

四川省重点打造四川政务移动服务品牌，升级各地各部门（单位）政务服务移动端应用，优化"查、问、办、评"功能，推进 700 件高频事项"掌上可办"。全面提升"互联网＋政务服务"水平，建设完善一体化在线政务服务平台，深度融合身份验证、预约、办理、送达等全流程在线服务功能。

6.2.13.2 推进"一件事"主题套餐服务

倡导从方便企业和群众"一件事一次办"的角度出发，对涉及的相关政务服务事项进行全面梳理，围绕申请条件、申报方式、受理模式、审核程序、发证方式、管理架构进行系统再造，形成"一件事"的工作标准，创新编制"一件事"办事指南，实现"一件事一次告知"。推进"一网通办"线上线下办理一套业务标准、一个办理平台，推进政务服务线上线下联动精准预约，实现政务服务就近办、网上办。

6.2.13.3 全面升级政府信息共享平台

形成涵盖政务服务全域、数据实时共享的信息交换体系。推广电子证照、电子印章、电子档案应用。实现已归集电子证照应用覆盖百分百政务服务事项，电子证照类目百分百关联办事材料清单，各级政府办事窗口百分百接入电子证照库。优化电子印章公共服务平台，加快电子证照、电子印章、电子签名在法人、自然人办理各类政务服务事项中的应用度，实现跨区域、跨部门共享互认，推动业务办理全流程电子化。减少纸质材料递交，减少跑动次数。

6.2.13.4 推行政策兑现"一门式"办理

分批整合各部门政策兑现事项，实现政策兑现集成服务。开发覆盖咨询、受理、审核、督办、拨付等环节的兑现服务功能模块，实现信息互联、实时共享，推动兑现事项一口受理、内部流转、限时办结，公开监督政策落实情况。

6.2.14 知识产权运用和保护

为进一步优化区域营商环境，常熟市、昆山市、宁波市、北京市等在保护知识产权、激励科技创新方面下足了功夫。

6.2.14.1 完善政策规范，形成创新导向

江苏省常熟市每年出台年度知识产权（专利）培训方案，通过一系列的知识产权培训班，在全市范围内形成重视知识产权的氛围；常熟市人民政府出台《常熟市专利资助实施细则（试行）》，大幅提高了对授权发明专利的资助力度。

浙江省宁波市研究起草《关于促进科技成果转化的若干政策》和《促进科技成果转移转化行动方案》，在科技成果"三权"、转化模式等方面进行改革探索，鼓励高校、科研院所与企业合力推进专利技术产业化，将知识产权转化为现实生产力。

6.2.14.2 成立专门法院或法庭，促进知识产权审判体系和能力现代化

北京成立全国首家知识产权审判专门法院。职能涵盖案件登记、审理、再审理、技术和警务等方面协助调查等。整理、公布近期典型案例以供参考与研讨。上海市、广州市知识产权法院相继设立。天津市、河南省郑州市、湖南省长沙市、陕西省西安市等随后设立知识产权法庭。知识产权审判实行"跨行政区域"

审理，把涉及知识产权的民事、刑事、行政案件统一归在知识产权法庭审判。

6.2.14.3　搭建交易平台，推进知识产权运用

江苏省昆山市建立知识产权运营交易平台，与江苏省国际知识产权运营交易中心、南京市中高知识产权运营平台现场签约，建立良好的合作关系，对接平台资源，共享专业数据。

宁波市搭建知识产权转化交易平台，建成全市首家集知识产权转让、许可、融资及产业化等服务于一体的公共服务平台——"天一生水网"。

6.2.14.4　深入企业辅导，扶持企业创新

江苏省常熟市举办企业知识产权贯标和相关政策解读讲座、知识产权主体沙龙活动、专利维权保护培训班、知识产权工程师培训班、专利挖掘和审查意见答复培训班，设立专项资金积极推进企业知识产权贯标工作。

江苏省昆山市组织举办知识产权质押融资路演活动、民营科技企业备案辅导暨知识产权宣贯专题培训会、年度审查员实践（实习）活动、企业知识产权总监培训班等。

浙江省宁波市在全市高校、科研院所、专利服务机构中征集知识产权及技术服务专家，帮助企业进行技术分析与改进，辅助企业抓住核心与关联技术去申请发明专利，推进企业知识产权贯标工作，提高企业知识产权管理意识。

6.2.15　市场监督

北京市、青岛市在推广"双随机、一公开"和加强政府诚信建设方面，以下几个举措对优化营商环境产生了积极作用。

6.2.15.1　依托信息平台，开展跨部门"双随机、一公开"

北京市依托覆盖全市企业监管信息共享平台，着力推动跨部门"双随机"抽查，实施综合监管。同时向全社会公开查处结果，建立企业信用激励、惩戒机制。除随机抽查外，还结合重点检查和监管举报核查。综合行业投诉、违法记录、社会舆情等因素，大幅提高一些高风险行业的检查比例，提高监管针对性。

6.2.15.2　全周期加强政府诚信建设

青岛市在事前、事中、事后三个环节加强政府诚信建设。事前环节，主要是抓好立法，让诚信建设有警戒线，推行信用承诺制度。事中环节，建立信用分类评价制度，用信用监督筑起一道"防火墙"。这方面分两个层次：第一是"监督什么"，青岛市率先推出政务服务承诺制度，重点监督机构和公务员的履约践诺情况。第二是"如何监督"，面向公务员建立个人诚信系统，对机构制定政务信用信息的清单目录，并通过第三方渠道搜集政商关系中的问题，作为监督的重点。事后环节，规范实施联合奖惩制度，通过失信联合惩戒，拿出撒手锏。在不少于 20 个领域实施信用监管，加强公共信用综合评价在信用监管过程中的应用。

6.2.16 包容普惠创新

成都市、长沙市、天津市、运城市多措并举,提升企业获得感、城市服务性和流入人才的幸福感,形成颇具当地特色的包容普惠创新局面。

6.2.16.1 包容合作共赢方面,推行柔性监管

成都市推行柔性监管模式。在全国首推行政处罚"三张清单",区分不予处罚、减轻处罚、从轻处罚三种事项,首推企业投资项目全生命周期承诺制改革,创新"首证通"模式,破解"准入不准营";对初创型、成长型、领军型企业实施差异化以成长为导向的企业扶持激励制度改革,提升投资贸易便利度。全面实行外商投资负面清单管理,落实以在线备案为主的外商投资管理制度。

6.2.16.2 普惠利民方面,提升城市服务

成都市实施以利民为导向的基本公共服务清单管理和动态调整制度改革;深化生态文明体制改革,围绕人、城、境、业,建设美丽宜居公园城市,加快建设全球最大城市森林公园和最长城市绿道;加强交通综合枢纽功能建设,包括建设"一市两场"的国家级国际航空枢纽格局,市域轨道交通、城市轨道交通、铁路干线"三铁融合"等。

长沙市完善基础设施,正着力构建高铁、地铁、城铁、有轨电车、磁悬浮、城市公交"六位一体"的国家级综合交通枢纽,深入实施"三干两轨四连线"工程。

6.2.16.3 创新引领市场方面,在稳定和扩大就业基础上激发创新

成都市深化职务科技成果权属改革,聚焦推动科技成果向产业功能区集聚转化,不断优化"人才新政",放宽人才落户限制,满足人才安居需求;率先在全国发布"城市机会清单",发展"城市合伙人",从"给优惠"向"给机会"转变;首创"减税贷"银税互动产品,纳税信用为 A、B 级的本市纳税人均可申请,无须担保抵押。

天津市打造职业教育高水平聚集园区,助力经济社会发展。海河教育园区以就业促进民生改善,设置专责部门、专岗人员服务学生、服务企业、服务学校,把促进毕业生精准就业摆在重要位置,定期召开就业推动会;创新以需求为导向的教学模式和对接平台;联合相关行业协会、行业龙头企业和驻区院校建立产教融合联盟,并依托产教融合辐射平台建立校企双向人员互动互聘机制;同时坚持创业带动就业,双创联盟与滨海新区文化中心、老城里文创街区等达成深度合作,创新实施精英培养计划,举办创客训练营、双创赛事、培训沙龙活动等。

山西省运城市实施"凤还巢"计划,充分调动和发挥运城市在外务工创业人员参与家乡建设的积极性、主动性和创造性,"一头"抓职业技能培训、打造劳务品牌,让有志于外出务工的人员成批走出去,"另一头"抓本土人才回归,吸

引其返乡创业。

6.2.17　民营经济发展

6.2.17.1 协助解决民企困难和问题

重庆北碚区建立民营经济领导小组、困难问题协调机制、专题会议机制、非公有制经济联席会议制度、区级领导联系民营企业长效机制五大机制。将民营经济发展指标完成情况纳入区级部门、园区、街镇主要负责人考核。设立综合窗口，民企办事"最多跑一次"；成立"民营经济发展服务局"，民企解困"只找一个部门"。

安徽省以"四送一服"双千工程为抓手破解企业发展难题，组织千名干部、深入千家企业，送思想、送政策、送项目、送要素，为民营企业、中小企业排忧解难。

6.2.17.2 因地制宜促进民企发展

重庆北碚区确定民营经济发展"1+1+X"扶持政策体系，即"1"系列发展民营经济、发挥企业家作用的实施工作意见＋"1"个 2018—2021 着力构建北碚民营经济发展新格局的四年规划＋"X"项围绕民营企业准入、融资、用地、创新激励、金融支持、要素保障、人才支撑等制定政策措施。

吉林省吉林市发展"冰雪经济"促进产业转型升级。坚持规划引领，统筹冰雪产业发展全局，同时依据雪场规划编制交通规划；加强冰雪基础设施建设，推动全民冰雪；实施"冰雪＋"战略，促进关联产业融合发展。

宁夏回族自治区宁东能源化工基地聚焦重点降成本促进实体经济发展。宁东市政公司为企业完善"七通一平"公用配套设施，企业可直接进行厂房建设，大大缩短了建设周期，降低了企业建设成本；宁东基地水、电、天然气、公租房租费等生活服务也相对便宜，降低了企业生活成本；宁东担保有限公司与区内金融机构、金融仓储监管机构、供应链融资机构签订合作协议，降低了企业融资成本。

6.2.17.3 营造积极的发展氛围

重庆北碚区还在打造民营经济发展的氛围上下足功夫，围绕弘扬"企业家精神"启动系列主题活动：召开民营企业家迎春座谈会，表彰一批优秀民营企业家，还设立（中国）卢作孚民营经济学院。

6.3　四川省优化改革比较

四川省自 2018 年启动优化营商环境相关工作以来，各地市州相继出台了地方行动计划。经过 2019 年的营商环境提升工作后，也形成了一批先进城市和典型经验做法。

2020 年 4 月，四川省人民政府办公厅印发了《关于通报表扬 2019 年度全省深化"放管服"改革优化营商环境等工作先进集体的通知》。其中包括成都市等 25 个全省深化"放管服"改革优化营商环境工作先进集体、达州市等 7 个全省公共资源交易平台整合工作先进集体、省卫生健康委等 15 个省政务服务大厅先进窗口单位。成都、绵阳、德阳、遂宁、泸州、自贡、乐山 7 个城市入选先进集体单位。

本章基于信息的可获得性和经验做法的典型性、差异性，总结整理了成都、绵阳、德阳、遂宁、广元、内江、眉山 7 个城市近年来营商环境的改革经验概要。

6.3.1 成都市

成都市营商环境打造正式起步于 2019 年初。成都市政府将 2019 年确定为"国际化营商环境建设年"，并先后印发了《成都市深化营商环境综合改革打造国际化营商环境先进城市的行动方案》和《2019 年成都市深化"放管服"改革优化营商环境工作要点》。2019 年 6 月，成都召开市委常委（扩大）会议，专题研究"国际化营商环境建设"，在这次会议上提出建立了通报表扬制度。一年多来，成都市营商环境办会同市级各部门，在成都营商环境"1+10"政策基础上制定了一批优化营商环境的政策措施，如《成都市提升优化纳税服务行动计划》《成都市进一步优化电力接入营商环境实施细则（试行）》《成都市提升企业信贷获得便利化水平和保护中小投资者行动计划》等。2019 年底，成都市印发《成都市进一步优化提升国际化营商环境工作方案》，即成都国际化营商环境建设 2.0 版，方案梳理吸纳了 37 项改革经验，从 29 个方面制定了 249 条优化提升举措。2020 年 6 月，成都市线上推行营商环境 3.0 政策建言献策活动，通过市政府门户网站和微信公众号公开征求公众意见。

成都市各区、县（市）也积极响应上级政策，出台行动方案、制定改革措施。高新区印发了《成都高新区优化营商环境行动方案（2019—2020 年）》；温江区发布优化营商环境 28 条新政；青羊区发布《成都市青羊区进一步优化提升国际化营商环境工作方案》暨优化提升营商环境"赋能 34 条"新政举措，全面升级 2019 年"1+24+10+10+10"的工作服务体系，对 8 个方面 34 个重点举措进行了细化，共计制定 220 项具体措施；锦江区通过"区长咖啡""送政策、帮企业、送服务、解难题"专项行动，共收集、办理问题建议 671 条，反馈满意率达 95% 以上；双流区印发《进一步优化提升国际化营商环境工作方案》，提出了 277 项优化提升举措，在服务上创新打造金牌管家，专门为企业私人定制一件事办事流程，实行"一对一"管家式服务；彭州市颁布了营商环境提升工程 32 条

249 项政策，增加了政府政策兑现、产业功能区承载能力、产业发展问题解决反馈、营商环境宣传 4 个具有自身特色的指标；青白江区推进智慧服务，打通地域限制，实现青白江、广汉两地 33 个事项跨区域通办，研发建成《成都市青白江区第三方中介服务机构选取电子交易系统》，实现了青白江区与金堂县跨区域异地远程评标，出台了《成都市青羊区知识产权资助管理办法（试行）》，成立青羊区知识产权人民调解委员会，完善知识产权保护体系建设。

此外，成都市及部分区县也率先开展了营商环境测评，如成都市经济发展研究院于 2019 年 2 月通过对成都市 22 个区（县）的调研，编制了《2018 年成都国际化营商环境评价报告》；2019 年 12 月每经智库历时半年编制完成了成都市各区（市）县营商环境深度"体检"报告，对成都 22 个区（市）县营商环境建设情况进行了数据透视分析；2019 年 8 月成都自贸试验区委托第三方机构编制了《成都自贸试验区营商环境第三方评估报告》。

各区县也纷纷探索出了一些创新典型做法，譬如青羊区首发"招商引资明白卡"，涵盖天府成都、区域概况、产业发展、重点项目、扶持政策、土地资源、楼宇资源、投资服务及要素成本七大板块内容。让投资人做到"一卡在手，青羊区所有信息全都有"。金牛区新办企业 2 小时领照 4 小时办结，比成都平均一个工作日办结提速一倍，此外还包括免费邮寄营业执照、2 小时刻章引入银行开户服务等服务。武侯区推出 104 个"主题式"审批服务，将"开餐馆""办学校"等办事主题涉及的工商、税务等部门的所需材料、环节进行整合，并创新推出"微信排号""支付宝办政事"，向所有街道投放政务服务一体机。龙泉驿区开展"政银合作"，推行自主申报、网上登记、"容缺登记"等。青白江区深入推进互联网+政务服务，实现百分百涉企事项可"网上办"，拓展"青白江政务"微信和手机 App 功能，推进审批服务"掌上办"。温江区营商办牵头开发"温江区营商环境电子地图"，汇集了营商所需的政策、信息、办事方法等。彭州市质量诊断服务送上门，创新监管方式方法，组建质量诊断服务小组，持续开展"2019年度彭州市高风险领域质量诊断"活动。新津打造了"1+3+N"智慧服务体系，即设立 1 个县级智慧服务中心；在 3 个产业功能区设立智慧分中心；在社区建立 N 个智慧服务末梢单元，逐步实现"企业办事不出功能区、群众办事就在家门口"。同时还探索建立"流动审批服务机制"，为企业提供"上门服务"。

6.3.2 绵阳市

绵阳市于 2019 年 1 月以"两办"一号文件印发《进一步优化营商环境工作方案》，出台了"优化营商环境政策措施 35 条"。与此同时，从 2019 年 2 月 21日至 3 月 8 日，围绕促进民营经济健康发展话题，接连召开 7 场新闻发布会，优化营商环境正是系列发布会的核心话题，并邀请了 50 余家民营企业参加发布会，同时由民企代表提问，相关部门负责人现场回应。绵阳在 2019 年 2 月底出台《绵阳进一步优化营商环境工作任务清单》，确定了优化营商环境的 102 项任务，共涉及市纪委（监委）、市政府办、市政务服务监督管理局等 25 个牵头部门。

在区县创新工作方面，绵阳市也涌现出一些创新做法。在 2019 年底四川省发布《可持续营商环境研究报告》时，北川作为代表县级政府参加营商环境评价的唯一样本，进行了经验交流。北川在学习和借鉴浙江省衢州市先进经验的基础上，率先在省内县级层面启动"最多跑一次"改革。在全县 23 个乡镇全部建立运营规范化的便民服务中心，通过政府购买服务的方式，乡乡设置代办员，通过事权下放、代办代跑、快递送达等方式，使老百姓的事情得到及时的处理，并在多次研究听证的基础上出台了"最多跑一次"工作方案，11 个实施细则。

6.3.3 德阳市

2019 年 7 月，德阳市人民政府办公室关于印发德阳市"营商环境提升年"工作推进方案的通知，出台了 8 个方面 50 条措施。通知明确截至 2019 年底，主要指标和重要改革取得突破性进展，政务服务事项网上可办率达到 100％，全面实现"一网通办"和"最多跑一次"，开办企业全流程办理压缩到 3 个工作日内，工程建设项目全流程审批时间按项目分类控制在 70、80、90、100 个工作日内，不动产登记实现 1 个工作日办结，获得电力办理时限压减一半以上，整体营商环境大幅改善，各项指标排名全省前列。2020 年 5 月，四川省发改委发布的全省地市（州）第一季度营商环境指标测评结果中，德阳市指标表现情况综合位列全省前列。同时，德阳市也进入了四川通报表扬 2019 年度全省深化"放管服"改革优化营商环境等工作先进集体的名单中。2020 年 4 月，德阳市制订了《2019年优化营商环境重点指标整改工作方案》，并向全市征求意见，方案针对营商环境的 18 项关键指标分别制订了专项整改工作方案，明确了整改措施。

6.3.4 遂宁市

2018 年底，遂宁市统计局组织实施了全市营商环境调查，在遂宁市各区县抽取了 30～100 家企业，通过 500 份问卷有效样本对遂宁市的营商环境进行了调查分析，并编制了《2018 年遂宁市营商环境调查报告》，对遂宁市营商环境现状有了全面了解。

2019 年，遂宁市从减少市场准入限制、加强诚信政府建设、优化审批流程、创新监管方式等 23 个方面，明确了 60 项优化营商环境重点任务。在政府服务方面，遂宁市政务服务和大数据局推进"前台综合受理、后台分类审批、综合窗口出件"工作模式，梳理高频事项流程、精简材料、压缩时限，作为全省试点推出100 个高频事项，审批时限最高压缩 85％，平均精简材料 50％。截至目前，全市市县政务服务事项网上可办率达 100％。同时，遂宁市还强力推进工程建设项目审批、容缺预审、不动产登记协同改革等。

2020 年，四川遂宁市委七届九次全会明确将 2020 年作为"营商环境优化提升年"，最新出台的《遂宁市"营商环境优化提升年"工作方案》，重点针对企业开办、办理建筑许可、获得信贷、民营经济发展等 27 个方面，提出 119 个事项，共制定 252 条具体提升举措。

在创新举措方面，遂宁市于 2018 年起推行"项目秘书"制度，在全市分批次选派专业化干部任全市重大项目的项目秘书。对投资超 10 亿元的重大项目和重点产业项目，采取一个重大项目、一名挂联领导、一名项目秘书、一个责任部门、一个项目专班、一套推进措施的"六个一"工作举措。截至 2020 年 4 月，已有 36 名市级领导和 108 名项目秘书参与服务，实现项目前期、建设、竣工到投运全过程"一包到底"服务。经开区还成立了企业服务中心，专门解决辖区各企业遇到的困难；建立星级评定机制，根据项目实施重要性，按 1 星至 5 星进行项目星级评定，对评定的不同星级项目设置相应的权重系数，根据项目星级高低，统筹调配政府服务工作力量，保障项目建设要素。

与此同时，遂宁市各区县也积极出台政策，推行改革措施，着力提升营商环境。如船山区出台了《遂宁市船山区"营商环境优化提升年"工作方案》，通过不断提升企业开办便利度、压缩工程建设项目审批时间等 27 个方面 269 条措施，对该区营商环境进行了再优化再提升。遂宁高新区开展"高新咖啡时"政企交流活动，加强政企沟通互动，帮助企业解决发展难题，并且坚持以企业需求为导向，梳理企业提出的意见建议，明确任务时限、列出工作清单，及时通报企业家所反映问题诉求的解决情况，确保问题解决到位。坚持一线工作法，将问题解决在一线，并采取"线上＋线下"相结合的模式，方便企业家全面参与其中、实时表达诉求。

6.3.5 广元市

广元市是四川省较针对营商环境出台专项措施的城市之一，早在 2018 年 8 月，广元市人民政府早就发布了《广元市进一步优化营商环境实施方案》（广府办发〔2018〕78 号）。2019 年 5 月，省政府网发表"广元市多举措优化营商环境"的专题文章，文章提到广元市对标市委集中整治形式主义、官僚主义的 20 条措施，进一步优化营商环境，多措并举、多点发力，深入推进"放管服"改革，推出打造良好营商环境四项举措，在"便民减证""社保降费"、援企稳岗、人才培养方面进行了提升改革。其中人才培养较具特色，广元市开展技能提升

"展翅行动"。大力开展订单、定向、定岗培训，积极推行企业新型学徒制，实施"千人家政服务品牌、千人网络创业、千名致富带头人"培训计划，抓实青年劳动者技能和劳务品牌培训。与此同时，广元市发改委还在其官网上开设了营商环境专栏。该专栏汇集了从 2018 年 8 月至今国务院、四川省出台的主要政策，以及广元市出台的有关营商环境的地方政策和召开的相关会议通报。

当前，广元市正在着力强化诚信体系建设，已先后出台《广元市社会信用体系建设规划（2016—2020 年）》《广元市社会信用体系建设工作实施方案》《广元市建立完善守信联合激励和失信联合惩戒制度加快推进社会诚信建设实施方案》等 10 余份文件，明确了以政务诚信、商务诚信、社会诚信、司法公信为全市信用体系建设目标。同时在任务细化落实方面还出台了《广元市政务诚信建设实施方案》《广元市电子商务领域诚信建设实施方案》《广元市个人诚信体系建设实施方案》《关于集中治理诚信缺失突出问题提升全社会诚信水平的工作方案》及《关于加快推进失信被执行人信用监督、警示和惩戒机制建设的实施方案》等文件。

6.3.6 内江市

内江市也是四川省内较早出台营商环境地方政策的城市之一，在 2018 年 9 月，内江市人民政府办公室印发了内江市优化营商环境三年行动方案（2018—2020 年）的通知。2019 年 5 月，内江市人民政府办公室印发了《内江市开展"营商环境提升年"活动进一步优化营商环境的二十条措施》的通知，出台《关于帮助个体工商户复工复产的实施意见》；收集了 12 个部门"16＋7"防疫复产重点支持政策，形成《支持中小企业应对疫情共渡难关政策实务 60 问》。在二十条措施中较为突出的包括：在网络理证方面，加强了涉企诉求的大数据分析，并设立了网络理政工作实现回复办理率达 95％以上，群众诉求解决率超过 90％，群众满意率达到 90％以上的目标。在信用体系建设方面，建立企业信用"红黑名单"，一月一通报。对列入"红名单"的主体，构建"守信者一路绿灯"的守信联合激励机制。开展信用修复工作，鼓励"黑名单"主体通过主动纠正失信行为、消除不良社会影响等方式修复信用。在体制建设方面，建立了内江市优化营商环境通报制度，对与优化营商环境背道而驰的典型案例进行点名通报。实施"企业服务日"制度，每季度首月的 15 日为内江企业服务日，通过现场办公、实地调研、召开企业家恳谈会等方式，收集企业诉求，制定问题清单，逐一予以解决。

6.3.7 眉山市

2018 年 9 月，眉山市人民政府办公室印发了《眉山市优化营商环境工作实施方案》，从项目招引、准入、审批、验收、生产经营等环节入手，围绕全面推进项目工作提速增效、全面推进涉企服务提质增效、切实降低企业成本、营造良好市场环境四个方面细化了眉山市转变政府职能、深化"放管服"改革、优化营商环境的 20 项工作任务，并创新开展了"红色代办"服务，实行"模拟审批"办法，实行项目建设"多评合一"，建立项目并联验收联席会议制度。

此外，为进一步优化营商环境，促进公职人员依纪依法履职尽责，眉山市依据《中国共产党纪律处分条例》《中国共产党问责条例》《中华人民共和国监察法》《中华人民共和国公务员法》等法律法规规定，制定了《眉山市损害营商环境行为责任追究办法（试行）》。该办法对追究责任的情形和追究方式及结果应用进行了详尽规定，从规范行政人员执法方面为营商环境保驾护航。

第7章 总结与建议

7.1 总　结

7.1.1 世界银行指标情况

从世界银行营商环境指标体系结果来看，罗江区在开办企业和合同执行方面表现优异，这两个指标在时间、成本、手续数量、司法程序质量方面的表现均优于世界银行 2020 年报告中北京、上海的数据。而办理施工许可、获得电力、登记财产、获得信贷、保护少数投资者、纳税指标数据在与北京、上海等先进城市的对标中表现出一定的差距。各指标对比后结果如下：

（1）"办理施工许可"指标，罗江区在"办理时间"上得分领先北京、上海和四川平均水平；"建筑质量控制指数"与北京、上海相同均为满分，"办理成本"得分居中，低于北京，高于上海；"办理环节"得分较低，主要因为办理流程仍存在跨部门、先后办理效率低下的情况。

（2）"获得电力"指标，罗江区办理程序数量与北京、上海基本一致；办理耗时方面，无论低压和高压均优于先进城市。但罗江区"供电可靠性和电费透明度"指数低于北京、上海，主要是因为平均停电时间和平均停电次数较高。

（3）"登记财产"指标，罗江区在"办理耗时""土地质量指数"上与北京、上海差别不大，但在"基础设施可靠性维度""信息透明度""土地争议解决"维度上与北京、上海有差异。主要是因为罗江区尚未实现"一网通办"，不动产登记平台与税务平台尚未打通，数据信息未实现电子化储存，企业不动产转移登记全流程数据难以获取。

（4）"获得信贷"指标，罗江区在"纠纷调解指数"方面优于北京、上海；"信贷信息深度"与北京、上海得分一致；但在"合法权利力度"方面得分低于北京、上海。笔者调研发现罗江区抵押登记机构暂无提供在线办理、咨询担保业务等功能，融资门槛依旧很高，不便于市场主体解决融资需求问题。

（5）"保护少数投资者"指标，罗江区在"少数投资者保护力度指数"方面优于北京、上海；"股东治理指数"罗江区与上海、北京无差别。但因罗江区仅有一家上市公司，所以暂未针对上市公司颁布地方性法规、政策等。

（6）"缴纳税款"指标，"纳税次数"方面，罗江优于北京、上海；罗江"总税率和社会缴纳费率"低于北京、上海。但是罗江"纳税所需时间（年度）"为103.5小时，仍高于四川平均水平89.1小时、德阳74.3小时、成都59.3。这主要是因为互联网纳税系统功能还未实现最优配置，还可以进一步缩减纳税办理流程。

（7）"跨境贸易"指标，因罗江区未设有海关的分支机构，所以无法与先进城市形成有效对比。

（8）"办理破产"指标，罗江区的"破产框架力度指数"与北京、上海一致。但因罗江区无律所驻场，破产案例均为"执行转破"且法院没有之前破产企业的案例数据，所以罗江区"办理破产"指标无法与先进城市形成有效对比。笔者走访调研发现，罗江区人民法院在对破产法的宣传、处理企业无产可破案件、推行预重整制度方面还有待提高。

（9）"劳动雇佣"指标，罗江区人社局对劳动合同法宣传和相关人才政策基本落实到位。但在前期实地调研中收集到企业反映高端、技术人才短缺，对人才的吸引力不足，当地劳务人员质量参差不齐和人才优惠政策（如人才公寓）门槛较高或者存在信息不对称等问题。

7.1.2　特色指标情况

从国家和四川省发改委指标反映出的营商环境质量来看，罗江区"互联网＋政务服务"平台建设工作较为出色。可通过四川省政务服务网（罗江区）、天府通办 App、"罗江政务"微信公众号等平台查询政府服务事项的相关办事流程、政策文件，办理事项可实现 100％网上预约。截至 2018 年，有 197 项约为76.95％的行政审批和公共服务事项入驻罗江区行政审批局，行政审批局也提供了 52 个主题场景服务，方便企业、居民熟悉办理流程，进行一站式办理。但结合实地调研和对标先进城市，还存在以下几个重点问题：第一，罗江区行政审批局的审批事项集中率还未达最优。目前只有 59.6％的政务服务事项可统一进行审批办理；第二，"互联网＋政务服务"平台功能需进一步优化。目前全程网办率仅为 22.67％，各部门政务数据共享程度低，需加大对政务信息资源数据库、政务数据共享交换平台的建设；第三，政企沟通互评渠道有限，主动评价率仅为0.32％；第四，政务服务便利化水平仍需提高，需在政务服务网页上定制优化营商环境专栏，专门发布营商环境政策类信息和相关事项办理流程。

（1）"政府采购"和"招标投标"指标。各环节实现电子化的普及度不高。

罗江区建立了电子化政府采购平台，但全年只有53％的项目通过电子平台进行采购，电子采购的项目金额反占总采购项目金额的7.3％。无法在线发布采购公告、提供采购文件、提交投标（响应）文件，实行电子开标、电子评审、电子档案管理等。罗江区"招标投标"目前已实现全省公共资源交易数字证书和电子签章兼容互认、一地注册、全省通用。但尚未推进招投标全程电子化、无纸化档案建设和管理。

（2）"获得用水、用气"指标。获得用水方面，罗江区在"程序数量"上表现优于成都，环节精简、申请便利，且耗时更短。获得用气方面，罗江区办理手续和时间均比成都少，申请无须材料，仅填写申请表即可。但罗江区获得用气的申报方式为燃气公司客服大厅现场办理，仍需加强多渠道如网络线上申报方式来提高工作效率。

（3）"知识产权创造、保护与运用"指标。罗江区于2019年成立知识产权局，专门负责配合德阳市执法部门进行知识产权保护行政执法，解决非诉讼纠纷，提高市场主体的满意度。但结合现场调研情况，还存在以下问题：第一，罗江区自主创新能力不强，科技成果转化率不高；第二，从政府到企业，知识产权保护意识不够深入人心；第三，申请专利质量不够上乘，需专家多次审查修改，审查周期耗时长。

（4）"市场监督"指标。"双随机、一公开"方面，罗江区市场监督管理局建立了监督执法信息公开平台，监管覆盖企业数量达100％，纳入执法名录库的执法人员占人员总数的75％。但仍存在以下不足：第一，除市场监督管理局外，其他部门还没有全面推行"双随机、一公开"监管；第二，罗江区市场监督管理局、四川省和国家三个层面使用不同的信息平台，信息不能共享通用，导致工作效率低下，影响信息的时效性。"政务诚信度"和"商务诚信度"方面，罗江区虽已将政务诚信纳入绩效考核，但还存在以下问题：第一，罗江区缺少政务失信投诉机制、治理机制，无商务主体诚信档案、奖惩机制，无宣传等；第二，罗江区社会信用体系建设相比其他县、市、区较为滞后，全区"信用德阳"信用信息共享平台使用率偏低，社会信用体系建设工作推进缓慢。

（5）"包容普惠创新"指标。罗江区"民间投资增长率"为18.75％，"蓝天碧水净土森林覆盖"和"人才流动便利度"在四川省内表现较优异；罗江区"学前三年毛入园率"对比省内其他地区无明显差异，但"每千人拥有执业（助理）医师数"却是省内较少的。该指标还存在以下问题：第一，罗江区外商投资薄弱；第二，城镇内青壮年的生活、娱乐配套不足。

（6）"民营经济发展"指标。民营经济活力较为充沛，2019年罗江区民营企业合法权益维护案件办结率达100％；罗江区特设项目秘书和驻企特派员，分别为签约落地企业和投产企业提供全方位、一对一的政务服务。罗江区也落实创业补贴政策，对大学生、返乡农民工等成功创办个体工商户和小微企业的给予一次性创业补贴。但罗江区民营经济发展仍存在以下问题：第一，罗江区企业融资渠道单一；第二，民营经济创新力方面，罗江区已初步营造了创新孵化的温室，但暂时未见明显成效；第三，民营经济健康度方面，存在项目秘书和驻企特派员专业技能及人员缺乏情况，政企沟通的信息化平台无实质内容，约有 26 家未获取土地指标的企业问题待解决，本级及上级领导频繁多次考察经开区企业，在一定程度上影响了企业的正常经营。

7.2　建　议

在对标分析国内先进城市提高营商环境的具体措施后，罗江区各政府部门可以从以下几个方面进行改革、再造行政审批、政务服务等各项工作流程，为罗江区各类市场主体营造一个高效、稳定、公平、透明、有竞争力的营商环境。

（1）精简罗江区政务审批流程。提高行政审批局审批事项办理的集中率，从市场主体角度出发创新编制"一件事"办事指标，全面落实"一网通办"改革，促进"开办企业""获得用电、用水、用气""登记财产"等反映企业营商便利度的重要指标可实现百分百全程网办，缩短办理时限，提升审批服务效率和质量。

（2）推进工程建设项目审批制度改革。建立"多规合一"业务平台，实现城乡规划、国土规划、环保规划等规划项目纳入"多规合一"项目库。工程建设项目审批管理系统与住建部工程建设项目审批管理系统和省发改委投资项目在线审批监管平台进行联通，实现工程建设项目一网申报、网上办理，数据入库、信息共享，全程留痕、跟踪监管目标。

（3）全面升级罗江区"互联网+政务服务"平台。实现各部门政务数据实时共享的信息交换体系，推广电子证照、电子印章、电子签名、电子档案在政务服务事项的应用。

（4）在罗江区政务服务网上开辟营商环境专栏。汇集所有营商环境指标的政策文件及政策解读，方便企业查询获取。针对有的企业不知道在办事方面可以享受到哪些政策，罗江区政务服务大厅可围绕营商环境评价指标体系中企业开办、办理施工许可、登记财产、获得电力、缴纳税款、跨境贸易等政策设立综合服务窗口。由审批人员、项目秘书和驻企特派员向办事企业面对面提供政策咨询解答。此外，罗江区政务服务大厅可以制作 2～3 分钟的政策解读小视频，例如如何一次性办理不动产登记，并在罗江区政务服务网站、"罗江政务"微信公众号发布传播。同时，可考虑制作一图读懂、高频政务事项办理操作流程图，在政务网站集成发布，做到对本区营商环境政策的宣传轻松易读、简洁明了。

（5）服务罗江区各政府部门应加强落实优化营商环境政策和改革措施，提升市场主体对营商环境改革带来的便利度感受。

（6）加强对各政府部门营商环境政策专题培训，有些部门思想观念不解放，对营商环境的理解不深入，仍停留在应对营商环境评价考核，对其工作流程优化的研究谋划不够，改革举措不多。

总之，营商环境优化是一项长期系统的工程，其核心价值不在于排名结果，而是在于通过分析各地分项指标的得分情况和可借鉴性改革措施，找准影响当地营商环境的痛点、难点，为地方政府补短板，为精准施策提供政策决策参考。以评促建，引导形成优化营商环境的良性竞争，将营商环境改革推向纵深。改革重点应聚焦目前企业在营商环境方面存在的问题，尤其是企业最关切的市场竞争不公平、企业生产经营不便利、痛点和难点。政府部门需将营商环境评价作为一项持续常规的重点工作，只有不断对优化营商环境各项工作措施的有效性进行测试、修改、完善，才能从本质上提高罗江区营商环境的竞争力。

附　录

附录 1　德阳市营商环境政策

编号	政策名称	发文时间
1	德阳市人民政府办公室关于《开展"放管服"改革自查自纠工作》的通知（德办函〔2018〕16号）	2018/2/10
2	德阳市人民政府办公室关于印发《德阳市推进"放管服"改革2018年工作要点》的通知（德办发〔2018〕23号）	2018/5/21
3	德阳市工商行政管理局关于落实《省工商局商标分局贯彻大力实施营商环境工程开展实施商标提升行动工作方案》的通知（德工商函〔2018〕79号）	2018/5/22
4	德阳市人民政府办公室关于印发《德阳市进一步优化营商环境工作方案》的通知（德办发〔2018〕72号）	2018/11/30
5	德阳市财政局关于印发《德阳市财政局推进优化营商环境工作方案》的通知（德市财综〔2019〕6号）	2019/3/13
6	德阳市人民政府办公室关于印发《德阳市"营商环境提升年"工作推进方案》的通知（德办发〔2019〕32号）	2019/7/23
7	德阳市人民政府办公室关于印发《德阳市推进"放管服"改革2019年工作要点》的通知（德办发〔2019〕35号）	2019/8/1
8	德阳市人民政府关于印发《德阳市深化"放管服"改革优化营商环境行动计划（2019—2020年）》的通知（德府发〔2019〕13号）	2019/9/20
9	德阳市人民政府办公室关于同意《德阳市市场监管领域部门联合"双随机、一公开"监管联席会议制度》的函（德府办字〔2019〕50号）	2019/12/17

编号	政策名称	发文时间
10	德阳市人民政府办公室关于印发《德阳市深化"放管服"改革优化营商环境 2020 年工作要点》的通知（德办发〔2020〕19 号）	2020/5/11

1. 德阳市人民政府办公室关于《开展"放管服"改革自查自纠工作》的通知（德办函〔2018〕16 号）

各县（市、区）人民政府、德阳经济技术开发区管委会、德阳高新技术产业开发区管委会，市级有关部门：

为进一步抓好"放管服"改革工作落实，按照省推进"放管服"改革自查自纠专项行动方案要求，现将组织开展我市"放管服"改革自查自纠工作有关事项通知如下。

一、工作目标

对照"放管服"改革要求，主动查找困扰企业和群众办事创业的各类难点问题，坚持问题导向，敢于揭短亮丑，逐一核查整改，深入推进"放管服"改革，更好方便企业和群众办事创业，进一步增强政府公信力。

二、重点任务

（一）开展行政审批改革工作自查自纠，重点是核查权力下放不协调、不同步问题，确保真下放、接得住、管得好。〔市委编办（市审改办）、市法制办牵头负责〕

（二）开展"红顶中介"清理规范工作自查自纠，重点是核查"红顶中介"隐形变异存在、中介服务收费不规范等问题。（市发改委、市民政局牵头负责）

（三）开展涉企收费清理规范工作自查自纠，重点是核查收费目录清单不公开、不按标准收费、已取消项目继续收费、巧立名目违规收费等问题。（市财政局、市发改委牵头负责）

（四）开展工商登记改革工作自查自纠，重点是核查"多证合一""证照分离"政策不落实、工商登记手续烦琐等问题。（市工商局、市政务服务中心牵头负责）

（五）开展职业资格改革工作自查自纠，重点是核查已取消职业资格变相存在、变换花样组织考试、培训、鉴定、发证等问题。（市人社局牵头负责）

（六）开展科研管理体制改革工作自查自纠，重点是核查科研经费管理制度落后、科研人员职称评定不合理、科研人员绩效考核不科学等问题。（市科知局、市财政局、市人社局牵头负责）

（七）开展部门间信息共享工作自查自纠，重点是核查数据共享平台建设滞后、部门自有业务平台不对接整合、部门数据不共享等问题。（市政府办公室、市政务服务中心牵头负责）

（八）开展公共服务事项改革工作自查自纠，重点是核查群众呼声大、反映强烈的公共服务事项设置不合理、办事不便利、奇葩证明、循环证明依然存在等问题。（市政府办公室、市政务服务中心牵头负责）

（九）开展事中事后监管改革工作自查自纠，重点是核查"双随机、一公开"改革不落实、强行摊派任务、以罚代管、弹性执法等问题。（市政府办公室、市法制办牵头负责）

（十）开展建立"放管服"改革长效机制自查自纠，重点是核查管理体制不健全、政务服务中心大厅设置不规范、综合窗口设置推进慢等问题。（市政府办公室、市政务服务中心牵头负责）

三、工作要求

（一）落实责任分工。各牵头单位要高度重视"放管服"改革自查自纠工作，切实担当负责，主要领导亲自研究部署、分管领导亲自抓好落实，安排专人负责组织实施，并于2月9日前将工作联系人名单报市政府办公室。重点任务涉及的部门（单位）要积极配合牵头单位开展自查自纠。

（二）坚持问题导向。各牵头单位要统筹安排、整合力量，到基层一线、到企业群众中了解情况，敢于揭短亮丑，不隐藏问题，不回避矛盾，发现一起问题、整改一起问题，暂时不能完成整改的要提出下一步工作措施。

（三）及时形成报告。各地要对照本通知要求，组织开展本辖区内"放管服"改革自查自纠工作。各地、各牵头单位要形成重点任务自查自纠情况报告，主要任务包括工作开展情况、存在的问题、今年的工作举措，并于3月10日前报市政府办公室汇总。

德阳市人民政府办公室

2018年2月8日

2. 德阳市人民政府办公室关于印发《德阳市推进"放管服"改革2018年工作要点》的通知（德办发〔2018〕23号）

各县（市、区）人民政府、德阳经济技术开发区管委会、德阳高新技术产业开发区管委会，市级有关部门：

《德阳市推进"放管服"改革2018年工作要点》已经市政府同意，现印发给你们，请认真贯彻执行。

各地、各有关部门要坚持以习近平新时代中国特色社会主义思想为指导，在更大范围、更深层次继续推进"放管服"改革，推动"最多跑一次""互联网＋政务服务"、优化营商环境等改革事项取得重大突破；主要负责同志要坚持亲自抓，及时组织制订工作方案，量化工作目标，细化工作措施，进一步推动形成改革工作合力，确保各项重点任务落实。

德阳市人民政府办公室
2018 年 5 月 17 日

德阳市推进"放管服"改革 2018 年工作要点

为纵深推进"放管服"改革，按照国、省统一部署，结合我市实际，制定以下工作要点。

一、深化简政放权，加快推进政府职能转变

（一）做好省级下放行政审批事项的承接落实。对取消的行政审批事项及时取消，加强事中事后监管；对下放的行政审批事项，加强与上级业务主管部门的沟通衔接，确保"接得住、管得好"。（责任单位：市委编办、市级有关部门）

（二）继续清理规范行政权力事项。动态管理权力清单和责任清单，清理编制涉及综合行政执法体制改革部门的权责清单目录。按照省级统一部署，待《四川省行政权力清单（2018 年版）》公布后，清理并公布《德阳市行政权力清单（2018 年版）》。（责任单位：市委编办、市法制办）

（三）简化投资项目审批程序。推进投资项目在线审批监管平台应用，深入实施企业投资项目"承诺制"改革。加强行政审批中介机构管理。（责任单位：市发改委、市民政局）

（四）开展市场准入负面清单制度改革。按照国、省统一部署，实施准入管理的差异清单。（责任单位：市发改委）

（五）推进相对集中行政许可权改革。完善运行机制，推进县（市、区）行政审批局实质化规范化运行。及时总结试点工作，形成可复制可推广经验。（责任单位：市委编办、市政务服务中心）

（六）开展提升办理建筑许可便利度专项行动。实行规划、消防、环境保护等部门并联限时审批，探索实施多规合一、多评合一、多审合一、多图联审等管理模式，大幅减少建筑许可办理时间。（责任单位：市住建局、市城乡规划局、市环保局）

（七）落实工业产品生产许可证改革部署。抓好工业产品生产许可下放和简化审批程序工作的衔接落实，对取消生产许可证管理的产品实行抽查。（责任单位：市质监局）

（八）放宽社会领域行业准入。放宽医疗、养老、教育、文化、体育等社会领域准入门槛，减少许可限制和前置条件，进一步激发社会投资领域活力。（责任单位：市发改委、市教育局、市民政局、市文广新局、市卫健委、市体育局）

（九）优化快递业务经营许可程序。实施快递末端网点备案管理，实现许可备案事项网上统一办理，推动电子商务与物流协同发展。（责任单位：市邮政管理局）

（十）深化职业资格和职称改革。严格落实国家职业资格目录清单管理制度，监督指导相关部门（单位）清单之外不得开展职业资格许可和认定。做好省级下放的职称评审权承接落实，推动高校、科研院所、大型医院、大型企业和其他人才智力密集的单位按照管理权限开展自主评审，加强事中事后备案管理。（责任单位：市人社局）

（十一）推进教育卫生综合改革。组织实施第三期学前教育行动计划，有效解决学前教育入园难问题。推动城乡义务教育一体化发展。推进二级及以下医疗机构设置审批和执照登记"书证合一"。（责任单位：市教育局、市卫健委）

（十二）深化科技奖励制度改革。按照省级统一部署，逐步规范和简化科技奖励提名程序，完善分类评价标准，鼓励社会力量设奖，充分发挥奖励制度的激励导向作用。（责任单位：市科知局）

二、加强综合监管，深入推进监管方式创新

（十三）有序推进综合行政执法体制改革试点。严格规范公正文明执法，重点推进系统内、行业领域内执法队伍整合，解决多头执法、重复执法问题。（责任部门：市委编办、市法制办、市级有关部门）

（十四）加大减税降费力度。全面落实四川省减税降费各项政策措施，继续清理规范政府定价的经营服务性收费，加强行业协会商会收费监管，降低通关环节费用，推进全市各级有关部门行政事业性收费等目录清单向社会公示。（责任单位：市财政局、市发改委、市民政局、市国税局、市地税局）

（十五）清理规范行政审批涉及中介服务事项。根据国、省要求，编制出台市级中介服务事项保留目录，对保留清单实行动态调整。凡未纳入保留清单的，一律不得作为办理行政权力事项的前置条件。（责任单位：市发改委）

（十六）全面落实"双随机、一公开"监管工作要求。统筹推动全市行政执法部门开展"双随机、一公开"监管工作，进一步健全随机抽查系统，完善相关细则，积极推进综合监管和检查信息公开。（责任单位：市政府办公室、市级有

关部门）

（十七）强化招标投标领域全过程监管。缩小必须招标项目的范围，提高必须招标项目的规模标准。强化评标专家和专家库管理。严格招标投标执法监督，严肃查处规避招标、虚假招标、围标串标、借牌挂靠、转包和违法分包等违法违规行为。（责任单位：市发改委、市住建局、市交通局、市水务局、市政务服务中心）

（十八）推进社会信用体系建设。加快建立以信用承诺、信息公示为特点的新型监管机制，完善跨地区、跨部门、跨行业的失信联合惩戒机制。（责任单位：市发改委、市工商局、人行德阳中心支行）

（十九）加大知识产权保护力度。做好一站式知识产权举报投诉受理与执法维权工作，加强企业海外知识产权维权援助。（责任单位：市科知局）

三、深化"互联网＋政务服务"，协同推进服务型政府建设

（二十）大力实施"多证合一"改革。积极做好与国、省层面统一整合事项的对接。按照"成熟一批、整合一批"的原则，进一步清理整合涉企事项，再整合一批备案事项到营业执照上，进一步减少企业办理证照时间。（责任单位：市工商局）

（二十一）探索"证照分离"改革。建立涉企证照改革目录管理机制，推动部门间沟通衔接、信息共享和业务协同，强化部门反馈信息归集和公示，实现企业统一社会信用代码的"一码贯通"，尽可能减少审批发证。（责任单位：市工商局、市商务局）

（二十二）加快推进"最多跑一次"改革。按照全省加快推进"最多跑一次"改革工作要求，梳理"最多跑一次"事项清单，制定配套政策措施，2018年年底前"最多跑一次"事项达到80％以上。（责任单位：市政府办公室、市政务服务中心、市发改委）

（二十三）推进政务服务事项标准化。按照省级统一部署，推进同一政务服务事项类型、名称、编码、设定依据等基本要素统一，规范办事指南和审查工作细则，形成政务服务事项标准化规范。（责任单位：市政府办公室、市政务服务中心）

（二十四）加强乡（镇）、村（社区）便民服务中心建设。加快推进乡（镇）、村（社区）便民服务中心标准化规范化建设。将涉及个人审批事项下放到乡镇（街道）受理办理；涉及个人服务事项下放到村（社区）受理办理，为基层群众提供方便、快捷的服务。（责任单位：市政务服务中心）

（二十五）推动网上政务大厅和实体政务大厅融合发展。推进一体化政务服务平台应用，提高行政审批事项网办率和全程网办率。推进综合窗口设置和

12345 政务服务热线建设。提升政务服务事项网上办理比例，市、县比例达到
50％以上，逐步实现"一网办理、一门办理、一窗办理"。（责任单位：市政务服
务中心、市信访局）

（二十六）加快政务信息系统整合共享。加快市政务信息资源共享交换平台
建设，建立政府数据资源目录体系。加快部门内部的信息系统整合和信息共享，
加快数据开放工作。深化整合共享样板应用建设，推动共享信息资源嵌入部门业
务应用流程。（责任单位：市政府办公室、市级有关部门）

（二十七）加大政务公开力度。抓好财政预决算、重大建设项目批准和实施、
公共资源配置、社会公益事业建设等领域政府信息公开文件的贯彻落实，加快推
进基层政务公开标准化规范化试点，全面推行主动公开基本目录制度，不断提升
政务公开质效。（责任单位：市政府办公室、市级有关部门）

（二十八）深化公共资源交易平台整合。依托全省公共资源交易服务平台，
推动工程建设项目招标投标、政府采购、土地（矿权）出让和国有产权转让等四
大类公共资源交易信息共享，实现交易全流程电子化。（责任单位：市政府办公
室、市公共资源交易中心）

（二十九）规范优化公共服务事项办理。开展公共服务事项清理并公布目录，
完善办事指南和审查工作细则。选择不动产登记、户籍办理等群众办事频率较高
的办理事项重点推进，不动产登记 5 个工作日内完成，户籍办理便利程度大幅提
高。（责任单位：市政府办公室、市政务服务中心、市国土局、市公安局）

（三十）继续开展减证便民专项行动。巩固 2017 年行动成果，全面清理市、
县、乡、村四级涉及群众办事的不合法不合理证明和手续，凡是没有法律法规依
据的证明一律取消，完善市、县、乡、村四级保留事项清单。（责任单位：市政
府办公室、市政务服务中心）

（三十一）拓展"城市服务"内容。结合德阳市移动支付便民示范工程建设，
加快推进银联"云闪付"、支付宝、微信等的"城市服务"项目上线，积极推动
"城市服务"领域移动支付的互联互通，更大程度方便群众办事。（责任单位：市
政府办公室、市金融办、人行德阳中心支行、市级有关部门）

（三十二）加强电子政务应用。推广使用阿里巴巴钉钉智能办公软件，逐步
实现市、县、乡、村四级覆盖，完善全市电子通讯录。提高阿里巴巴钉钉平台使
用水平，在公文管理、电子审批等方面取得新突破。（责任单位：市政府办公室、
市级有关部门）

3. 德阳市工商行政管理局关于落实《省工商局商标分局贯彻大力实施营商
环境工程开展实施商标提升行动工作方案》的通知（德工商函〔2018〕79 号）

各县（市、区）工质局，经开区分局、直属分局、旌阳分局，市局相关

科室：

为落实省工商局《关于实施"地理标志商标精准扶贫工程"的通知》（川工商发〔2018〕1号）、《关于认真贯彻落实习近平总书记来川视察重要讲话精神大力实施六项工程的工作方案的通知》（川工商党〔2018〕48号）、《关于印发学习宣传贯彻习近平总书记来川视察重要讲话精神督查工作方案的通知》（川工商发〔2018〕24号）等精神，省工商局商标分局制订了《贯彻大力实施营商环境工程开展实施商标提升行动工作方案》，结合上级要求和德阳实际，现就落实方案通知如下。

一、总体任务

按照"政府主导、部门联动、企业主创、做强品牌"的原则，深入实施商标品牌战略，提高产品、服务的品牌价值和影响力，充分发挥商标品牌在企业优化经济结构、转换增长动力中的促进作用。2018年，有效注册商标力争达到19000件，力争注册申报地理标志商标1件，力争马德里国际商标注册申报12件，力争驰名商标认定申报1件，集中开展"商标助企大走访活动"不低于100户，力争8篇"讲好商标品牌故事"进入省局编辑的宣传册。深入开展"双打"工作，保护注册商标专用权。

二、任务分解

（一）持续推进商标品牌提升行动。按照"提质、增效、创品牌"工作任务，深入推进商标品牌提升行动，重点围绕机制建设、孵化培育、宣传推广、价值运用、专用权保护和队伍能力建设六个方面切实开展工作。〔时间：2018年12月底前，责任单位：各县（市、区）工质局、三分局、商广科〕

（二）加强商标国际化建设。紧紧抓住"一带一路"经济发展战略契机，引导企业重点开展马德里商标国际注册，按照目标任务，力争2018年新申报马德里国际商标注册12件（任务分解见：附件1）。〔时间：2018年12月底前，责任单位：各县（市、区）工质局、三分局、商广科〕

（三）持续开展"商标助企大走访"活动。从5月中旬开始至10月底，持续开展"商标助企大走访"活动，各局走访商标企业不低于10户。走访重点围绕服务业、农业、制造业、老字号和新经济业态等企业开展，主动帮助企业解决品牌建设中的实际难题。同时，请各局于6月15日和11月15日前，分别将走访活动情况小结和总结报送市局商广科张荣芳处。〔时间：2018年11月底前，责任单位：各县（市、区）工质局、三分局、商广科〕

（四）推进"讲好商标品牌故事"工作。从去年已投稿件中筛选具有悠久历史、文化传承、创业励志精神和诚信经营等经历或故事的稿件，按省局要求再次进行编辑，丰富稿件内容，每个局力争1篇"讲好商标品牌故事"进入省局编辑的宣传册。[时间：2018年10月底前，责任单位：各县（市、区）工质局、三分局、商广科]

（五）推进商标品牌化建设。加强对高知名商标的培育、推荐认定和保护工作力度，做好"冰川时代"商标的驰名认定重新申报工作。（时间：2018年12月底前，责任单位：商广科、什邡市工质局）

（六）加强地理标志证明商标培育、注册、使用和保护。

1. 结合"地标精准扶贫示范年"创建和"全省地理标志商标梯次培育库"的建设，请各局于5月23日前，填写《地标梯次培育库登记表》（详见：附件2）报送市局商广科张荣芳处，汇总后报省局"地理标志商标梯次培育库"。[时间：2018年5月23日前报，责任单位：商广科、各县（市、区）工质局、三分局]

2. 加强地标注册。2018年，力争完成"什邡烟叶""罗江花生"的知名商标注册申报。（时间：2018年12月30日前，责任单位：什邡市工质局、罗江区工质局、商广科）

3. 加强地标品牌推广。依托"中国国际商标品牌节·中华品牌博览会"展会平台，做好"川货全国行·唐山站"地标产品专馆组展、布展和商标品牌宣传推广工作。积极动员、组织地标产品入驻"四川商标品牌网"，推动地标产品与电商平台共同发展。（时间：2018年12月30日前，责任单位：中江县工质局、商广科）

4. 建立地标精准扶贫联系制度。按照当地党委、政府精准扶贫工作部署，中江确定1个地标扶贫工作指导联系点，市、县两级共同加强地标注册、管理、运用和保护的行政指导工作。5月23日前，中江县工质局将《地标扶贫工作指导联系点名单》（详见：附件3）报商广科张荣芳处。（时间：2018年5月23日前，责任单位：商广科、中江县工质局）

5. 开展"地标溯源"行动。5月至12月底集中开展中江挂面、中江丹参、中江芍药"地标溯源"行动，维护地理标志商标注册人的合法权益，营造公平竞争的市场环境。同时，相关工作总结请中江县工质局于12月25日前，报商广科张荣芳处。（时间：2018年12月底前，责任单位：中江县工质局、商广科）

（七）扎实推进商标富农工程。贯彻省政府办公厅《关于加强农产品品牌建设的意见》，落实品牌建设"五大工程"，持续支持川茶、川菜、川猪、川果、川药、川丝等"川字号"特色优势农产品，开展农业品牌培育、注册、宣传和保护工作。[时间：2018年12月底前，责任单位：各县（市、区）工质局、三分局、公交科、商广科]

（八）推进"双打"工作常态化。按照全国、省、市"双打"办工作部署和安排，持续推进 2018 年"双打"工作的有序开展，切实保护注册商标专用权。
[时间：2018 年 12 月底前，责任单位：公交科、商广科，各县（市、区）工质局、三分局]

    附件：

1. 《2018 年德阳市马德里商标注册目标任务》
2. 《地理标志商标梯次培育库登记表（2018—2020 年)》
3. 《地标扶贫工作指导联系点名单》

德阳市工商行政管理局

附件 1

2018 年德阳市马德里商标注册目标任务

序号	地区	目标任务（件）	备注
1	广汉	3	
2	什邡	2	
3	绵竹	2	
4	旌阳	1	
5	直属	1	
6	经开区	1	
7	罗江	1	
8	中江	1	

附件 2

地理标志商标梯次培育库登记表（2018—2020 年)

_____ 县（市、区）工质局、三分局

序号	所属县（区）	培育年度	地标名称	产品	地标培育主体名称	是否贫困县

序号	所属县（区）	培育年度	地标名称	产品	地标培育主体名称	是否贫困县

　　说明：各地要认真填写年度梯次培育目标，省局商标分局将汇总建成"全省地标培育库"；"地标库"为动态管理，如有变动请各地及时提交"登记表"；正在申请过程中的地理标志商标也要填报在内。5月23日前报送此表，表格可编辑。邮箱：2034564642@qq.com

　　附件3

地标扶贫工作指导联系点名单

中江县工质局 　　　　　　　　　　　　　　报送时间：　　年　　月　　日

所属市州	联系点名称	联系点地址	联系点负责人/联系电话	具体联系人/联系电话	备注
德阳					

　　说明：请于5月23日前报送此表，表格可编辑。邮箱：2034564642@qq.com

　　4.德阳市人民政府办公室关于印发《德阳市进一步优化营商环境工作方案》的通知（德办发〔2018〕72号）

　　各县（市、区）人民政府、德阳经济技术开发区管委会、德阳高新技术产业开发区管委会，市级有关部门：

　　《德阳市进一步优化营商环境工作方案》已经市政府八届四十一次常务会议审议通过，现印发给你们，请认真组织实施。

德阳市人民政府办公室

2018年11月28日

德阳市进一步优化营商环境工作方案

为加快建设四川经济副中心城市，推动经济高质量发展，全面优化提升发展政务环境、市场环境、社会环境，更好服务和支撑我市经济社会发展行稳致远，根据省政府办公厅《关于印发四川省进一步优化营商环境工作方案的通知》（川办发〔2018〕35号）精神，结合实际，制订本方案。

一、多措并举，确保行政审批提质增效

（一）简化企业开办和注销程序。进一步清理整合涉企事项，梳理并公布合并事项清单，实现企业统一社会信用代码"一码贯通"。积极压减企业开办时间，2019年上半年全市范围内压减至8.5个工作日。对无前置审批、企业名称核准与设立登记为同一机关的，企业设立登记办理时限压减至3个工作日以内。对申办简易注销登记的企业，简易注销公告期满无异议的，工商部门及时作出准予简易注销决定，审批时限压减至3个工作日内。（责任单位：市工商局、市公安局、市政务服务中心、市税务局等市级有关部门）

（二）加快不动产登记办理。开通外网申报系统，实行网上预审，不动产登记、房管、税务等部门实行网络互联互通。查封登记、注销查封登记、档案查询实现即时办理。基础数据信息齐全、权属情况清晰的各类不动产登记业务办理时限全面压缩至5个工作日（批量件除外），其中持《不动产权证书》（新证）办理不动产转移登记、抵押权登记的，时限压缩至3个工作日办结。（责任单位：市国土局、市政务服务中心）

（三）优化报建程序、压减工程建设项目审批时限

1. 取消合并相关事项。取消勘察、设计、施工、监理等4个合同备案事项，将建筑节能设计审查备案合并入施工图设计审查备案。探索实施多规合一、多评合一、多审合一、多图联审等管理模式，将消防设计审核、人防设计审查、防雷装置设计审核并入施工图设计审查。建筑施工现场安全监督手续、建设工程质量监督登记备案与施工许可合并办理。取消招标文件事前备案，改为事中事后监管。将人防许可证作为施工许可的前置，人防工程质量监督申报与防空地下室工程施工许可合并办理。民用建筑防空地下室审批、人防工程易地建设审批事项合并到规划设计方案审查一并进行。（责任单位：市住建局、市城乡规划局、市政务服务中心、市人防办、市公安消防支队等市级有关部门）

2. 优化审批事项程序。落实取消下放行政审批事项有关要求，环境影响评价、节能评价等评价事项不作为项目审批或核准前置条件，地震安全性评价在工程设计前完成即可，水土保持等其他评价事项在施工许可前完成即可。将供水、

供电、燃气、热力、排水、通信等市政公用基础设施报装提前到施工许可证核发后办理，竣工验收后直接办理接入事宜。［责任单位：市住建局、市发改委、市国土局、市环保局、市水务局、市政务服务中心、市公用事业局、德阳供电公司、市天然气公司等市级有关部门（单位）］

3. 探索实行"承诺制"改革。深入实施企业投资项目"承诺制"改革，在罗江区、广汉市、中江县开展企业投资项目"承诺制"试点，对通过事中事后监管能够纠正不符合审批条件的行为且不会产生严重后果的审批事项，实行告知承诺制。对已经实施区域评估的工程建设项目，相应的审批事项实行告知承诺制（环境影响评价除外）。开展企业投资项目"承诺制"试点的项目，力争在 60 日内开工建设。（责任单位：市发改委、市住建局、市城乡规划局、市政务服务中心等市级有关部门）

（四）全面推行联合审批。全面推行联合咨询、联合勘验、联合测绘、联合审图、联合验收模式，突出联合实效。探索推进地震安全性评价、水资源论证方案编制、地质灾害危险性评估、节能评价等事项由政府统一组织进行区域评估，切实减轻企业负担。（责任单位：市住建局、市水务局、市城乡规划局、市政务服务中心、市防震减灾局）

（五）压缩水电气报建报装时限。供水报装办理时限 100 户以内 22 个工作日、100 户至 500 户 27 个工作日、500 户以上 30 个工作日。供气报装办理时限减至 15 个工作日。用电报装办理时限压减至低压居民用户 7 个工作日、低压非居民用户 15 个工作日、高压单电源用户 30 个工作日、高压双电源用户 50 个工作日。［责任单位：市住建局、市政务服务中心、市公用事业局、德阳供电公司、市天然气公司等市级有关部门（单位）］

二、主动作为，努力减轻实体经济成本

（六）降低企业融资难度和成本。鼓励符合条件的企业利用银行间市场债务融资工具、公司债、企业债等各种债券融资，扩大直接融资比重，力争 2019 年超过 50 亿元。建设以政府性担保公司为主的融资担保体系，调整担保费率，推动降低企业综合融资成本。拓展贷款抵（质）押物范围，支持银行业金融机构大力开展与环境相关的收益权、排放权、排污权抵押贷款等业务。推动银行业金融机构知识产权、应收账款等质押融资业务发展。多渠道助力企业发展。（责任单位：市金融办、市发改委、市科知局、人行德阳中心支行、德阳银监分局）

（七）降低企业生产成本。认真落实国省降本减负政策措施。扩大直购电范围，向省上争取降低市场交易门槛，组织符合条件的企业参与市场交易。积极争取和落实资源地气价优惠和国家直供气政策，从源头上降低用气成本。工业企业用气入网费降低 50%，逐步取消入网费。积极推进工业用地弹性年期出让、先

租后让、租让结合供应，灵活确定工业用地的供应方式和使用年限。大力发展物流企业，改善物流车辆通行条件，加大对新能源物流车、冷链配送车、标准化配送车的便利通行支持力度。[责任单位：市经信委、市发改委、市住建局、市交通局、市商务局、德阳供电公司、市天然气公司等市级有关部门（单位）]

（八）进一步减轻企业负担。全面推进落实增值税税率下调1‰、统一增值税小规模纳税人标准、增值税留抵税额一次性退还等政策，继续执行阶段性降低企业社保缴费率政策，对国家规定收费标准有浮动幅度的涉企收费项目，按标准下限执行，围绕中介服务、进出口环节、工程建设等涉企收费重点领域，开展坚决有力的专项治理行动，压减各种不合理的前置评估和中介服务项目。落实涉企保证金清单制度，抓好涉企保证金清理规范工作（责任单位：市经信委、市发改委、市财政局、市人社局、市住建局、市税务局）

（九）积极支持企业职工培训和人才招引。对企业招用就业困难人员，签订1年以上劳动合同并缴纳社会保险的，按规定给予社会保险补贴和岗位补助。鼓励企业、专合社、扶贫车间等新兴农村经济实体吸纳贫困家庭劳动力就业，对签订1年以上劳动合同并参加社会保险的企业，可按规定给予奖补、社会保险补贴和岗位补助；被认定为市级就业扶贫基地，招用贫困劳动者达到5人的，给予2万元补助；超过5人的，按每人5000元标准给予补助，最高补助总额不超过10万元。对引进的领军人才，在用人单位给予的待遇基础上，可给予最高100万元安家补助、2万元/月的岗位津贴，并对参与全市重点（重大）项目评审等活动的领军人才，给予专项补助。领军人才（团队）带项目来我市创新创业，经评审认定给予项目经费资助；其中属国内顶尖、国际先进，对我市产业发展有重大影响、能带来重大经济和社会效益的项目，可给予最高2000万元的综合资助；对创办企业的，从优享受创业扶持政策；对国有企（事）业单位领军人才职务科技成果转化的收益，按不低于70%的比例划归成果完成人及其团队所有。实施"德创英才计划"，优化人才发展环境，到2022年培养以高技能人才为主的"德阳工匠"达到8万名以上。（责任单位：市人社局、市人才办、市科知局）

三、加强服务，着力提升便利化水平

（十）推进政务服务"网上办"。以四川省一体化政务服务平台德阳试点工作为契机，加快推进部门自有政务服务业务系统与省一体化政务服务平台对接，加快实现全程网上办理。2018年底基本实现群众和企业到政府办事"最多跑一次"。加快推进县级政务服务中心和乡（镇）便民服务中心标准化规范化建设，政务服务网络实现村（社区）全覆盖。（责任单位：市政府办公室、市政务服务中心、市金融办、人行德阳中心支行等市级有关部门）

（十一）提升企业纳税便利化水平。全面落实纳税人"最多跑一次清单"和

"全程网上办清单"，确保 2018 年底前纳税人报送材料精简 1/4 以上、办理涉税业务时限压减 1/3 以上。推行新办纳税人"套餐式"服务，一次办结多个涉税事项，全市范围内实现 100％的办税服务厅"一厅通办"服务模式，优化"线上申请、线下配送"便捷办票服务。（责任单位：市税务局）

（十二）提升企业跨境贸易便利化水平。推进国际贸易"单一窗口"应用，2018 年实现德阳国际贸易"单一窗口"口岸查验数据和指令对碰及信息共享。缩短对外贸易经营者备案登记、原产地证申领时限，符合条件的申请当即办理。实施"一次申报、分步处置"通关模式，提高系统自动审核放行比率。（责任单位：市商务局、市税务局、德阳海关、人行德阳中心支行）

（十三）提升外商投资便利化水平。严格执行修订后《中西部地区外商投资优势产业目录》，落实便利境外投资者以人民币进行直接投资的相关政策，推动行政区域内商业银行进一步完善和优化外商直接投资人民币结算业务流程，扩大跨境人民币结算量。对境外投资者在境内依法取得的利润、股息等收益，可依法以人民币或外汇自由汇出。工商注册地在市内的外商投资企业与内资企业在申报政府产业发展资金、市场拓展补贴、技改项目资金及贷款贴息方面享受同等扶持政策。在全市推行外商投资企业设立商务备案与工商注册登记实行"单一窗口、单一表格"受理。（责任单位：市商务局、市发改委、市工商局、人行德阳中心支行）

四、创新监管，保护企业合法权益

（十四）推进"双随机、一公开"联合监管。从 2019 年开始，制定全市年度双随机抽查计划，各级各部门不得在计划外开展日常检查。大力探索双随机联合执法，开展同一领域市县两级联合抽查，推进跨部门间专项联合执法，做到"一次入户、全面体检"，最大限度避免对正常生产经营活动的干扰。[责任单位：市政府办公室、市委编办（市审改办）、市城管执法局、市工商局、市法制办等市级有关部门]

（十五）加强社会信用体系建设。认真履行在招商引资、政府和社会资本合作等活动中与投资主体依法签订的各类合同，不得以政府换届、领导人员更替等理由违约毁约；因国家利益、公共利益或其他法定事由需要改变政府承诺和合同约定的，要严格依照法定权限和程序进行，并对企业和投资人因此而受到的财产损失依法予以补偿，建设诚信政府。建立健全信用"红黑名单"制度和信息共享公开。建立完善跨地区、跨部门、跨行业的信用修复机制、信息异议处理机制和联合惩戒机制。（责任单位：市发改委、市财政局、市工商局、市投促局、人行德阳中心支行）

（十六）依法保护企业合法权益。严厉打击违法犯罪行为，重点治理借征地、拆迁、补偿之机，向企业投资者索取钱物、强揽工程、强行供料、强买强卖、阻挠施工等行为。健全中国（德阳）知识产权维权援助中心工作机制，建立知识产权维权援助合作单位库和专家库。建立健全破产程序启动机制和破产重整企业识别机制，依法保护少数投资者权益。健全企业家参与涉企政策制定机制，整合各类行政服务投诉热线，建立统一的 12345 服务平台，确保投诉纠纷结案率 80%以上。（责任单位：市委群工部、市科知局、市公安局、市司法局、市法制办、市政务服务中心）

（十七）严格规范行政处罚裁量权。根据《四川省行政权力清单（2018 年版)》，动态调整权责清单。加大对企业吃、拿、卡、要行为的惩处力度和问责力度。行政执法机关对企业违法情节较轻且能主动消除或者减轻违法行为危害后果的，应当先责令改正，进行教育、告诫、引导，从轻或者减轻行政处罚，慎用查封、扣押、冻结等强制措施，规范涉案财产处置。对企业做出重大数额罚款和没收违法所得、非法财物，以及责令停产停业、吊销许可证或者执照等重大行政处罚，应当按照有关规定向同级政府法制部门备案。[责任单位：市法制办、市委编办（市审改办）]

（十八）构建"亲""清"新型政商关系。加强行业协会、商会建设，建立政府领导联系行业协会、商会制度，完善政企沟通机制，畅通与民营企业的交流沟通渠道。党政机关干部要亲商、爱商，坦荡真诚同企业家交往，树立服务意识，与企业家交朋友，了解企业经营情况，帮助解决实际困难，同企业家建立真诚互信、清白纯洁、良性互动的工作关系。（责任单位：市工商联、市发改委、市经信委、市工商局、市投促局等市级有关部门）

五、完善机制，确保工作落到实处

（十九）建立健全工作推进机制。各级各部门要深刻认识优化营商环境的重大意义，相关部门（单位）要出台配套政策措施，确保各项重点任务落地生效，加大督促检查力度，大力推动和督促落实各项政策措施。制定督查问责体系，对优化营商环境改革措施落实情况进行专项督查，严肃查处有令不行、有禁不止、上有政策、下有对策等行为，重点整治部分单位不担当、不作为、乱作为等突出问题。[责任单位：各县（市、区）政府、德阳经开区管委会、德阳高新区管委会]

（二十）建立营商环境评价和行业自律机制。以省开展市县营商环境试评价为契机，探索制定相关评价指标和评价办法，推广采用第三方评估方式，定期对各级各部门营商环境状况进行测评，并向社会公布。鼓励支持行业协会、商会等参与营商环境建设，推动行业协会、商会等制定行业管理标准和行业公约，加强行业自律。（责任单位：市发改委、市财政局、德阳调查队）

（二十一）加强宣传引导和政策解读。加大政务公开力度，开展优化营商环境政策宣讲系列活动，充分展示政府优化营商环境的决心和力度，增强企业获得感。形成人人关心营商环境、齐心协力优化营商环境的浓厚氛围。〔责任单位：市委宣传部等市级有关部门，各县（市、区）政府、德阳经开区管委会、德阳高新区管委会〕

5. 德阳市财政局关于印发《德阳市财政局推进优化营商环境工作方案》的通知（德市财综〔2019〕6 号)

各县（市、区）财政局，德阳经开区财政局，德阳高新区财政金融局：

《德阳市财政局推进优化营商环境工作方案》已经局党组办公会审议通过，现印发你们，请结合工作实际，抓好贯彻落实。

德阳市财政局

2019 年 3 月 13 日

德阳市财政局推进优化营商环境工作方案

按照《四川省人民政府办公厅关于印发四川省进一步优化营商环境工作方案的通知》（川办发〔2018〕35 号）《德阳市人民政府办公室关于印发德阳市进一步优化营商环境工作方案的通知》（德办发〔2018〕72 号）精神，依照《四川省财政厅关于印发〈四川省财政厅推进优化营商环境工作方案〉的通知》（川财综〔2018〕45 号），为充分发挥财政职能作用，积极主动推进优化我市营商环境，促进"放管服"改革取得更好成效，特制订本工作方案。

一、完善预算管理及资金管理。针对涉企预算在政府购买服务、投资评审、资金拨付等环节进行流程优化，提升服务效能，力求在财政部门的落实环节办事流程更加简化、便捷、高效，不因财政资金审批流程烦琐和拨付流程冗长而影响涉企项目实施；对涉及拨付企业的资金，做到即审即付，确保财政资金及时拨付到相关企业。组织对市级部门预算和专项预算支出项目进行清理，对不利于优化营商环境的支出预算安排项目及时提请市政府同意予以取消，统筹用于保障涉及优化营商环境的相关支出，确保财政政策促进、推动营商环境加快改善。（责任科室：各相关业务科室及单位）

二、优化财政行政审批管理。持续深化行政审批制度改革，调整财政行政权力事项，及时公布财政行政权力事项目录清单。深化"互联网＋政务服务"，推行财政政务服务一体化、标准化建设，建立规范、科学、系统、完整的政务服务

标准化体系，提高政务服务效能。（责任科室：财税法规会计科）

三、提升财政管理服务水平。加快推动"互联网＋财政管理"，全面提升现代财政管理水平。及时发布促进经济发展财政政策，建立动态更新机制，确保政策及时有效公开。优化涉税管理服务，简化免税资格认定程序，推进办理工作便利化。建立重大投资项目财政投资评审"绿色通道"，优化评审组织方式，加强沟通协调、提升评审效率，限时办结。为 PPP 项目参与各方提供技术指导和信息参照。（责任科室：各相关业务科室及单位）

四、全面落实减税降费政策。配合税务部门贯彻落实国家出台的营改增试点、调整增值税税率、西部大开发、小微企业、高新技术企业等各项税收优惠政策。要切实降低制度性交易成本，不折不扣贯彻落实国家清理规范收费基金各项政策措施，进一步清理规范涉企行政事业性收费，不断完善收费基金目录清单管理制度和收费公示制度，提高收费政策透明度。强化已出台降费政策监督检查，加大对乱收费的查处和整治力度，保障政策实施效果。继续执行阶段性降低企业社保费率政策和阶段性适当降低企业住房公积金缴存比例政策。（责任科室：财税法规会计科、综合科、社会保障科）

五、完善政府采购监督管理。推广实施政府采购不收取保证金和保函替代保证金政策措施，降低供应商参加政府采购活动的制度交易成本。严禁政府采购领域对市场主体实行差别待遇和歧视待遇。严禁政府采购监管工作人员向采购单位推荐采购代理机构。深入开展"互联网＋政府采购"行动，积极推动完善电子化交易平台，提高政府采购效率，提升参与政府采购活动的便捷度。（责任科室：政府采购监督管理科）

六、规范财政行政执法行为。根据法律、法规、规章立改废情况，进一步梳理、压缩行政处罚自由裁量权空间，优化调整裁量标准。推行行政执法公示制度、执法全过程记录制度、重大执法决定法制审核制度，促进行政执法公开透明、合法规范。深入推进"双随机、一公开"工作，杜绝权力滥用，促进执法科学化规范化法治化，切实减轻企业负担。（责任科室：财税法规会计科、各执法科室及单位）

七、改进和完善财政监督。切实履行财政监督检查职责，加强对企业的财政奖补资金检查力度，充分发挥财政监督服务宏观调控和财政管理，保障财税政策执行。全面提升会计信息质量检查水平，力求财政监督检查公正公平、合理合法，为打造公平竞争的营商环境提供支持。（责任科室：财政监督检查分局及相关业务科室）

八、推进财政资金分配权力下放。积极推动定向财力转移支付改革，将项目决策权和资金管理权赋予县（市、区），充分调动县（市、区）政府推动发展的积极性；落实招商引资激励奖补、县域经济发展激励、PPP 综合补助等政策。

（责任科室：各相关业务科室）

九、创新财政支持发展方式。通过争取中央及省支持、贷款贴息、激励奖补、政府引导基金撬动等，支持重点领域和重大产业发展；继续实施财政金融互动政策，转变财政支持方式，促进提升金融服务实体的水平；深入推进供给侧结构性改革，推进落实"三去一降一补"重点任务，减轻企业负担，防范化解重大风险；完善政策性融资担保体系，着力改善企业融资环境；发挥政府采购政策功能，积极推进政府采购信用融资政策和专门面向中小企业采购政策。切实助力解决中小企业融资难、融资贵、资金不足和竞争力不足的问题。（责任科室：各相关业务科室）

十、集中资金聚焦重点领域发展。调整优化支出结构，推动部门协调、政策衔接和资金整合，把有限的财政资金聚焦于经济发展的重点方面。在产业领域上，重点支持打造世界级重大装备制造基地和传统产业转型升级，尽快形成"5+5+1"现代产业发展新体系。在支持环节上，重点支持科技研发创新、成果转化应用、科学技术普及、技术改造升级。在支撑服务上，重点支持"营商环境工程"建设，强化市场服务，加强市场监管，维护公平竞争。（责任科室：预算科、各相关业务科室）

十一、加强财政干部队伍建设。理顺财政职能职责，优化内设机构设置。进一步加强干部教育管理监督，激励干部担当作为，着力打造一支为民务实、清正清廉的干部队伍。

贯彻落实中央八项规定精神和省、市十项规定及其实施细则精神，继续强化党风廉政建设，构建"亲""清"新型政商关系，聚焦优化营商环境工作中的"四风"问题新动向新表现，抓早抓小、防患未然。（责任科室：局机关党委、政工人事科、各相关业务科室）

十二、建立工作推进情况定期报送机制。各相关业务科室（单位）应对照本方案要求，加速推进相关工作，于每季度末月 28 日前向局优化营商环境财税政策及管理领导小组报送工作推进情况和下一步工作打算。领导小组办公室对全局推进情况进行全面评估，并将评估结论向局党组报告。（责任科室：综合科、各相关业务科室及单位）

十三、加强督促问效和宣传解读。加大日常督促检查力度，建立督查台账，推动各相关业务科室（单位）落实各自任务，并将落实情况纳入年度绩效考核。各相关业务科室（单位）要每月梳理工作进展，在优化营商环境相关政策出台、工作推进取得重大成效等时点组织撰写宣传解读材料，办公室综合运用局门户网站、德阳财政微博、报纸杂志等媒体形式强化宣传。（责任科室：办公室、综合科、各相关业务科室及单位）

十四、系统联动推动。在省级财政率先引领示范推动的基础上，各县（市、区）财政部门都要参照省财政厅优化营商环境工作方案，及时制订本单位的推进优化营商环境工作方案，并报市财政局备案。

6. 德阳市人民政府办公室关于印发《德阳市"营商环境提升年"工作推进方案》的通知（德办发〔2019〕32 号）

各县（市、区）人民政府、德阳经济技术开发区管委会、德阳高新技术产业开发区管委会，市级各部门：

《德阳市"营商环境提升年"工作推进方案》已经市政府八届五十五次常务会议审议通过，现印发给你们，请认真组织实施。

德阳市人民政府办公室

2019 年 7 月 19 日

德阳市"营商环境提升年"工作推进方案

为进一步营造稳定公平透明、可预期的营商环境，更好服务经济高质量发展，奋力打拼全省经济副中心城市，根据《四川省人民政府办公厅关于印发落实优化营商环境政策重点任务分工方案》（川办发〔2019〕23 号）要求，结合我市实际，特制订本方案。

一、总体要求

全面贯彻党的十九大精神，以习近平新时代中国特色社会主义思想为指导，坚持新发展理念，以服务企业和民生需求为导向，对标国际国内营商环境评价体系，全面建设竞争有序的市场环境、开放包容的贸易环境、支撑有力的金融环境、高效便捷的政务环境、宽松优越的税费环境、公平公正的法治环境、规范严明的监管环境、科学透明的政策环境，积极打造国内一流、西部领先的营商环境高地。

二、主要目标

截至 2019 年底，主要指标和重要改革取得突破性进展，政务服务事项网上可办率达到 100%，全面实现"一网通办"和"最多跑一次"，开办企业全流程办理压缩到 3 个工作日内，工程建设项目全流程审批时间按项目分类控制在 70、80、90、100 个工作日内，不动产登记实现 1 个工作日办结，获得电力办理时限压减一半以上，整体营商环境大幅改善，各项指标排名全省前列。

三、重点任务

（一）营造更加竞争有序的市场环境

1. 全面实施《市场准入负面清单（2018 版）》，推动"非禁即入"达到普遍落实，对市场准入负面清单以外的行业、领域、业务等，各类市场主体皆可依法平等进入。

牵头单位：市发改委、市商务局

责任单位：市经外局、市市场监管局

完成时限：持续推进

2. 依托投资项目在线审批监管平台，建立面向民间资本推介项目长效机制。每年集中推荐 2 次，日常由项目业主通过投资项目在线监管平台，自主选择是否愿意向民间资本发布项目推荐清单，支持社会资本组建或参股相关产业投资基金，在扶贫攻坚、生态环保、交通运输、基础设施、战略性新兴产业、全域旅游、能源、水利等领域落实一批高质量的项目吸引社会资本参与；民间资本投资教育、卫生、养老等社会事业领域项目，在土地使用、用水用电、税费征收等方面享受与政府投资项目同等待遇。

牵头单位：市发改委

责任单位：市级有关部门（单位）

完成时限：持续推进

3. 继续规范有序推进政府和社会资本合作（PPP）项目建设。督促依法依规落实已承诺的合作条件，协助解决推进问题，协调落实建设条件，加快项目进度。不断优化 PPP 投资环境，引导社会资本投入基础设施和公共服务领域。

牵头单位：市财政局、市发改委

责任单位：市级有关部门（单位）

完成时限：持续推进

4. 组织开展招投标领域专项整治。消除在招投标过程中对不同所有制企业设置的各类不合理限制和壁垒，严格落实《必须招标的工程项目规定》，落实社会投资的房屋建筑工程建设单位发包自主权。

牵头单位：市发改委

责任单位：市级有关部门（单位）

完成时限：2019 年 8 月底前

5. 清理地方保护和行政垄断行为。全面执行公平竞争审查制度，清理废除妨碍统一市场和公平竞争政策文件，不得以规范性文件、会议纪要等任何形式对社会资本设置附加条件、歧视性条款和准入门槛，持续查处并按年度公布行政垄断案件，纠正滥用行政权力排除限制竞争行为。

牵头单位：市市场监管局

责任单位：市级有关部门（单位）

完成时限：2019 年 8 月底前

6. 加强诚信政府建设。建立健全"政府承诺＋社会监督＋失信问责"机制。凡是对社会承诺的服务事项，都要履行约定义务，接受社会监督，没有执行到位的要有整改措施并限期整改，对整改不到位、严重失职失责的要追究责任。梳理和公开政府对企业失信事项，梳理项目投资、政府采购、招标投标、社会管理等领域向企业承诺的事项清单，在政府门户网站公开并接受监督，按季度进行动态梳理和公开，切实做到"政府承诺＋社会监督＋失信问责"的全过程监管。

牵头单位：市发改委

责任单位：市财政局等市级有关部门（单位）

完成时限：2019 年 8 月底前

7. 研究建立因政府规划调整、政策变化造成企业合法权益受损的补偿救济机制。加大政府欠款清偿力度。

牵头单位：市发改委、市财政局

责任单位：市国资委

完成时限：2019 年 8 月底前

（二）营造更加支撑有力的金融环境

8. 创新小微企业融资方式。抓好支小再贷款、小微企业金融债券、知识产权质押融资等相关政策落实，加强对金融机构借用支小再贷款资金及利率的监测、考核。

牵头单位：人行德阳中心支行

责任单位：市金融局、市市场监管局、德阳银保监分局

完成时限：2019 年 8 月底前

9. 鼓励银行业金融机构对民营企业加大信贷支持力度。督促金融机构建立与小微信贷投放挂钩的绩效考核激励机制。

牵头单位：市金融局

责任单位：市市场监管局、人行德阳中心支行、德阳银保监分局

完成时限：2019 年 8 月底前

10. 加大创业担保贷款贴息资金支持。探索通过财政出资引导社会资本投入，设立高校毕业生就业创业基金。建设以政府性担保公司为主的融资担保体系，推动降低综合融资成本。

牵头单位：市人社局

责任单位：市财政局、市金融局、市市场监管局、人行德阳中心支行、德阳银保监分局

完成时限：持续推进

11. 积极推进"银税互动"。鼓励商业银行依托纳税信用信息创新信贷产品，搭建银税合作信息共享平台，推动税务、银行信息互联互通。

牵头单位：德阳银保监分局

责任单位：市金融局、市税务局、人行德阳中心支行

完成时限：2019年12月底前

12. 督促有关银行业金融机构坚决取消各类违规手续费并查处违规收费行为。除银团贷款外，不得向小微企业收取贷款承诺费、资金管理费，严格限制向小微企业收取财务顾问费、咨询费等费用，减少融资过程中的附加费用，降低融资成本。

牵头单位：德阳银保监分局

责任单位：市金融局、市市场监管局、人行德阳中心支行

完成时限：持续推进

（三）营造更加开放包容的贸易环境

13. 切实保障外商投资企业公平待遇。严格执行修订后的《外商投资产业指导目录》《中西部地区外商投资优势产业目录》。落实企业注册地在市内的外商投资企业与内资企业在申报政府产业发展资金、市场拓展补贴、技改项目资金及贷款贴息方面享受同等扶持政策。

牵头单位：市经外局

责任单位：市市场监管局、市财政局、市经信局、人行德阳中心支行

时限要求：持续推进

14. 进一步促进外商投资。落实便利境外投资者以人民币进行直接投资的相关政策，推动我市商业银行进一步完善和优化外商直接投资人民币结算业务流程，扩大跨境人民币结算量。在全市推行外商投资企业设立商务备案和注册登记"单一窗口、单一表格"受理。

牵头单位：市经外局

责任单位：人行德阳中心支行、市市场监管局

完成时限：2019年12月底前

15. 提升跨境贸易便利化水平。推进国际贸易"单一窗口"应用，缩短对外贸易经营者备案登记、原产地证申领时限，符合条件的当即办理。2019年7月底前，通过国际贸易"单一窗口"，报关覆盖率达到90%以上。

牵头单位：市商务局

责任单位：德阳海关

完成时限：2019年7月底前

16. 完成与现行开放政策不符或不相适应的市本级制度和规范性文件的废止

或修订工作。

　　牵头单位：市商务局

　　责任单位：市发改委、市司法局等市级有关部门（单位）

　　完成时限：2019年7月底前

　　（四）营造更加高效便捷的政务环境

　　17. 深化相对集中行政许可权改革。深化各县（市、区）相对集中行政许可权改革，探索推进市本级相对集中行政许可权改革和园区"一枚印章管审批"的审批权限集中下放改革创新。

　　牵头单位：市政务和大数据局（市审改办）

　　责任单位：市司法局、市委编办等市级有关部门（单位），德阳经开区管委会

　　完成时限：2019年12月底前

　　18. 全面推进审批服务综合柜员制。深化"最多跑一次"改革，完善一窗受理系统，探索无差别受理模式，聚焦不动产登记、市场准入、企业投资、建设工程、民生事务等办理量大、企业和群众关注度高的重点领域重点事项，在各级政务服务大厅整合设置综合受理窗口，实行"一窗受理、分类审批、统一出件"工作模式。2019年12月底前，市、县两级政务服务中心100%完成分类综合窗口改造，70%以上政务服务事项实现"一窗分类受理"。

　　牵头单位：市政务和大数据局

　　责任单位：市级有关部门（单位）

　　完成时限：2019年12月底前

　　19. 进一步规范全市投资审批事项，优化投资审批流程。按照《全国投资项目在线审批监管平台投资审批管理事项统一名称清单（2018年版）》《全国投资项目在线审批监管平台投资审批管理事项申请材料清单（2018年版）》，统一事项名称和申请材料，重新修订办事指南，不得要求项目单位提供清单之外的申请材料，实现各类投资审批在线并联办理。

　　牵头单位：市发改委

　　责任单位：市级有关部门（单位）

　　完成时限：2019年8月底前

　　20. 推进投资项目"告知承诺制"改革。围绕"企业办事最急、群众办事最需、要件管理最活"，进一步修订完善容缺预审、容缺补齐、一诺即办事项的内容和规则，建立健全容缺管理可量化、可控制、可操作的制度机制。根据国、省出台的指导性文件，推进各县（市、区）和德阳经开区开展企业投资项目"告知承诺制"试点，并逐步扩大到全市。

　　牵头单位：市发改委

责任单位：市住建局、市自然资源局、市政务和大数据局、市级有关部门（单位），各县（市、区）政府，德阳经开区管委会

完成时限：2019 年 8 月底前

21. 推进工程建设项目审批制度改革。按照国、省级层面出台的指导意见，启动全流程、全覆盖工程建设项目审批制度改革，积极争取省级试点。力争 2019 年上半年，全市工程建设项目审批时间压缩至 120 个工作日以内，2019 年底前将一般政府投资项目全流程审批总用时控制在 100 个工作日内；一般社会投资项目控制在 90 个工作日内；中小型社会投资项目控制在 80 个工作日内；带方案出让用地项目和园区内工业、仓储及生产配套设施项目控制在 70 个工作日以内。进一步完善投资项目审批体系，实现"一张蓝图"统筹项目实施、"一个系统"实施统一管理、"一个窗口"提供综合服务、"一张表单"整合申报材料、"一套机制"规范审批运行。

牵头单位：市住建局

责任单位：市自然资源局、市政务和大数据局等市级有关部门（单位）

完成时限：2019 年 12 月底前

22. 探索推行区域评估。在各类经济开发区（含高新技术开发区、工业园区、开发区等）新区、产业聚集区、特色小镇以及县级以上政府确定的其他区域，推行"区域评估"。由区域管理机构根据实际情况统一组织对环境影响评价、节能报告评审、地震安全性评价、地址灾害危险性评估、水土保持方案、防洪影响评价、考古调查勘探和文物影响评估、建设项目安全评价、压覆矿产资源调查评估、交通影响评价、航空限高评估等事项实行区域评估，形成整体性、区域化评估结果。除特殊工程和重大工程外，区域内工程建设项目共享区域综合评估评审结果，不再单独编报评估评审。环境影响评价待有权机关授权或法律法规修改完善后纳入"区域评估"。实行区域评估的，各地应在土地出让或划拨前，将相关建设要求告知建设单位。2019 年 6 月底前，各区域管理机构征求相关行业主管部门意见，制订本地区"区域评估"的具体实施方案，各行业主管部门牵头制定行业领域区域评估实施细则；2019 年 10 月底前，各区域管理机构按程序委托具有相应资质或相关条件的评估评审机构进行评估评审，编制区域评估评审结果；2019 年 11 月底前，由各相关行业主管部门对各专项评估成果报告组织技术审查，明确适用范围、条件和效力，采取适当形式向社会公开；2019 年 12 月底前，行政审批部门主动公开区域评估结果适用条件及负面清单，简化申办环节和申报材料，行政审批部门受理后，确实符合条件的直接按照区域评估结果出具意见；不符合适用条件的，书面告知建设单位按照正常程序办理。

牵头单位：市自然资源局

责任单位：市发改委、市生态环境局、市水利局、市交通局、市应急局等市

级有关部门（单位），各县（市、区）政府、德阳经开区管委会

完成时限：2019 年 12 月底前

23. 深化商事制度改革。进一步推进"证照分离"改革和全流程企业网上注册登记，简化企业开办和注销程序，自加压力，2019 年上半年企业开办时间全市范围内压减至 5 个工作日；2019 年 7 月底前，实现企业开办流程（主要包括企业设立登记、公章刻制、申领发票、办理社保四个环节）各个环节实现"一日办结"，全流程压缩到 4 个工作日内；2019 年 8 月底前，企业开办全流程压缩到 3 个工作日内；进一步梳理和优化企业"一件事"办理流程，2019 年 10 月底前实现涉企关联事项"一个窗口、一套资料、一次办理"。促进企业开办全流程网上办理，最多跑一次甚至一次不用跑即可办完企业开办所有手续。简易注销审批时限压减至 3 个工作日内，编制公布统一的企业注销操作指南，建立容缺机制，支持未开业和无债权债务企业快速退出市场。

牵头单位：市市场监管局

责任单位：市政务和大数据局、市公安局、市税务局等市级有关部门（单位）

完成时限：2019 年 10 月底前

24. 加快不动产登记办理。推动"互联网＋不动产登记"工作，健全与公用事业联办机制，推动不动产登记与水电气网络联动过户事项综合受理、集成服务。进一步缩短不动产登记时间，将存量房（二手房）交易转移登记时限全面压减至 1 个工作日以内；增量房（新建商品房）交易转移登记时限压减至 3 个工作日。不动产抵押登记时间压减至 3 个工作日。力争 2019 年底，在系统整合到位、数据共享充分的条件下，实现不动产一般登记业务"一小时全流程即时办"目标。

牵头单位：市自然资源局

责任单位：市税务局、市政务和大数据局、市住建局、德阳供电公司、德阳天然气公司等市级有关部门（单位）

完成时限：2019 年 12 月底前

25. 清理各类变相审批和许可。对以备案、登记、注册、目录、年检、监制、认定、认证、专项计划等形式变相设置审批的违法行为进行专项整治。

牵头单位：市推进政府职能转变和"放管服"改革暨政务公开协调小组

完成时限：2019 年 10 月底前

26. 推进政务服务标准化建设。按照全省统一要求，进一步清理公布"马上办、网上办、就近办、一次办"审批服务事项目录，动态调整公共服务事项清单。进一步做好省一体化政务服务平台试点工作，制定全市统一的政务服务事项规范标准、办事指南、实用手册和申报材料规范，全面消除审批服务中的模糊和

兜底条款，构建和完善形式直观、易看易懂的审批服务事项办理流程图，在全市范围内实现同一事项同等条件无差别办理。提升政务服务质量，建立政务服务满意度调查机制，并纳入绩效考核。

牵头单位：市政务和大数据局

完成时限：2019 年 10 月底前

27. 优化获得水电气服务。供水、供电、燃气等市政公用服务窗口入驻政务服务中心，实行统一规范管理，建立工程建设项目行政事业性收费"一站式"服务窗口，提供"一站式"服务。进一步压缩水电气报建报装时限，实现供水报装办理时限 100 户以内 22 个工作日、100～500 户 27 个工作日、500 户以上 30 个工作日。供气报装办理时限减至 15 个工作日（农村用户除外）。实现用电报装办理时限压减至低压居民用户 7 个工作日、低压非居民用户 15 个工作日、高压单电源用户 30 个工作日、高压双电源用户 50 个工作日。

牵头单位：市住建局（市公用事业局）

责任单位：德阳供电公司、德阳天然气公司、市政务和大数据局等市级有关部门（单位）

完成时限：2019 年 8 月底前

（五）营造更加宽松优越的税费环境

28. 组织落实货车年审、年检和尾气排放检验"三检合一"等政策。2019 年 6 月底前，公布货车三检合一检验检测机构名单，全面实现一次上线、一次检测、一次收费。

牵头单位：市公安局

责任单位：市交通局、市市场监管局、市生态环境局

完成时限：已完成

29. 查处整治公章刻制领域行政垄断案件。严禁指定公章刻制企业，纠正和制止垄断经营、强制换章、不合理收费等现象。

牵头单位：市公安局

责任单位：市市场监管局

完成时限：持续推进

30. 加强对教育、医疗、电信、金融、公证、供水供电等公共服务领域收费的监督检查。

牵头单位：市市场监管局

责任单位：各行业主管部门

完成时限：持续推进

31. 进一步清理和整治政府部门下属单位、行业协会商会、中介机构等乱收费行为。落实中央、省各项减费降费政策，依法整治"红顶中介"，取缔违法违

规收费，纠正由中介机构和部门下属单位进行的变相审批现象。推动金融类协会规范合理收取会费、服务费。检查行业协会商会收费情况，建立健全行业协会商会乱收费投诉举报和查处机制。

牵头单位：市发改委

责任单位：市市场监管局、市财政局、市金融局、市民政局、市国资委、人行德阳中心支行、德阳银保监分局等市级有关部门（单位）

完成时限：持续推进

32. 深化减税和纳税便利化改革。全面落实中央、省各项减税降费政策，推进落实增值税税率降低，增值税期末留抵税额退税等政策。全面推广涉税事项网上办理，落实纳税人"最多跑一次清单"和"全程网上办清单"，推行新办纳税人"套餐式"服务，一次办结多个涉税事项，全市范围内实现100%的综合性办税服务厅"一厅通办"服务模式，优化"线上申请、线下配送"便捷办票服务。

牵头单位：市税务局

完成时限：2019年10月底前

33. 开展工程项目保证金专项清理。抓好涉企保证金规范工作，严格执行已公布的涉企保证金目录清单。进一步降低涉企保证金缴纳标准，推广以银行保函替代现金缴纳保证金。

牵头单位：市住建局

完成时限：2019年8月底前

34. 加强对厂房租金的监督检查，严厉打击囤积厂房、哄抬租金等违规行为。

牵头单位：市市场监管局

完成时限：持续推进

35. 进一步降低涉企收费。对国家规定收费标准有浮动幅度的涉企收费项目按标准下限执行。围绕中介服务、进出口环节、工程建设等涉企收费重点领域，开展坚决有力的专项治理行动，压减各种不合理的前置评估和中介服务项目。对接制定降低社保费率具体实施办法。

牵头单位：市市场监管局

责任单位：市发改委、市财政局、市人社局

完成时限：2019年8月底前

36. 降低企业用电用气成本。认真落实国、省降本减负政策措施。扩大直购电范围，争取和落实资源地气价优惠和国家直供气政策，从源头上降低用电用气成本。

牵头单位：市经信局、市发改委

责任单位：德阳供电公司、德阳天然气公司

完成时限：持续推进

37. 降低企业用地成本。积极推进工业用地弹性年期出让、先租后让、租让结合供应，灵活确定工业用地的供应方式和使用年限。

牵头单位：市自然资源局

责任单位：市经信局、市发改委

完成时限：持续推进

38. 降低企业物流成本。大力发展物流企业，改善物流车辆通行条件，增设物流车辆办证绿色通道，提高对物流车辆便利通行支持力度。

牵头单位：市交通局

责任单位：市公安局、市商务局

完成时限：2019 年 7 月底前

（六）营造更加公平公正的法治环境

39. 加快知识产权保护体制机制建设。健全中国（德阳）知识产权维权援助中心工作机制，建立知识产权维权援助合作单位库和专家库，开展"互联网＋"知识产权保护工作，加大中小微企业知识产权维权的援助。加快完善知识产权纠纷多元解决机制，健全知识产权纠纷的争议仲裁和快速调解制度。

牵头单位：市市场监管局

责任单位：市司法局、市中级人民法院

完成时限：2019 年 10 月底前

40. 强化商事案件司法保障。依法审理涉及民营企业的金融借款、融资租赁、民间借贷等案件，支持民营企业多渠道融资。坚持依法保障劳动者合法权益与企业生存发展并重的理念，通过和解、调解等方式，妥善审理涉民营企业劳动争议案件，促进企业与劳动者共渡难关、互利共存、共赢发展。建立健全破产程序启动机制和破产重整企业识别机制，依法保护投资者利益。

牵头单位：市中级人民法院

责任单位：市市场监管局

完成时限：2019 年 10 月底前

41. 严厉打击侵害企业权益的违法犯罪行为。重点治理借征地、拆迁、补偿之机，向企业投资者索取钱物、强揽工程、强行供料、强买强卖、阻挠施工等行为。

牵头单位：市信访局

责任单位：市公安局

完成时限：持续推进

（七）营造更加规范严明的监管环境

42. 加强事中事后监管。对接制订加强和规范事中事后监管实施方案，推动事中事后监管信息与政务服务深度融合。

牵头单位：市市场监管局

完成时限：2019 年 10 月底前

43. 推进"双随机、一公开"联合监管。从 2019 年开始，制定全市年度双随机抽查计划，各级各部门不得在计划外开展日常检查。大力探索双随机联合执法，开展同一领域市、县两级联合抽查，推进跨部门专项联合执法，做到"一次入户、全面体检"。

牵头单位：市市场监管局

责任单位：市政务和大数据局（市审改办）、市城管执法局、市司法局等市级有关部门（单位）

完成时限：2019 年 12 月底前

44. 创新市场监管方式。推进"双随机、一公开"监管、信用监管、大数据监管、"告知承诺＋事中事后监管"等新型监管方式。加快推进质量认证体系建设。加快信用体系建设，落实重点领域联合奖惩备忘录。加快推进"互联网＋监管"系统建设，形成"互联网＋监管"事项清单。

牵头单位：市市场监管局

责任单位：市发改委、市政务和大数据局等市级有关部门（单位）

完成时限：2019 年 12 月底前

45. 坚决纠正"一刀切"式执法，规范自由裁量权。细化量化行政处罚标准，防止执法随意、标准不一等。

牵头单位：市司法局

责任单位：市级有关执法部门（单位）

完成时限：2019 年 8 月底前

46. 规范执法办案经费和罚没收入管理。将行政执法机关办案经费按规定纳入预算管理，禁止将罚没收入与行政执法机关利益挂钩，对违规行为进行整改和问责。

牵头单位：市财政局

责任单位：市审计局

完成时限：2019 年 11 月底前

（八）营造更加科学透明的政策环境

47. 组织开展营商环境评价。参照国、省营商环境评价做法，结合世界银行营商环境评价指标体系，对接国家和全省营商环境评价指标体系，建立常态化评价与集中评价相结合的工作机制，对接省上开展营商环境评价工作。

牵头单位：市发改委

完成时限：2020 年 1 月底前

48.增强对政策制定实施的科学性和透明度。建立健全企业家参与涉企政策制定机制，制定出台政府重大经济决策主动向企业家和行业协会商会问计求策的操作办法，完善与企业的常态化联系机制。

牵头单位：市司法局

责任单位：市发改委、市经信局、市商务局、市工商联

完成时限：2019 年 12 月底前

49.强化政策宣传解读和舆论引导。加大政务公开力度，开展优化营商环境政策宣讲系列活动，对已出台的优化营商环境政策措施及时跟进解读，对于市场主体关注的重点难点问题，要及时研究解决，回应社会关切，合理引导预期。

牵头单位：市政务和大数据局

责任单位：市级有关部门（单位）

完成时限：持续推进

50.加强对政策落实的督促检查。加快完善整合 12345 政务服务热线，设立营商环境投诉举报和查处回应制度，及时纠正发现的问题，并公开曝光营商环境反面典型案例。

牵头单位：市政务和大数据局

责任单位：市信访局

完成时限：2019 年 12 月底前

四、有关要求

（一）加强组织领导。各级各部门要深刻认识优化营商环境的重大意义，相关部门（单位）要出台配套政策措施，确保各项重点任务落地落实，加大督促检查力度，大力推动和督促落实各项政策措施。

（二）细化责任目标。市级各部门（单位）要根据本方案，制定细化推进措施，进一步量化年度目标任务，实施项目清单式管理，主动作为，统筹推进，确保责任到位，确保各项工作不折不扣落实到位。各牵头单位要在本方案印发后 20 个工作日内制定实施计划，报市发改委，并抄送市委目标办、市政务和大数据局。每月 5 日前将《德阳市"营商环境提升年"实施计划及进度表》报市发改委，并抄送市委目标办、市政务和大数据局。

（三）严格考核评价。将营商环境建设工作纳入年度重点工作内容，定期不定期对工作推进落实情况进行跟踪督查和交办督办，强化正面激励和反面曝光。市纪委监委要针对优化营商环境出台执纪监督治息政的相关细则。

（四）深化总结评估。各责任单位要形成本领域改革经验，有案例、有数据、有举措、有实绩，能客观反映我市各领域营商环境改革工作成效，及时向市发改委、市政务和大数据局报送改革动态和成效。

（五）强化舆论宣传。充分利用报刊、电视、互联网、新媒体等载体，多渠道、全方位、广覆盖地宣传我市优化营商环境工作情况、典型经验，为推进营商环境提升年营造良好氛围。

各县（市、区）、德阳经开区、德阳高新区结合实际参照本方案执行。

附件：德阳市"营商环境提升年"实施计划及进度表

附件

德阳市"营商环境提升年"实施计划及进度表

牵头单位（盖章）：　　　　　　　　　　　　　填报日期：　　年　　月　　日

序号	责任单位	政策措施	重点任务	进度安排	可检验成果标准	实施进度	存在问题

7. 德阳市人民政府办公室关于印发《德阳市推进"放管服"改革2019年工作要点》的通知（德办发〔2019〕35号）

各县（市、区）人民政府，德阳经济技术开发区管委会、德阳高新技术产业开发区管委会，市级有关部门：

《德阳市推进"放管服"改革2019年工作要点》已经市政府同意，现印发给你们，请认真组织实施。

德阳市人民政府办公室
2019年7月30日

德阳市推进"放管服"改革2019年工作要点

为持续推进全市"放管服"改革工作，按照国、省统一部署，结合我市实际，制定以下工作要点。

一、打造营商环境高地，着力激发市场活力

（一）扎实开展"营商环境提升年"活动。坚持新发展理念，以服务企业和民生需求为导向，全面建设"八大环境"（竞争有序的市场环境、开放包容的贸易环境、支撑有力的金融环境、高效便捷的政务环境、宽松优越的税费环境、公平公正的法治环境、规范严明的监管环境、科学透明的政策环境），积极打造国内一流、西部领先的营商环境高地。力争到 2019 年年底，我市营商环境大幅改善，开办企业、工程建设、跨境贸易、获得电力、不动产登记等方面改革取得突破性进展。[责任单位：市发改委、市政务和大数据局等市级有关部门（单位），各县（市、区）政府、德阳经开区管委会（排在首位的为牵头单位，下同）；完成时限：2019 年 12 月底前]

（二）建立营商环境评价机制。参照国家营商环境评价做法，结合世界银行营商环境评价指标体系，抓紧建立符合国际规则、具有德阳特色的营商环境指标体系和评价机制。开展营商环境第三方评价，形成年度营商环境评价报告，建立营商环境通报制度，最大限度激发全市上下工作活力。（责任单位：市发改委；完成时限：2020 年 1 月底前）

（三）进一步减少社会资本市场准入限制。全面实施市场准入负面清单制度，确保"非禁即入"普遍落实。落实好外商投资准入前国民待遇加负面清单管理制度，对负面清单之外领域按照"内外资一致"原则实施管理。组织开展招投标领域专项整治，消除在招投标过程中对不同所有制企业设置的各类不合理限制和壁垒，严格落实《必须招标的工程项目规定》，落实社会投资的房屋建筑工程建设单位发包自主权。（责任单位：市发改委、市商务局、市住建局、市经外局、市公共资源交易中心；完成时限：2019 年 8 月底前）

（四）持续提升跨境贸易便利化水平。切实保障外商投资企业公平待遇，落实便利境外投资的相关政策，加强"单一窗口"推广运用。缩短对外贸易经营者备案登记、原产地证申领时限，符合条件的当即办理、实施一次申报、分步处置通关模式。2019 年 7 月底前，通过国际贸易"单一窗口"，报关覆盖率达到 90%以上。[责任单位：市商务局（市政府口岸物流办）、德阳海关、市发改委、市财政局、市经外局、市交通局；完成时限：2019 年 7 月底前]

（五）清理规范审批中介服务。清理公布保留的审批中介服务事项清单，明确办理时限、工作流程、申报条件、收费标准，纠正由中介机构和部门下属单位进行的变相审批现象。依法整治"红顶中介"，督促取消、降低相关单位中介服务收费。[责任单位：市发改委、市市场监管局、市财政局、市民政局、市政务和大数据局等市级有关部门（单位）；完成时限：2019 年 8 月底前]

（六）持续推进减税降费减负。认真落实国家普惠性和结构性减税政策，推

进落实增值税税率降低，增值税期末留抵税额退税等政策，全面推广涉税事项网上办理。推行新办纳税人"套餐式"服务，全市范围内实现100％的综合性办税服务厅"一厅通办"服务模式。继续清理规范政府性基金和行政事业性收费，加快收费清单"一张网"建设。对国家规定收费标准有浮动幅度的涉企收费项目按标准下限执行。继续推进行业协会商会与行政机关脱钩改革，清理整顿事业单位、行业协会商会收费。[责任单位：市税务局、市发改委、市经信局、市财政局、市民政局等市级有关部门（单位）；完成时限：2019年10月底前]

（七）加快水电气、银行等公用事业领域改革。进一步优化企业用水、用电、用气报装办理流程，大幅压缩办理时限，取消申请费、手续费等收费，引入社会评价，及时督促解决群众反映强烈的问题。2019年一般工商业电价再降低10％。按照中国人民银行统一部署，做好取消企业银行账户许可相关工作。（责任单位：市自然资源局、市住建局、市发改委、人行德阳中心支行、德阳供电公司；完成时限：2019年9月底前）

（八）持续推进公共资源交易"零跑路"。加强德阳市公共资源交易服务平台建设，为各类公共资源电子交易提供公共入口、公共通道和综合技术支撑。工程招标、政府采购、国土（矿权）、国有产权交易的行业主管部门要加快推进交易全流程电子化；适合以市场化方式配置的全民所有自然资源、特许经营权、农村集体产权等资产股权、环境权（排污权、碳排放权、用能权等）、医疗药品及医疗器械等各类公共资源进入德阳市公共资源交易服务平台交易的，各行业主管部门要健全出让或转让规则，加快电子化交易系统建设并与德阳市公共资源交易服务平台对接，最终实现公共资源交易信息"多跑路"、市场主体"零跑路"。[责任单位：市公共资源交易中心、市发改委、市财政局、市自然资源局、市国资委、市住建局、市交通局、市水利局、市农业农村局、市卫健委、市建投集团、市产投集团，各县（市、区）政府；完成时限：2019年12月底前]

（九）加快社会信用体系建设。完成全国信用信息共享平台（四川德阳）一期项目建设，围绕个人信用监管与应用，适时启动平台二期建设。升级改造德阳金融网暨德阳市融资对接服务平台，并与信用信息共享平台有效链接。建立健全在金融信贷、行政审批、政府采购和招标投标等领域使用信用承诺、信用记录或信用报告的工作机制。持续认定发布行业信用"红黑名单"，切实开展守信联合激励和失信联合惩戒，全力构建以信用为核心的新型监管体系。试点推进"诚信示范街区"建设。深化经济社会领域诚信缺失突出问题专项治理。根据省上城市政务诚信状况监测评价指标体系建设情况，适时开展政府机构失信问题专项治理。[责任单位：市发改委、人行德阳中心支行、市市场监管局、市公安局等市级有关部门（单位），各县（市、区）政府、德阳经开区管委会、德阳高新区管委会；完成时限：2019年12月底前]

（十）依法保护企业和企业经营者合法权益。建立因政府规划调整、政策变化造成企业合法权益受损的依法依规补偿机制。依托全省统一的企业维权服务平台，支持和鼓励工商联、行业协会商会依法设立商事纠纷专业调解机构。坚持依法保障劳动者合法权益与企业生存发展并重的理念，通过和解、调解等方式，妥善审理民营企业劳动争议案件。不断完善市场主体救治和退出机制，提升破产案件审理效率，降低破产案件办理成本。（责任单位：市中级人民法院、市经信局、市市场监管局、市司法局、市工商联；完成时限：持续推进）

二、精简优化行政审批，提高政府服务质量

（十一）动态调整政务服务事项清单。根据国、省两级行政权力事项调整情况和全省行政权力指导清单、公共服务事项指导清单，动态调整全市行政权力清单、责任清单和公共服务事项清单，指导县（市、区）开展动态调整工作。进一步清理公布"马上办、网上办、就近办、一次办"审批服务事项目录。[责任单位：市政务和大数据局（市审改办）、市司法局、市委编办等市级有关部门（单位），各县（市、区）政府；完成时限：按照国、省部署推进]

（十二）推进政务服务事项标准化。根据省上统一部署，加快实现省、市、县三级同一事项名称、编码、依据、类型等基本要素与国家相统一，构建和完善形式直观、易看易懂的审批服务事项办理流程图。2019年10月底前，推动一批高频跨部门事项办理环节减少30％以上，行政许可事项承诺时限在法定时限基础上平均减少60％以上。2019年年底前，推出100个高频事项套餐式、情景式、主题式服务指南，同时实现申请人提交纸质申请材料平均再减少30％以上，全市实现200项以上"零材料提交"事项。按照"应上尽上"原则推动目录内政务服务事项纳入全省一体化平台规范办理。[责任单位：市政务和大数据局（市审改办）、市级各部门（单位），各县（市、区）政府；完成时限：2019年10月底前]

（十三）清理整改变相审批和许可。开展变相审批和许可自查整改工作，重点规范备案、登记、行政确认、征求意见，消除审批和许可"灰色地带"。（责任单位：德阳市推进政府职能转变和"放管服"改革暨政务公开协调小组办公室；完成时限：2019年10月底前）

（十四）深化相对集中行政许可权改革。探索推进市本级相对集中行政许可权改革和园区"一枚印章管审批"的审批权限集中下放改革创新。不断完善县（市、区）行政审批局运行机制，创新工作方式，及时总结可复制可推广试点经验。[责任单位：市政务和大数据局（市审改办）、市司法局、市委编办等市级有关部门（单位），各县（市、区）政府、德阳经开区管委会；完成时限：2019年12月底前]

（十五）推动园区行政审批权限下放。在市场准入、土地管理、规划建设、生态环境保护等方面，通过下放、授权、委托等方式，赋予园区相应审批权限。对园区暂时无能力承接或上位法不支持下放的审批事项，纳入"园区受理接件、部门网上审批、快递代办发证"的项目审批"直通车"服务机制，实现"园区办事不出园区"。推动更多政务服务事项向乡镇（街道）、村（社区）延伸下沉。[责任单位：市政务和大数据局（市审改办）、市市场监管局、市自然资源局、市住建局、德阳经开区管委会等市级有关部门（单位），各县（市、区）政府；完成时限：2019 年 12 月底前]

（十六）全面实施工程建设项目审批制度改革。全力推进工程建设项目审批制度改革，推行区域评估、联合评审、并联审批，力争走在全省前列。2019 年年底前，将一般政府投资项目全流程审批总用时控制在 100 个工作日内；一般社会投资项目控制在 90 个工作日内；中小型社会投资项目控制在 80 个工作日内；带方案出让用地项目和园区内工业、仓储及生产配套设施项目控制在 70 个工作日以内。依托投资项目在线审批监管平台，加快推行项目审批管理服务"一网通办""一码贯通"。[责任单位：市住建局、市自然资源局、市政务和大数据局、市发改委等市级有关部门（单位）；完成时限：2019 年 12 月底前]

（十七）加快不动产登记办理。推动"互联网＋不动产登记"工作，健全与公用事业联办机制，推动不动产登记与水电气网络联动过户事项综合受理、集成服务。进一步缩短不动产登记时间，存量房（二手房）交易转移登记时限全面压减至 1 个工作日以内；增量房（新建商品房）交易转移登记时限压减至 3 个工作日；不动产抵押登记时间压减至 3 个工作日。力争到 2019 年年底，在系统整合到位、数据共享充分的条件下，实现不动产一般登记业务"一小时全流程即时办"目标。[责任单位：市自然资源局、市税务局、市政务和大数据局、市住建局、德阳供电公司、市天然气公司等市级有关部门（单位）；完成时限：2019 年 12 月底前]

（十八）推进投资项目"告知承诺制"改革。进一步修订完善容缺预审、容缺补齐、一诺即办事项的内容和规则，建立健全容缺管理可量化、可控制、可操作的制度机制。根据国家、省出台的指导性文件要求，在各县（市、区）、德阳经开区开展企业投资项目"告知承诺制"试点。[责任单位：市发改委、市住建局、市自然资源局、市政务和大数据局等市级有关部门（单位），各县（市、区）政府，德阳经开区管委会；完成时限：2019 年 8 月底前]

（十九）强化对省一体化政务服务平台的应用推广。按照"一网通办"要求，加大对四川省一体化政务服务平台的应用推广，进一步强化电子印章、电子证照、数据共享等基础支撑。2019 年年底前，市、县两级政务服务事项可网办率均达到 100%。[责任单位：市政务和大数据局等市级有关部门（单位），各县

（市、区）政府；完成时限：2019年12月底前〕

（二十）打通政务服务"最先一公里"。依托一体化平台和建立钉钉沟通空间，开展网上告知沟通、指导准备材料、引导网上预审、辅导网上提交申请、推荐免费快递上门揽收申报材料和送达审批结果等服务，帮助群众现场准备齐合格申报材料，实现群众全流程"最多跑一次"快办事，不见面办成事。〔责任单位：市政务和大数据局等市级有关部门（单位），各县（市、区）政府、德阳经开区管委会；完成时限：持续推进〕

（二十一）持续开展减证便民行动。巩固证明事项清理成果，及时公布证明事项取消和保留清单，实行清单之外无证明。按照国、省要求，积极开展证明事项告知承诺制试点。〔责任单位：市司法局等市级有关部门（单位）；完成时限：按照国、省部署推进〕

（二十二）加强材料共享复用。推进办事材料目录化、标准化、电子化，推动证照、办事材料、数据资源共享互认，减少不必要的重复举证。实行"一表申请"，将企业和个人基本信息材料一次收齐、后续反复使用。2019年年底前，企业和群众到政府办事所提供的材料减少60%以上。〔责任单位：市政务和大数据局等市级有关部门（单位），各县（市、区）政府，德阳经开区管委会；完成时限：2019年12月底前〕

三、激励大众创业创新，推进新旧动能接续转换

（二十三）改进科研管理方式。根据省上统一部署，制订我市加强科研诚信建设实施意见和深化项目评审、人才评价、机构评估改革实施方案，优化科研项目评审管理机制，改进科技人才评价方式，完善科研机构评估制度。开展科技人员减负行动。（责任单位：市科技局、市教育局、市财政局；完成时限：根据省上统一部署推进）

（二十四）加强对新兴产业的包容审慎监管。引导共享经济健康良性发展，推动政府部门加大对共享经济产品和服务的购买力度，围绕医疗健康共享、空间共享、产能共享等方向，探索打造共享经济典型案例。（责任单位：市发改委、市财政局、市卫健委；完成时限：2019年12月底前）

（二十五）着力破解创业创新融资难题。抓好支小再贷款、小微企业金融债券、知识产权质押融资等创新小微企业支持政策落实。督促银行业金融机构建立与小微信贷投放挂钩的绩效考核激励机制。加强增信体系建设，大力发展供应链金融和直接融资，拓展合格抵（质）押品范围，支持符合条件的民营和中小企业发行银行间市场债务融资工具以及公司债、企业债。落实创业担保贷款贴息政策。建设以政府性担保公司为主的融资担保体系，推动降低综合融资成本。〔责任单位：人行德阳中心支行、市财政局、市人社局、市金融局等市级有关部门

（单位）；完成时限：持续推进]

（二十六）深化职业资格管理制度改革。按照全省统一安排，做好与国家职业资格证书管理信息化系统数据对接，推行专业技术人员职业资格电子证书。贯彻落实四川省社会组织承接高级职称评定工作有关文件精神，逐步向具备评审条件的社会组织下放职称评审权。（责任单位：市人社局、市民政局、市科协；完成时限：根据省上部署推进）

（二十七）加大知识产权保护服务力度。健全中国（德阳）知识产权维权中心工作机制，建立知识产权维权合作单位库和专家库，开展"互联网＋"知识产权保护工作，探索新技术、新模式、新业态知识产权保护方式，强化网络游戏、网络小说等重点新兴产业的知识产权维权保护。建立知识产权侵权查处快速反应机制，开展查处商标、专利、地理标志等侵权假冒违法行为专项行动。完善知识产权举报投诉和维权援助平台，健全知识产权纠纷的争议仲裁和快速调解制度，加强对企业知识产权的维权工作。（责任单位：市市场监管局、市司法局、市中级人民法院；完成时限：2019年10月底前）

四、深化商事制度改革，维护市场公平秩序

（二十八）进一步压缩企业开办时间。完善企业开办"一窗通"平台，健全市场监管、公安、人社、税务等部门（单位）的数据共享机制，2019年8月底前，企业开办全流程压缩到3个工作日内。进一步梳理和优化企业"一件事"办理流程，2019年10月底前实现涉企关联事项"一个窗口、一套资料、一次办理"。（责任单位：市市场监管局、市公安局、市人社局、市税务局、市政务和大数据局；完成时限：2019年10月底前）

（二十九）统筹推进"证照分离"和"多证合一"改革。按取消审批、审批改备案、实行告知承诺、优化准入服务四种方式有序推进"证照分离"改革，通过改革有效区分"证""照"功能，让更多市场主体持照即可经营，着力解决"准入不准营"问题。在"三十七证合一"的基础上，对"证照分离"改革后属于信息采集、记载公示、管理备查类的事项，原则上通过"多证合一"改革尽可能整合到营业执照上，真正实现市场主体"一照一码走天下"。（责任单位：市市场监管局；完成时限：2019年10月底前）

（三十）深入推进工业产品生产许可证制度改革。按照国、省对工业产品生产许可改革的部署，继续压缩工业产品生产许可证目录。对保留的生产许可证，简化审批程序，实行"一企一证"制度。（责任单位：市市场监管局；完成时限：按照国、省部署推进）

（三十一）加快推进企业注销便利化改革。进一步拓展企业简易注销适用范围，压减审批时限至3个工作日内。改革和完善企业注销制度，建立企业注销网

上服务专区，实行企业注销"一网"服务。编制公布统一的企业注销操作指南，建立容缺机制，支持未开业和无债权债务企业快速退出市场。（责任单位：市市场监管局、市人社局、市经外局、德阳海关、市税务局、市政务和大数据局；完成时限：2019年10月底前）

（三十二）全面推行"双随机、一公开"监管。制定市场监管领域全面推行部门联合"双随机、一公开"监管的实施意见，应用推广全省统一的"双随机、一公开"监管系统，健全以"双随机、一公开"监管为基本手段、以重点监管为补充、以信用监管为基础的新型监管机制。深化"一支队伍管执法"改革，整合归并执法队伍，解决多头执法、多层执法和重复执法问题。〔责任单位：市市场监管局，市委编办、市司法局等市级有关部门（单位）；完成时限：2019年12月底前〕

（三十三）加快推进"互联网＋监管"。梳理形成"互联网＋监管"事项清单。通过对已建成的监管业务信息系统开展适应性改造等方式，主动对接全省"互联网＋监管"平台；或依托全省一体化政务服务平台以及其他现有信息系统，拓展完善相关监管功能，为各地各部门（单位）协同监管、重点监管、风险预警提供大数据支撑，逐步推动实现精准监管和智慧监管。（责任单位：市委网信办、市发改委、市市场监管局、市政务和大数据局；完成时限：2019年12月底前）

五、持续改善社会服务，提升公共服务能力

（三十四）开展政务服务对标行动。全方位对标国家"放管服"改革要求、兄弟省、市先进经验和中国（四川）自贸试验区优化政务服务成功经验，全面提升政务服务品质。强化对政府窗口服务的监督，提升市、县、乡三级政务服务大厅标准化、规范化水平，强化窗口工作人员培训，切实改进工作作风，打通政务服务"最后一公里"。建立政务服务满意度调查机制和"好差评"制度，完善"12345"政务服务热线知识库，2019年年底前，建成100个座席的呼叫场所，非紧急类政务服务热线整合率达100％。〔责任单位：市政务和大数据局，各县（市、区）政府；完成时限：持续推进〕

（三十五）优化整合提升政务服务大厅"一站式"功能。完善市、县两级政务服务集中服务模式，深化"三集中、三到位"，除因安全等特殊原因或对场地有特殊要求外，政务服务事项进入综合性实体大厅基本实现"应进必进"，原则上不再保留各部门（单位）单独设立的服务大厅。供水、供电、燃气等市政公用服务入驻当地政务服务大厅。强化基层服务能力建设，推动更多政务服务事项向乡镇（街道）、村（社区）延伸下沉。〔责任单位：市政务和大数据局，各县（市、区）政府、德阳经开区管委会；完成时限：持续推进〕

（三十六）推行"一窗受理、分类审批、统一出件"工作模式。深化"最多

跑一次"改革，聚焦不动产登记、市场准入、企业投资、建设工程、民生事务等办理量大、企业和群众关注度高的重点领域重点事项，在各级政务服务大厅整合设置综合受理窗口，实行"一窗受理、分类审批、统一出件"工作模式，试点推行"全科无差别受理"，2019 年年底前，市、县两级政务服务中心 100％完成分类综合窗口改造，70％以上政务服务事项实现"一窗分类受理"。〔责任单位：市政务和大数据局、市发改委、市住建局、市自然资源局、市市场监管局，各县（市、区）政府、德阳经开区管委会；完成时限：2019 年 12 月底前〕

（三十七）加大政务公开工作力度。落实新修订的政府信息公开条例，围绕"放管服"改革和优化营商环境新任务新举措做好政府信息公开工作，加大政策解读力度。完善政府网站、政务新媒体惠企政策集中发布、归类展示、查询搜索等功能，为市场主体提供统一便捷的信息获取渠道和场景化服务入口。〔责任单位：市政务和大数据局等市级有关部门（单位），各县（市、区）政府、德阳经开区管委会、德阳高新区管委会；完成时限：持续推进〕

（三十八）调动市场力量增加公共服务供给。制定优化社会办医疗机构跨部门审批工作实施办法，持续优化社会办医发展环境。积极推进"互联网＋医疗健康""互联网＋教育"等新模式发展，开展实施"教育信息化 2.0 行动计划"，进一步扩大远程医疗、远程教育覆盖面。（责任单位：市发改委、市卫健委、市教育局；完成时限：2019 年 10 月底前）

（三十九）持续推进智慧智能政务建设。加强八大政务资源数据库建设，强化大数据交互共享，推进政银、政邮、政通合作。着力构建"3＋N"（移动客户端、自助服务端、网厅服务端＋N 种业务应用）智慧政务服务体系，加快各业务系统打通、共享，向统一的服务入口集成。整合各部门（单位）政务服务移动应用至四川政务服务移动端，2019 年年底前，推出 500 个高频事项实现移动办理。推进政务服务超市建设，形成城市"10 分钟"、农村"半小时"和"网上全天候"政务服务圈。政务服务大厅全面设置自助终端区，实行 7×24 小时自助终端服务，在政务服务网上公布自助办理事项清单。打造"一网通办"德阳门户，编制全市通办事项服务清单，推动同一事项在更大范围内无差别受理、同标准办理，实现第一批 150 个事项"就近能办、异地可办、全网通办"。〔责任单位：市政务和大数据局等市级有关部门（单位）；完成时限：持续推进〕

8. 德阳市人民政府关于印发《德阳市深化"放管服"改革优化营商环境行动计划（2019—2020 年）》的通知（德府发〔2019〕13 号）

各县（市、区）人民政府、德阳经济技术开发区管委会、德阳高新技术产业开发区管委会，市级有关部门：

现将《德阳市深化"放管服"改革优化营商环境行动计划（2019—2020

年)》印发给你们，请认真组织实施。

德阳市人民政府
2019 年 9 月 17 日

德阳市深化"放管服"改革优化营商环境行动计划（2019—2020 年）

为深入贯彻落实党中央国务院和省委省政府关于深化"放管服"改革和优化营商环境的决策部署，根据《四川省深化"放管服"改革优化营商环境行动计划(2019—2020 年)》（川府发〔2019〕15 号）文件精神，结合我市实际，制定本行动计划。

一、总体要求

（一）指导思想

坚持以习近平新时代中国特色社会主义思想为指导，认真贯彻落实党的十九大、省委十一届三次、四次、五次全会和市委八届七次、八次、九次全会精神，牢固树立新发展理念，紧紧围绕便民利企，以国际化、法治化、便利化为导向，以深化政务服务侧改革为主线，以互联网和大数据建设为依托，积极对标国际国内营商环境评价标准，持续推进"放管服"改革，不断增强经济社会发展内生动力，努力将德阳打造成为国内一流、西部领先的国际化营商环境高地。

（二）基本原则

1. 坚持以人为本、便民利企。牢固树立以人民为中心的发展理念，变"我要怎么办"为"企业和群众需要我怎么办"，推动政务管理服务向用户导向服务转变，切实把便民利企作为改革的出发点和落脚点，尽最大努力满足企业和群众的需求。

2. 坚持整体政府、集成服务。按照全市一盘棋、一张网的要求，加强顶层设计，强化统筹谋划、集约共建、整合共享，促进群众和企业办事从"跑部门"向"跑政府"转变，政府部门从"各自为政"向"协同作战"转变，部门从行使"行政权力"向承担"行政责任"转变，形成"改革没有局外人"的生动局面和齐抓共管的工作合力。

3. 坚持改革创新、技术引领。加强智慧政府和智慧政务顶层设计，充分运用互联网、大数据、云计算、人工智能等手段，深入推进"互联网＋政务服务"，促进政务信息联动和数据共享，实现传统政务服务模式深刻变革，进一步提升政务服务效能，推动政府治理现代化。

4. 坚持聚焦问题、精准发力。针对企业和群众办事全生命周期涉及的痛点、堵点、难点问题，靶向攻坚、精准发力、分类施策、重点突破，有效回应社会关切，最大程度利企便民。

5. 坚持对标一流、争先创优。积极对标国际先进理念、领先标准和最佳实践，科学构建营商环境指标体系，努力在多个领域与国际国内一流水平比肩看齐。

（三）工作目标

集中两年时间，着力实施"10＋5＋N"营商环境行动计划（即提升 10 条营商环境关键指标，推进 5 项攻坚突破专项行动，夯实 N 个政务服务工作基础），促进我市"放管服"改革和营商环境优化取得阶段性成效，为德阳打拼全省经济副中心城市，推动高质量发展提供坚强保障。

到 2019 年底，我市营商环境大幅改善，营商环境法治化体系基本形成，开办企业、办理施工许可、获得电力、产权登记、获得信贷、保护少数投资者、纳税、跨境贸易等主要营商环境指标得到突破性提升。企业开办全流程压缩到 3 个工作日内；不动产一般登记业务办理时限压减到 1 个工作日办结，在系统整合到位、数据共享充分的条件下，实现"全流程一小时即时办"；工程建设项目全流程全覆盖审批总用时不超过 100 个工作日；市、县两级政务服务事项网上可办率达 100％；500 个高频事项实现移动办理；70％以上政务服务事项实行"一窗分类办理"，100 个高频事项实现套餐式、主题式、场景式服务；一批高频跨部门事项办理环节减少 30％以上，承诺时限在法定时限基础上平均减少 60％以上，纸质申请材料在 2018 年基础上平均再减少 30％以上，全市实现 200 项以上"零材料提交"事项；国际贸易"单一窗口"报关覆盖率达到 90％以上。

到 2020 年底，我市营商环境显著改善，营商环境法治化、国际化、便利化水平显著提升，智慧政务服务体系进一步完善，竞争中性市场环境加快形成，政策执行更加透明公开，政务服务更加便捷高效，企业制度性交易成本明显降低，营商环境主要指标得到较大提升。企业开办全流程力争压缩到 1 个工作日内；不动产一般登记业务实现"全流程一小时即时办"；工程建设项目审批制度框架和管理系统更趋完善，区域评估制度框架和管理体系基本建成，中介服务办理时间压缩 30％以上；700 个高频事项实现移动办理；200 个高频事项实现套餐式、主题式、场景式服务；申请人实际提交材料平均减少 50％以上。

二、着力提升十条营商环境关键指标

（一）企业开办

1. 进一步降低市场准入门槛。全面实施市场准入负面清单制度，清理规范负面清单之外违规设立的市场准入许可、准入环节违规设置的隐形门槛、清单之外违规制定的其他形式的负面清单，确保"非禁即入"普遍落实。落实好外商投资准入前国民待遇加负面清单管理制度，对负面清单之外领域按照"内外资一致"原则实施管理。统筹推进"证照分离"和"多证合一"改革，将更多的审批事项纳入"照后减证"改革范围。（责任单位：市发改委、市商务局、市市场监管局、市经外局。排在首位的为牵头单位，下同）

2. 深化企业登记便利化改革。进一步简化流程、压缩办理时间，方便企业快速进入和退出市场。依托企业开办"一窗通"平台服务功能，实行"登录一个平台、填报一次信息、后台实时流转、即时回馈信息"，2019 年 8 月底前，企业开办全流程压缩到 3 个工作日内；进一步梳理和优化企业"一件事"办理流程，2019 年 10 月底前实现涉企关联事项"一个窗口、一套资料、一次办理"；2020 年底前，按照全省统一登记系统建设要求，力争企业开办全流程"一日办结"。2019 年底前，将简易注销审批时限压减至 3 个工作日内，编制公布统一的企业注销操作指南，建立容缺机制，支持未开业和无债权债务企业快速退出市场。[责任单位：市市场监管局、市政务和大数据局、市公安局、市人社局、市税务局、人行德阳中心支行等市级有关部门（单位）]

（二）工程建设项目审批

1. 全面提升项目审批效率。全力推进工程建设项目审批制度改革，力争改革进度和成效走在全省前列。2019 年底前，实现一般政府投资项目全流程审批总用时控制在 100 个工作日内，一般社会投资项目控制在 90 个工作日内，中小型社会投资项目控制在 80 个工作日内，带方案出让用地项目和园区内工业、仓储及生产配套设施项目控制在 70 个工作日以内。[责任单位：市住建局、市自然资源局、市政务和大数据局、市发改委等市级有关部门（单位）]

2. 探索推进区域评估。在省级以上开发区探索推行共性前置事项统一评估机制，由开发区统一组织对一定区域内土地勘测、矿产压覆、地质灾害、水土保持、规划水资源论证、文物保护、地震安全性、气候可行性等事项实行区域评估，企业入园后可不再进行上述评估。在能评、环评等方面，探索开展区域评估，推行线上线下"多规合一""多评合一""多审合一""多验合一"等模式。[责任单位：市自然资源局、市住建局、市发改委等市级有关部门（单位），各县（市、区）政府、德阳经开区管委会、德阳高新区管委会]

3. 推进承诺制改革。按照"容缺预审、一诺即办"的原则，有序推进企业投资项目承诺制改革，建立"政府定标准、企业作承诺、过程强监管、信用有奖惩"的企业投资项目新型管理模式。以供地、开工、竣工投产为节点，按照"政府统一服务、企业按标承诺"的方式对报建审批事项进行流程再造，公布承诺制审批事项清单。〔责任部门：市发改委、市住建局、市自然资源局等市级有关部门（单位），各县（市、区）政府〕

（三）不动产登记

1. 整合优化不动产登记流程。建立部门间信息资源共享集成机制，推进公安、房产交易、税务、民政、市场监管等部门（单位）信息共享，逐步扩大申请材料免提交范围。在政务服务大厅或不动产登记大厅设立不动产登记综合受理窗口，整合集成房产交易、税收征缴、不动产登记流程，实行"一窗受理、并行办理"。推进不动产登记与水、电、气、网络、有线电视过户等关联业务联动办理。〔责任单位：市自然资源局、市税务局、市政务和大数据局、市住建局、德阳供电公司、德阳天然气公司等市级有关部门（单位），各县（市、区）政府〕

2. 大幅压缩不动产登记时间。2019年底前，按照全流程办理要求，市级存量房（二手房）交易转移登记时限压减至1个工作日以内，增量房（新建商品房）交易转移登记时限压减至3个工作日，不动产抵押登记时间压减至3个工作日；对不同类型登记事项进行分类提速，着力系统整合优化、数据充分共享，推行"一小时办结"和"即时办结"，基本实现市级不动产一般登记业务"一小时全流程即时办"。2019年底前，县（市、区）一般登记业务办理时间压缩至10个工作日以内，抵押登记业务办理时间压缩至5个工作日以内。2020年底前，市级不动产一般登记业务全面实现"一小时全流程即时办"；县（市、区）一般登记、抵押登记业务办理时间压缩至5个工作日以内。〔责任单位：市自然资源局、市税务局、市政务和大数据局、市住建局等市级有关部门（单位），各县（市、区）政府〕

（四）水电气供应

1. 推动公用事业服务提质增效。制定统一的用水、用电、用气办事指南，优化报装流程、减少报装耗时和费用，减免小微企业手续费。建立水、电、气接入通道建设许可"一站式"办理工作机制，推进通道建设相关的规划许可、施工许可、临时占用绿地许可、占用道路挖掘许可等事项并行办理。〔责任单位：市住建局、市经信局、市自然资源局、市城管执法局、市政务和大数据局等市级有关部门（单位），各县（市、区）政府〕

2. 大幅提升获得水电气报装效率。进一步简化水电气报装流程、精简申报资料、压缩报装时限。2019年底前，实现工业企业、工程项目用水缩短至22个工作日；供水报装时限压缩至 100 户以内 22 个工作日、100～500 户 27 个工作日、500 户以上 30 个工作日。实现用电报装办理时限压减至 10 千伏用电 50 个工作日、低压居民及小微企业客户用电 7 个工作日、小微企业及其他非居民客户 15 个工作日；用电报装环节 10 千伏用电压缩至 4 个环节，低压居民及小微企业客户压缩至 3 个环节；用电申请资料低压居民和低压非居民减少为 3 种，高压客户减少为 4 种，逐步实现低压客户办电"零上门"。实现供气报装由原 8 个环节压缩至 4 个环节，报装总时限压减至主城区零散户和中小型商业用户完成安装并通气不超过 15 个工作日。[责任单位：市住建局、市经信局、德阳供电公司、德阳天然气公司等市级有关部门（单位），各县（市、区）政府]

（五）企业融资

1. 加大金融支持力度。大力改善民营和小微金融服务，缓解民营和小微企业融资难融资贵问题。督促银行业金融机构建立与小微信贷投放挂钩的绩效考核激励机制。按照全省"五千四百"上市行动计划，推动符合条件的民营和中小企业在境内外资本市场上市。支持我市科技型民营企业在科创板上市，支持股权投资基金、证券服务中介机构为民营和中小企业提供"一站式"服务。（责任单位：市金融局、市市场监管局、人行德阳中心支行、德阳银保监分局）

2. 创新金融支持方式。抓好支小再贷款、小微企业金融债券、知识产权质押融资等相关政策落实。加强增信体系建设，大力发展供应链金融，推广知识产权质押融资新模式，拓展合格抵（质）押品范围，提高不动产抵押登记、知识产权质押登记效率。大力发展直接融资，支持符合条件的民营和中小企业发行银行间市场债务融资工具以及公司债、企业债。（责任单位：人行德阳中心支行、市金融局、市市场监管局、德阳银保监分局）

3. 提高融资便利性。鼓励金融机构在政务服务大厅设立企业金融咨询服务窗口或在有条件的金融机构网点开设企业登记窗口，推广使用"德阳金融服务综合平台"，帮助中小企业缓解融资难、融资贵问题，实现在线融资业务申请办理，提升金融服务便利性。（责任单位：市金融局、市市场监管局、人行德阳中心支行、德阳银保监分局）

（六）产权保护

1. 依法保护企业和企业经营者合法权益。加强对民营企业和企业家合法财产的保护，建立因政府规划调整、政策变化造成企业合法权益受损的依法依规补偿机制。依托全省统一的企业维权服务平台，支持和鼓励工商联、行业协会商会依法设立商事纠纷专业调解机构，进一步拓宽纠纷化解途径。不断完善市场主体救治和退出机制，提升破产案件审理效率，降低破产案件办理成本。（责任单位：市中级人民法院、市经信局、市市场监管局、市司法局、市工商联）

2.实行更加严格的知识产权保护。依托四川省知识产权公共服务平台，为创新主体提供"全链条、全领域、一站式"的知识产权服务。建立知识产权侵权查处快速反应机制，开展查处商标、专利、地理标志等侵权假冒违法行为专项行动。充分发挥司法在知识产权保护中的主导作用，依法惩治各类知识产权侵权行为，探索建立知识产权惩罚性赔偿制度，显著提高侵权行为违法成本。（责任单位：市市场监管局、市司法局、市中级人民法院、市科技局）

3.强化商事案件司法保障。依法审理涉及民营企业的金融借款、融资租赁、民间借贷等案件，支持民营企业多渠道融资。坚持依法保障劳动者合法权益与企业生存发展并重的理念，通过和解、调解等方式，妥善审理民营企业劳动争议案件，促进企业与劳动者共渡难关、互利共存、共赢发展。建立健全破产程序启动机制和破产重整企业识别机制，依法保护投资者的合法利益。〔责任单位：市中级人民法院、市市场监管局等市级有关部门（单位）〕

（七）纳税缴费

1.持续优化纳税服务。全面落实国家普惠性和结构性减税政策，推进落实增值税税率降低，增值税期末留抵税额退税等政策。全面推广涉税事项网上办理，推进电子税务局建设，90％以上的主要办税事项提供"全程网办"服务。扩大税务"最多跑一次"事项范围，年纳税时间压缩至130个小时内。2019年10月底前，推行新办纳税人"套餐式"服务，全市范围内实现100％的综合性办税服务厅"一厅通办"服务模式。（责任单位：市税务局、市财政局）

2.继续规范涉企收费。加快收费清单"一张网"建设，继续清理规范政府性基金和行政事业性收费，持续规范行政事业性收费和政府定价（含政府指导价）经营服务性收费项目和标准，严格执行省定涉企行政事业性收费"零收费"政策。根据国、省部署全面推开行业协会商会与行政机关脱钩改革，清理整顿事业单位、行业协会商会收费。〔责任单位：市市场监管局、市财政局、市发改委、市经信局、市民政局等市级有关部门（单位）〕

3.着力降低涉企收费。对国家规定收费标准有浮动幅度的涉企收费项目按标准下限执行。围绕中介服务、进出口环节、工程建设等涉企收费重点领域，开展坚决有力的专项治理行动，压减各种不合理的前置评估和中介服务项目。对接制定降低社保费率具体实施办法。〔责任单位：市市场监管局、市发改委、市财政局、市人社局等市级有关部门（单位）〕

（八）成本降低

1.降低企业用电用气成本。继续深化电力体制改革，2019年一般工商业电价再降低10％。城市地区160千瓦及以下、农村场镇100千瓦及以下、农村其他地区50千瓦及以下采取低压方式接入电网。对园区企业客户将线路架至红线处，严格执行"就近接入"和"先接入，后改造"原则，落实园区客户相关部门同步分析，必要时同步开展电网改造，全力满足客户需求。扩大直购电范围，争取和落实资源地气价优惠和国家直供气政策。落实从源头上降低用电用气成本。（责任单位：市经信局、市住建局、市市场监管局、德阳供电公司、德阳天然气公司）

2. 降低企业用地成本。落实好进一步优化工业用地供应管理政策要求，降低企业用地综合成本。建立市级统筹的重大工程用地保障机制，按照《德阳市工业用地"土地池"管理办法》，做好全市重大工业项目用地保障工作，建立加强工业用地年度计划管理机制。积极推进工业用地弹性年期出让、土地年租、先租后让、租让结合等，按照实际情况确定工业用地的供应方式和使用年限。探索建立综合评标的土地出让机制，将能耗、水耗、环境、建设、税收贡献、研发投入、产业类型等方面标准统筹纳入拟出让土地评价指标。（责任单位：市自然资源局、市经信局、市发改委）

3. 降低企业用工成本。积极帮助企业缓解用工成本上涨压力，对符合条件的按政策予以补贴。（责任单位：市财政局、市人社局）

（九）跨境贸易

1. 提升整体通关效率。压缩口岸进出口货物整体通关时间，推行提前申报和一体化通关模式，公示口岸通关流程和物流作业时限，到2020年底，通关时间较2017年压缩45％。缩短对外贸易经营者备案登记、原产地证申领时限，符合条件的当即办理。简化出口原产地证办理流程，严格落实原产地证审核、办理时限要求。加强"单一窗口"推广运用，2019年7月底前，通过国际贸易"单一窗口"，报关覆盖率达到90％以上。［责任单位：市商务局（市政府口岸物流办）、德阳海关、市财政局、市经外局、市交通局］

2. 切实改进通关服务。切实保障外商投资企业公平待遇，落实便利境外投资的相关政策，推动监管证件验核无纸化，除安全保密需要等特殊情况外，监管证件全部实现联网核查。［责任单位：市商务局（市政府口岸物流办）、德阳海关、市财政局、市经外局、市交通局］

（十）人才服务

牢固树立人才是第一资源的理念，研究制定我市人才建设行动纲要，完善和落实领军人才、英才计划、院士专家工作站、首席技师、大师工作室等各类人才认定办法及培养支持政策，坚持引育并举，加大高层次人才培养引进力度，引导、激励广大人才更好地服务民营经济发展。［责任单位：市委组织部、市人社局等市级有关部门（单位）］

三、全力推进五项攻坚突破专项行动

五项《专项行动方案》详见附件1、2、3、4、5。

四、扎实筑牢 N 个政务服务工作基础

（一）扎实推进"一网、一门、一次"改革

1. 深入推进"一网通办"。认真落实省政务一体化平台建设德阳试点任务。以省一体化政务服务平台为枢纽，统一身份认证体系，全面打通全市各地各部门（单位）政务服务办理系统。除法律法规另有规定或涉及国家秘密等外，所有政务服务事项均要进入一体化平台运行，实现100%网上可申请。分批整合各地各部门（单位）政务服务移动端应用，优化"查、问、办、评"功能，推进700件高频事项"掌上可办"，打造德阳政务移动服务品牌。加快推进电子证照入库工作，提升电子证照共享应用水平。按照"一网通办"要求，加大对省一体化政务服务平台的应用推广力度，进一步强化电子印章、电子证照、数据共享等基础支撑。2019年底前，市、县两级政务服务事项可网办率均达到100%。［责任单位：市政务和大数据局、市级各部门（单位），各县（市、区）政府］

2. 全面推行"只进一扇门"。优化提升政务服务大厅"一站式"功能，政务服务事项进驻综合性实体政务大厅实现"应进必进"。全面实行"一窗分类办理"，制定完善工作规范和服务标准，推行"前台综合受理、后台分类审批、综合窗口出件、快递代办送件"模式，打造高效便利的窗口服务体系。加快推进高频事项全域通办和就近可办，市、县分别制定发布全市通办和全县（市、区）通办清单。推动一批高频事项下沉至乡镇（街道）、村（社区）办理。［责任单位：市政务和大数据局、市司法局等市级有关部门（单位）］

3. 持续深化"最多跑一次"改革。加强政务服务事项标准化建设，全面消除模糊和兜底条款，推进同一事项无差别受理、同标准办理。以一件事"最多跑一次"为目标推进业务流程再造，推出200个套餐式、情景式、主题式服务。进一步压减审批承诺时限，推动承诺时限比法定时限平均减少60%以上，实际办理时间比承诺时限平均减少30%以上。大幅精简办事过程中需要申请人提交的申请材料，实现申请人实际提交材料平均减少50%以上，同步按批次推出"零材料提交"事项。持续开展减证便民行动，积极探索开展告知承诺制，加强信用监管，切实减少烦琐证明。聚焦企业办事体验，以申请人办好"一件事"为切入点，升华"最多跑一次"内涵，大力推广钉钉在线服务、免费政务快递代办服务、园区"直通车"服务等，实现"全过程不见面办成事、最多跑一次快办事"目标。［责任单位：市政务和大数据局、市司法局等市级有关部门（单位），各县（市、区）政府］

（二）完善政务服务标准化体系

1. 完善权责清单制度。充分发挥权责清单基础性制度作用，将权责清单贯穿到政府管理运行的各个环节，逐步打造成为政府部门履职清单。推进权责清单标准化规范化建设，严格按照现行法律、法规和规章规定梳理权责清单，做到行政职权的行使主体、事项、依据、流程、岗位、责任明确。完善权责清单动态管理机制，实行实时调整和定期集中调整相结合，按程序审核确认后进行调整并向社会公布。〔责任单位：市委编办、市司法局、有行政权力的市级各部门（单位），各县（市、区）政府〕

2. 规范行政审批和监管行为。推进"审管衔接"，加强行政审批和业务监管的无缝衔接、高效协同，坚决杜绝"审管两张皮"现象。开展变相审批和许可自查整改工作，重点规范备案、登记、行政确认、征求意见，消除审批和许可"灰色地带"。清理公布保留的审批中介服务事项清单，明确办理时限、工作流程、申报条件、收费标准，推进中介服务"最多跑一次"。建立"互联网＋监管"事项清单，各地各部门（单位）监管业务系统与省"互联网＋监管"系统联通，为实现协同监管、重点监管、风险预警提供大数据支撑，提高监管效能。（责任单位：市推进政府职能转变和"放管服"改革暨政务公开协调办、市发改委、市民政局、市司法局、市市场监管局、市政务和大数据局）

3. 加大政务公开工作力度。落实新修订的政府信息公开条例，围绕"放管服"改革和优化营商环境新任务新举措做好政府信息公开工作。加大政策解读力度，通过政府网站、政府公报、政务新媒体等多种渠道及时发布权威信息，深入解读政策背景、重点任务、前后变化、后续工作考虑等。完善政府网站、政务新媒体惠企政策集中发布、归类展示、查询搜索等功能，为市场主体提供统一便捷的信息获取渠道和场景化服务入口。〔责任单位：市政务和大数据局等市级有关部门（单位），各县（市、区）政府〕

4. 加强和完善事中事后监管。贯彻落实四川省全面推行部门联合"双随机、一公开"监管实施方案要求，依托全省统一的"双随机、一公开"监管工作平台，推进检查结果共享共用和公开公示。根据四川省新兴行业分类指导目录和监管规则，探索对新技术、新业态、新模式实行审慎包容监管，提高监管效能。〔责任单位：市市场监管局、市发改委等市级有关部门（单位）〕

5. 完善政务服务反馈机制。建立政务服务"好差评"制度，企业和群众可以现场或在线评判服务绩效，评判结果纳入政府绩效考核。依托12345政务服务热线，加快各类服务热线资源整合，受理营商环境投诉举报并及时查处回应。加强省一体化政务服务平台应用，提供实时查询办理进度和办理结果服务，做到网上可查询、可互动、可追溯。全面梳理群众办事、咨询、反映的高频事项和高频问题，建立常见问题解答清单并主动公开。〔责任单位：市政务和大数据局等市

级有关部门（单位），各县（市、区）政府］

（三）构建营商环境法治化体系

1. 提升政府决策科学化法治化水平。严格执行重大涉企行政决策法定程序，健全企业参与重大涉企政策制定机制。对企业权益产生重大影响的政府规章、行政规范性文件，在制定过程中应当采取多种方式，充分听取有代表性的企业、行业协会商会、律师协会的意见。全面推行行政规范性文件合法性审核机制，加强地方政府规章或行政规范性文件备案审查工作。在全市政府系统深入开展"放管服"改革和优化营商环境法治教育培训。［责任单位：市司法局、有起草或制定重大经济政策职责的市级有关部门（单位）］

2. 深入推进综合行政执法。深化"一支队伍管执法"改革，整合归并执法队伍，解决多头执法、多层执法和重复执法问题。严格落实行政执法责任制，全面推行行政执法公示制度、全过程记录制度和重大行政执法决定法制审核制度。依托全省统一的行政执法监管平台，推动建立行政执法事项清单，主动公开公示执法信息。细化落实四川省规范行政执法裁量权规定，分行业分领域编制行政执法标准，细化自由裁量规则。［责任单位：市委编办、市司法局、市级各行政执法部门（单位），各县（市、区）政府］

3. 加强政务诚信建设。建立健全"政府承诺＋社会监督＋失信问责"机制，认真履行在招商引资、政府与社会资本合作等活动中与投资主体依法签订的各类合同，防止"新官不理旧账"。开展政务失信专项治理，全面梳理政府对企业失信事项，依法依规提出限期解决措施。做好拖欠民营企业、中小企业账款清欠工作。加强社会信用体系建设，在失信被执行人、拖欠农民工工资、食品安全等重点领域实施联合惩戒，积极参与全省民营企业"诚信百千工程"评选活动。制订德阳市政务诚信评价工作实施方案，建立政务诚信监测评价指标体系。［责任单位：市发改委、市财政局、市经外局、市市场监管局、市中级人民法院、市人社局等市级有关部门（单位），各县（市、区）政府］

（四）有效促进市场公平竞争

1. 清理地方保护和行政垄断行为。在制定市场准入、产业发展、招商引资、招标投标、政府采购、经营行为规范、资质标准等涉及市场主体经济活动的政府规章、行政规范性文件和其他政策措施时，严格落实公平竞争审查制度。［责任单位：市市场监管局等市级有关部门（单位）］

2. 组织开展招投标领域专项整治。消除对不同所有制企业设置的各类不合理限制和壁垒。全面公开政府采购项目信息，鼓励以保函代替供应商保证金，在政府采购领域大力推行"政采贷"。研究开展公平竞争审查第三方评估，提高审查质量和效果。加强反垄断执法和垄断行业监管，开展不正当竞争行为专项治理。深化公共资源交易平台整合共享，全面推行公共资源交易全程电子化，进一步提升交易公开性和透明度，切实降低招投标交易成本。[责任单位：市发改委、市财政局、市公共资源交易中心等市级有关部门（单位）]

（五）全面推进审批服务综合柜员制

全面归并整合进驻政务服务中心的部门受理职能，设立综合受理窗口，推行受理与办理相分离机制，聚焦不动产登记、市场准入、企业投资、建设工程、民生事务等办理量大、企业和群众关注度高的重点领域重点事项，在各级政务服务大厅整合设置综合受理窗口，实行"一窗受理、分类审批、统一出件"工作模式，试点推行"全科无差别受理"。2019年底前，市、县两级政务服务中心100％完成分类综合窗口改造，70％以上政务服务事项实现"一窗分类受理"。[责任单位：市政务和大数据局、市发改委、市住建局、市自然资源局、市市场监管局等市级有关部门（单位），各县（市、区）政府]

（六）持续推进智慧政务建设

加强基础政务数据归集、回流、清洗和梳理，完善八大政务资源数据库和政务云平台建设，加大政务大数据交互共享力度，推进政银、政邮、政通合作，提升政务大数据服务水平。着力构建"3+N"（移动客户端、自助服务端、网厅服务端＋N种业务应用）智慧政务服务体系，加快各业务系统打通、共享，向统一的服务入口集成。推进政务服务超市建设，形成城市"10分钟"、农村"半小时"和"网上全天候"政务服务圈。政务服务大厅全面设置自助终端区，实行7×24小时自助终端服务，在政务服务网上公布自助办理事项清单。[责任单位：市政务和大数据局等市级有关部门（单位）]

（七）加大园区行政审批权限下放力度

进一步优化园区营商环境，推动其在"放管服"改革方面走在前列，简化审批程序，实施流程再造，在市场准入、土地管理、规划建设、环境保护等方面，通过下放、授权、委托等赋权方式，赋予园区相应审批权限。对园区暂时无能力承接或上位法不支持下放的审批事项，纳入"园区受理接件、部门网上审批、快递代办发证"的项目审批"直通车"服务机制，全面打通园区办事通道，实现"园区办事不出园区"。[责任单位：市政务和大数据局（市审改办），市市场监管局、市自然资源局、市住建局等市级有关部门（单位），各县（市、区）政府、德阳经开区管委会、凯州新城管委会]

五、保障措施

（一）加强组织领导，狠抓任务落实。各地各部门要把深化"放管服"改革优化营商环境作为"一把手"工程来抓，主要负责同志作为第一责任人，既要亲自抓部署、抓方案，又要亲自协调、抓落实，确保"一竿子插到底"。全市各地各部门（单位）要结合本地本部门（单位）实际，聚焦企业和群众办事痛点、堵点、难点，主动作为、攻坚克难，进一步健全工作机制，细化政策措施，加大探索创新力度，构建亲清新型政商关系，强化政治担当和作风建设。

（二）突出统筹推进，加强协调调度。各地各部门（单位）要定期研究部署和协调解决工作推进中的重大问题，推动各项改革任务落地落实。每季度进行一次会商研究，协调解决深化"放管服"改革优化营商环境中的重点难点问题。市级有关部门（单位）要切实履职尽责，从自身做起，为本行业本系统立标杆、树榜样，充分发挥示范引领作用，同时加强对各地区的指导服务，切实减轻基层负担。

（三）注重跟踪评估，严格督查考核。坚持"改革内容项目化、工作责任清单化、成果检验实践化"思路，市政务和大数据局要指导和督促全市各地各部门（单位）建立改革任务对照检查台账，每半年对任务完成情况进行对账。综合运用第三方评估等多种方式对各地各部门（单位）深化"放管服"改革和优化营商环境行动计划落实情况进行考评，邀请人大代表、政协委员、专家学者、企业群众代表参与，考核结果在市政府网站公开。强化考核结果运用，对工作推进有力、成效较好的予以通报表扬，对工作推进不力的及时约谈提醒，情形严重的予以严肃问责。

（四）加强宣传培训，强化舆论引导。建立全市统一权威的政策发布平台，组织开展形式灵活多样的政策解读，着力提高政策知晓度和应用度。各地各部门（单位）要重视新出台政策措施的跟进解读、宣传和培训工作，专项开展面向民营企业和中小企业的政策宣传推广工作。组织开展深化"放管服"改革和优化营商环境案例评选及典型案例宣传，讲好德阳营商环境故事。组织县（市、区）政府、市级部门（单位）开展"放管服"改革和优化营商环境专题培训，学习国家最新政策要求和国际国内先进经验做法，提升解决政策落地"最后一公里"的能力。将改革宣传、信息公开、政策解读与社会监督等结合起来，正确引导社会预期，积极回应社会关切，广泛凝聚改革共识，营造全市上下竞相改革的良好氛围。

附件：

1. 德阳市政务服务对标专项行动方案
2. 德阳市提升营商环境法治化水平专项行动方案
3. 德阳市减证便民专项行动方案
4. 德阳市规范行政审批中介服务专项行动方案
5. 德阳市推进"一网通办"专项行动方案

附件1

德阳市政务服务对标专项行动方案

为切实解决企业群众办事难、办事慢、办事繁问题，推动全市各部门（单位）对标国内一流标准，提升政务服务水平，制订本方案。

一、明确政务服务目标任务清单

（一）除法律法规另有规定或涉及国家秘密等外，市、县两级政务服务业务办理系统100％接入省一体化政务服务平台。汇聚相关政务服务数据、电子证照数据及社会化数据，推行"自然人"和"法人"身份信息电子化。〔责任单位：市政务和大数据局等市级有关部门（单位），各县（市、区）政府；完成时限：2019年10月底前〕

（二）除法律法规另有规定或涉及国家秘密等外，按照"一网通办"要求进一步优化政务服务流程，推动更多政务服务事项全流程在线办理。市、县两级政务服务事项网上可办率达100％。〔责任单位：市政务和大数据局等市级有关部门（单位），各县（市、区）政府；完成时限：2019年10月底前〕

（三）建立包含身份证、驾驶证、行驶证、户口簿、学位证书、学历证书、结婚证、离婚证、社会团体法人登记证书、民办非企业单位登记证书、基金会法人登记证书、取水许可证、生育服务证、出生医学证明、医师执业证书、护士执业证书、营业执照、药品GMP证、食品生产许可证、烟草专卖零售许可证、烟草专卖品准运证、残疾人证等高频电子证照应用。〔责任单位：市政务和大数据局等市级有关部门（单位），各县（市、区）政府；完成时限：2019年10月底前〕

（四）整合各部门（单位）政务服务移动应用至四川政务服务移动端，700个高频事项实现移动办理。〔责任单位：市政务和大数据局等市级有关部门（单位），各县（市、区）政府；完成时限：2019年底前推出500个高频事项实现移动办理，2020年推出200个〕

（五）建成全市工程建设项目审批管理系统，并与全省、全国工程建设项目审批管理系统及相关系统平台互联互通。（责任单位：市政务和大数据局、市住建局、市自然资源局；完成时限：2019年12月完成）

（六）市、县两级政务服务事项进驻综合性实体大厅实现"应进必进"。确因场地限制、安全等特殊原因暂不能进驻的，需报同级人民政府批准，并报上级人民政府备案。对确需建立分中心的，应实施政务服务标准化管理，并接受同级政务服务管理机构指导监督。[责任单位：市政务和大数据局等市级有关部门（单位），各县（市、区）政府；完成时限：2019年8月完成]

（七）编制完成"一窗受理、分类办理"工作规范和服务标准。（责任单位：市政务和大数据局；完成时限：2019年8月完成）

（八）聚焦不动产登记、市场准入、企业投资、建设工程、民生事务等办理量大、企业和群众关注度高的重点领域重点事项，推动实现一窗进出、一次告知、一表申请、一次办成。市、县两级政务服务中心100%完成分类综合窗口改造，70%以上政务服务事项实行"一窗受理、分类办理"。[责任单位：市政务和大数据局等市级有关部门（单位），各县（市、区）政府；完成时限：2019年10月底前]

（九）政务服务大厅全面设置自助终端区，实行7×24小时自助终端服务，在政务服务网上公布自助办理事项清单。[责任单位：市政务和大数据局，各县（市、区）政府；完成时限：2019年9月底前]

（十）政务服务大厅窗口服务水平显著提升，首问负责制、限时办结制、责任追究制、一次性告知制落实到位。[责任单位：市政务和大数据局，各县（市、区）政府；完成时限：2019年8月完成]

（十一）政务服务大厅设立综合性咨询服务导办台，大厅运行系统与省一体化政务服务平台完成深度对接，实现在线预约、在线排队、在线评价。[责任单位：市政务和大数据局、各县（市、区）政府；完成时限：2019年10月底前]

（十二）推出200个高频事项套餐式、情景式、主题式服务指南。[责任单位：市政务和大数据局等市级有关部门（单位），各县（市、区）政府；完成时限：2019年12月底前推出100个服务指南，2020年推出100个]

（十三）一批高频跨部门事项办理环节减少30%以上，行政许可事项承诺时限在法定时限基础上平均减少60%以上。[责任单位：市政务和大数据局等市级有关部门（单位），各县（市、区）政府；完成时限：2019年10月底前]

（十四）市、县两级政务服务大厅开通邮寄收件送件服务，有条件的地方开通免费邮寄服务。[责任单位：市政务和大数据局、各县（市、区）政府；完成时限：2019年7月完成]

（十五）市、县两级分别制定公布"全市通办"事项清单和"全县通办"事项清单。[责任单位：市政务和大数据局等市级有关部门（单位），各县（市、区）政府；完成时限：2019年10月底前]

（十六）以县为单位公布"就近能办"清单，更多政务服务事项向乡镇（街道）、村（社区）延伸下沉。利用政务服务一体机、自助服务终端等信息化设备提高基层响应群众诉求和为民服务能力，实现企业群众办事"就近办"。[责任单位：各县（市、区）政府；完成时限：2019年10月底前]

（十七）制定全市精简纸质申请材料目录，减少申请人实际提交纸质申请材料，在 2018 年基础上平均再减少 30％以上。2019 年底，以市为单位实现 200 项以上"零材料提交"事项。［责任单位：市政务和大数据局等市级有关部门（单位）；完成时限：2019 年 10 月底前］

（十八）市、县两级公布保留和取消的证明事项清单，同步公布保留的证明事项办事指南，提供网上开具证明服务。（责任单位：市、县两级司法局；完成时限：2019 年 10 月底前）

（十九）完成金融、医疗、公证机构、水电气等服务单位证明事项清理工作。［责任单位：市、县两级司法局，市、县两级有关部门（单位）；完成时限：2019 年 8 月完成］

（二十）建成 100 个座席的呼叫场所，完善 12345 政务服务热线知识库，非紧急类政务服务热线整合率达 100％。［责任单位：市政务和大数据局等市级有关部门（单位），各县（市、区）政府；完成时限：2019 年 12 月底前］

（二十一）制定公布市、县、乡（镇）代办帮办事项指导目录。全市开发区内开设产业投资项目审批"绿色通道"，推行代办帮办等园区项目"直通车"服务。［责任单位：市政务和大数据局等市级有关部门（单位），各县（市、区）政府；完成时限：2019 年 8 月完成］

（二十二）政务服务大厅提供领办服务，针对业务量集中、办理时间较长或因健康、年龄等原因导致办理业务较为困难的办事群众推行全过程帮办。［责任单位：市政务和大数据局等市级有关部门（单位），各县（市、区）政府；完成时限：2019 年 8 月完成］

（二十三）积极创新便民服务举措。加快推进办理居民身份证、驾驶证、出入境证件、医保社保、住房公积金等便民服务事项互联互通、在线可查、异地可办。推广容缺后补、告知承诺、快递送达等便利化措施和预约办理、异地代办、跨层联办等服务方式，多渠道多途径提高办理效率和服务水平。对量大面广的个人事项，鼓励利用银行、邮政等网点实现服务端口前移。加快完善乡村便民服务体系，推行代办代缴代理等便民服务。［责任单位：市政务和大数据局等市级有关部门（单位），各县（市、区）政府；完成时限：2019 年 8 月完成］

二、建立政务服务质量反馈机制

（一）推行政务服务"好差评"制度。出台全市政务服务"好差评"实施方案，让企业和群众成为政务服务的评价主体，增强企业和群众的参与权。［责任单位：市政务和大数据局等市级有关部门（单位），各县（市、区）政府；完成时限：2019 年 9 月底前］

（二）完善政务服务投诉举报制度。畅通线上线下投诉举报渠道，实行投诉举报快速受理首问责任制，切实保护投诉人个人隐私和合法权益，投诉举报受理率达100%，保障企业和群众的监督权。[责任单位：市政务和大数据局等市级有关部门（单位），各县（市、区）政府；完成时限：2019年8月完成]

（三）构建政务服务企业群众关切回应制度。提升线上线下回应功能，对企业和群众来访信访、线上留言、举报投诉等及时反馈办理情况，回访率达100%、回复率达100%，企业群众满意率达90%以上。[责任单位：市政务和大数据局等市级有关部门（单位），各县（市、区）政府；完成时限：2019年11月底前]

（四）健全政务服务信息公开制度。及时发布政策措施落实情况、政务事项办理结果，完善线上实时查询进度和办理结果服务，定期公开曝光反面典型案例，确保企业和群众的知情权。[责任单位：市政务和大数据局等市级有关部门（单位），各县（市、区）政府；完成时限：2019年10月底前]

三、强化政务服务考核问效

（一）科学评价评估。深入基层、企业、群众，更多运用三方评估、问卷调查等方式，多层次、多维度反映各地各部门开展政务服务对标行动的进展和成效，确保评价评估结果的客观性、真实性、准确性。[责任单位：市政务和大数据局等市级有关部门（单位），各县（市、区）政府]

（二）鲜明考核导向。对任务落实到位、工作成效明显的，予以通报表扬；对工作推进滞后的及时预警提醒，列入整改清单，限期整改；对于落实不到位、整改不到位的，追究有关责任。[责任单位：市政务和大数据局，各县（市、区）政府]

（三）推广先进经验。鼓励各县（市、区）、各部门从自身实际出发，积极探索，勇于创新，涌现形成更多更高的政务服务示范标杆；总结梳理先进做法和成功经验，及时复制推广。[责任单位：市政务和大数据局等市级有关部门（单位），各县（市、区）政府]

附件2

德阳市提升营商环境法治化水平专项行动方案

为进一步完善营商环境法制体系建设、规范行政执法行为、依法保护企业和企业经营者合法权益，以更有力的法治推动营商环境不断优化，制订本方案。

一、完善营商环境法制体系建设

（一）加强营商环境法律宣传。深入开展面向企业的法律宣传推广工作，将与商事相关的法律法规作为普法的重要内容，在全市形成崇尚法治、依法经营、自觉维护法律权威的营商意识和氛围，提升全民和营商主体守法意识和依法维权意识。[责任单位：市司法局等市级有关部门（单位）；完成时限：2020 年 12 月底前]

（二）严格落实公正司法要求。依法保障各类投资主体平等使用生产要素，公平、公开、公正参与投资市场竞争，同等受到法律保护。继续深化司法改革，推进司法公开，提高审判质效，切实解决执行难问题，保护企业的合法权利，营造公平、公正的司法环境。[责任单位：市中级人民法院、市市场监管局等市级有关部门（单位）；完成时限：持续推进]

（三）加强合法性审查和备案审查。完善行政规范性文件合法性审核和备案审查机制，对行政规范性文件和重大行政决策进行依法审查，严格对照法律法规规章和国家政策，确保不放过带病行政规范性文件和重大行政决策，严格落实行政规范性文件的审查工作。按照省政府统一部署，开展"放管服"改革、"证照分离"改革、保障民营经济健康发展等领域的规范性文件的清理工作，及时提出修改和废止建议。[责任单位：市司法局等市级有关部门（单位）；完成时限：2020 年 12 月底前]

二、规范行政执法行为

（一）推行行政执法公开制度。制定细化行政执法公示制度、执法全过程记录制度、重大执法决定法制审核制度"三张"任务清单，严格禁止无法定依据或者未经法定程序，影响、阻碍企业正常生产经营活动的执法行为。[责任单位：市司法局、市市场监管局、市级有关行政执法部门（单位），各县（市、区）政府；完成时限：2020 年 12 月底前]

（二）加强行政执法标准化建设。建立行政执法用语标准、流程标准和文书标准，加快推进行政执法标准体系建设，全面推行"教科书式执法"。按照省政府统一部署，建立全省统一智慧执法平台，推动跨领域、跨部门、跨层级的信息资源共享，初步实现行政执法和监督自动化、信息化、智能化、智慧化"四化功能"。[责任单位：市司法局、市财政局、市市场监管局、市级有关行政执法部门（单位）；完成时限：2020 年 6 月底前]

（三）规范行政执法裁量权。严格落实《四川省规范行政执法裁量权规定》，分类分项细化量化、调整优化行政执法裁量标准，认真执行行政执法裁量权行使规则。坚持教育与处罚相结合的原则，禁止以市场监督、环保检查等理由"一刀切"式关停企业的行为，杜绝一味处罚、一罚了事。禁止将罚没收入与行政执法机关利益挂钩。[责任单位：市司法局、市市场监管局、市生态环境局、市财政局、市级有关行政执法部门（单位）；完成时限：持续推进]

三、依法保护企业和企业经营者合法权益

（一）加强知识产权保护。开展打击侵犯知识产权专项行动，加强知识产权保护行政执法与刑事司法相衔接。探索建立知识产权侵权快速查处机制，加大对专利、注册商标、商业秘密等方面侵权违法行为的惩处力度，着力解决侵权成本低、企业维权成本高等问题。（责任单位：市市场监管局、市公安局；完成时限：持续推进）

（二）维护企业正常经营秩序。深化平安德阳建设。强化社会治安防控体系建设，持续开展扫黑除恶专项斗争。开展企业生产经营和项目建设周边环境治理专项行动，对聚众干扰企业经营、寻衅滋事、封门堵路、敲诈勒索、欺行霸市、非法阻工、强买强卖、强揽工程等破坏市场秩序、侵犯企业及其经营管理人员合法权益的犯罪行为，依法受理、严厉打击、及时办结。[责任单位：市公安局、市市场监管局，各县（市、区）政府；完成时限：持续推进]

（三）保障企业合法权益。完善经济犯罪案件受案立案制度，严格立案标准和审核程序并向社会公布。准确认定经济纠纷与经济犯罪的界限，坚决防止刑事执法介入民事纠纷。严格落实涉案财产处置有关规定，不得超权限、超范围、超数额、超时限查封、扣押、冻结。加强合同纠纷、民商借贷及股权纠纷等民商事案件审判工作，依法保护诚实守信、公平竞争。（责任单位：市中级人民法院、市公安局；完成时限：持续推进）

（四）完善企业投诉体系。按照全省统一建立企业维权服务平台要求，加快推进建立市、县联动投诉机制，统一受理企业投诉，实现市、县分级办理。加强对企业投诉工作的管理，制定企业投诉受理、处理、转办、反馈实施细则，规范工作流程。建立人民调解、行政调解、司法调解、商事仲裁有机衔接的商事纠纷解决机制，支持和鼓励工商联、行业协会商会依法设立商事纠纷专业调解机构。[责任单位：市司法局、市市场监管局、市工商联，各县（市、区）政府；完成时限：持续推进]

（五）完善涉企公共法律服务体系。建立健全多元协同共建、服务质量监管、政策资金保障等公共法律服务运行机制，积极拓展公共法律服务业务领域，在资产并购、招标投标、知识产权、股权流转、金融证券、涉外贸易等领域为企业提供全面、专业、精准的法律服务。创新服务方式，实施公证上门服务、延时服务、节假日服务、网络远程受理、窗口式、一站式集成服务、互联网仲裁，建立企业困难职工法律援助"绿色通道"，开展民营企业"法治体检"。（责任单位：

市司法局、市发改委、市经济和信息化局、市市场监管局、市大数据管理局、市总工会、市工商联等市级有关部门（单位）；完成时限：持续推进）

附件3

德阳市减证便民专项行动方案

为破解企业群众办事痛点、堵点、难点问题，切实减少"奇葩"证明、循环证明、重复证明，制订本方案。

一、深入清理证明事项

（一）取消一批证明事项。按照"谁制定、谁清理，谁实施、谁清理"的原则，对自行设定的证明事项组织再次全面清理，凡规章、规范性文件设定的证明事项一律取消，凡地方性法规设定的证明事项应尽可能予以取消，并根据国家已公布的取消证明事项开展对应清理，不留盲区和死角。[责任单位：市司法局等市级有关部门（单位），各县（市、区）政府；完成时限：2020年12月底前]

（二）实行清单制管理。各县（市、区）政府、市级各部门要在门户网站及时公布本地、本部门（单位）设定的证明事项取消清单和保留清单。公布证明事项保留清单时，要逐项列明设定依据、开具单位、办事指南等，实行清单之外无证明。各县（市、区）政府、市级各部门要及时将取消清单、保留清单报市司法局，经市政府批准后在市政府门户网站上统一公布全市保留的证明事项清单。[责任单位：市政府办、市司法局、市政务服务和大数据局等市级有关部门（单位）；完成时限：2020年12月底前]

（三）加强审核把关。在制定地方性法规、规章、规范性文件时，市、县两级司法行政机关或起草单位的合法性审核工作机构要切实履行法定职责，严格审查把关，防止违法设定证明事项，严防已经取消的证明事项"死灰复燃"，最大限度控制自由裁量权。[责任单位：市司法局等市级有关部门（单位），各县（市、区）政府；完成时限：持续推进]

二、积极开展"六个一批"清理

开展"六个一批"清理。根据性质不同，按照"六个一批"原则分别对涉及企业群众的证明材料进行清理规范。对审核后确需保留的证明事项，证明出具部门要进一步简化办理环节、规范办理流程、减少提供材料、缩短办理时限、提高服务质量，切实便利企业、群众办事。[责任单位：市司法局等市级有关部门（单位），各县（市、区）政府；完成时限：持续推进]

（一）取消废止一批。没有法律、法规（含部委规章，地方性法规、地方政府规章）依据，或相关规章、政策、文件中明确不得开具的证明材料和盖章环节一律取消废止。

（二）告知承诺一批。凡是能够并且适合采取申请人书面承诺、签字声明或提交相关协议方式解决的证明材料一律取消。

（三）信用查验一批。凡是能依托部门内部征信系统或银行征信系统以及其他信用监管系统，相关审批或办事部门能够自主查验相关信息的证明材料一律取消。

（四）证件代替一批。凡是能够通过申请人有效证照或凭证即可证明的证明材料一律取消。

（五）部门核查一批。凡是所需证明可在部门间流转办理，以及本部门制发的有效证照或批准文书，或者类似经济状况、亲属关系、证件遗失等企业群众难以自行举证的事项，一律由主管部门调查核实，不得要求申请人提供证明材料。

（六）信息共享一批。依托政务资源共享交互平台，能够通过部门间数据共享、信息比对、内部征询等方式自行查询、查证的，不得要求申请人提供证明材料。

三、依法加强证明事项投诉监督

（一）及时处理群众投诉监督。市司法局要及时接收省司法厅通过"群众批评——证明事项清理投诉监督平台"收集并转交涉及我市的关于证明事项清理工作的投诉监督。落实机构和专人负责，按照"谁实施，谁办理"的原则，及时转送相关县（市、区）和部门依法办理。［责任单位：市司法局等市级有关部门（单位），各县（市、区）政府；完成时限：持续推进］

（二）积极回应群众批评建议。各县（市、区）政府、市级各部门要确保有专人办理群众投诉监督事项，保证办理质量和效率，在收到市司法局关于投诉监督转办函后，应及时与投诉监督人联系、沟通，依法答疑解惑，办理投诉监督事项，并于收到转办函之日起5个工作日内书面回复市司法局。对于投诉监督并经查实，存在违法设定的证明或应当取消未取消的证明，要立即清理并修改、废止相关规定。对因未认真办理投诉事项造成严重后果的，将依法依纪追究相关人员责任。［责任单位：市纪委监委、市司法局等市级有关部门（单位），各县（市、区）政府；完成时限：持续推进］

附件4

德阳市规范行政审批中介服务专项行动方案

按照国家和省委、省政府部署要求，进一步深化行政审批制度改革，全面清理规范行政审批中介服务，重点解决环节多、耗时长、收费乱、垄断性强、与审批部门存在利益关联等突出问题，培育服务高效、管理规范、公平竞争、监督有力的中介服务市场，促进我市中介服务行业健康发展，制订本方案。

一、实施行政审批中介服务清单管理

（一）全面清理中介服务事项。结合机构改革后市级机构职权设置情况，全面清理政府部门行政审批涉及的中介服务事项，制定德阳市行政审批中介服务事项清单，向全社会公布并接受监督。凡未纳入清单的中介服务事项，一律不得作为行政审批受理条件，清单内的逐步减少数量。清理设置依据，除法律法规等有明确规定的中介服务事项外，审批部门一律不得自行设定中介服务事项。清理规范后列入清单、保留为行政审批受理条件的中介服务事项，要明确项目名称、设定依据、实施机构、审批部门、服务时限等内容，其中实行政府定价（政府指导价）或作为行政事业性收费管理的项目，明确收费标准和收费依据。[责任单位：市发改委、司法局、市级行业主管部门（单位），各县（市、区）政府；完成时限：2019 年 8 月 15 日前]

（二）实施动态调整管理。按照"谁审批、谁负责，谁主管、谁负责，谁要求、谁负责"的原则，整理全市行政审批中介服务机构名录，明确中介服务事项行业主管部门。建立完善中介服务事项动态调整管理制度，明确动态调整原则、范围、适用情形、调整程序以及职责分工。实时调整中介服务事项，并及时在同级人民政府门户网站公布、更新。[责任单位：市发改委、市司法局、市级行业主管部门（单位），各县（市、区）政府；完成时限：2019 年 11 月底前制定发布]

二、切断行政审批中介服务利益关联

（一）破除中介服务垄断。放宽中介服务机构准入条件、放开中介服务市场，除法律、行政法规和国务院决定明确规定的资质资格许可外，其他各类中介服务机构资质资格审批一律取消，各部门设定的区域性、行业性或部门间中介服务机构执业限制一律取消，各部门现有的中介服务机构数量限额管理规定一律取消。

[责任单位：市级行业主管部门（单位），各县（市、区）政府；完成时限：持续推进]

（二）推进中介机构脱钩。按照中央和省部署，启动全面推开行业协会商会与行政机关脱钩工作，脱钩完成情况要及时在（原）主管部门网站公告和公示，接受社会监督。审批部门所属事业单位、主管社会组织及其举办的企业，不得开展与本部门行政审批相关的中介服务。审批部门不得以任何形式指定中介服务机构。政府机关工作人员一律不得在中介服务机构兼职（任职）。[责任单位：市民政局、市发改委、市公务员局，各县（市、区）政府；完成时限：2019 年 11 月底前启动并持续推进]

三、加强行政审批中介服务收费监管

（一）规范中介服务收费。深入推进中介服务收费改革，最大限度地缩小政府定价范围，对于市场发育成熟、价格形成机制健全、竞争充分规范的中介服务收费，一律通过市场调节价格；对于垄断性较强，短期内无法形成充分竞争的中介服务事项，实行政府定价管理。审批部门在审批过程中确需委托开展的技术性服务活动，要依法通过竞争性方式选择服务机构，服务费用一律由审批部门支付并纳入部门预算。[责任单位：市发改委、市财政局、市级行业主管部门（单位）；完成时限：2019 年 11 月底前]

（二）严查中介违规收费行为。按照全省统一安排部署，在工程建设、交通运输、医疗卫生等重点领域陆续开展行政审批中介服务收费专项整治行动。重点查处分解收费项目、重复收取费用、扩大收费范围、减少服务内容等乱收费行为。加强中介服务收费监管，杜绝中介机构利用政府影响违规收费。建立举报和反馈机制，及时查处违规收费行为。[责任单位：市市场监管局、市级行业主管部门（单位）；完成时限：2020 年 6 月底前]

四、规范行政审批中介服务执业行为

（一）加强中介行业管理自律。各行业主管部门要指导行业协会开展中介服务标准化工作，制定服务指南，细化服务项目，优化服务流程，提高服务质量。规范服务指南的依据、范围、对象、内容、方法、结论等基本要素信息，切实增加行政审批中介服务的透明度和可预期性。建立健全服务承诺、限时办结、执业公示、一次性告知、执业记录等制度，引导中介服务机构及其执业人员严守职业道德、执业准则和工作规范。相关制度规范要在部门网站和各类服务平台向社会公开。[责任单位：市级行业主管部门（单位），各县（市、区）政府；完成时限：2019 年 11 月底前]

（二）规范中介服务合同示范文本。各行业主管部门要会同市市场监管局，

编制并向社会公布本行业行政审批中介服务合同示范文本，明确中介服务双方权利义务和违约责任，杜绝"霸王条款"等各种形式的显失公平条款。强化合同管理，提高合同履约率，切实规范中介服务机构的签约行为和经营行为。［责任单位：市级行业主管部门（单位）、市市场监管局，各县（市、区）政府；完成时限：2019 年 11 月底前］

（三）推进中介服务"最多跑一次"。按照"全程网办"和"最多跑一次"的标准，优化中介服务流程，简化中介办理环节。审批部门可直接作出判断的审批项目，不再要求企业委托中介服务机构开展评估、评价、检测、咨询。审批部门可事后监管的事项，不再强制企业委托中介服务机构编制设计、评估、评价、检测等材料，允许企业自主编制。进一步削减要求企业提供的相关材料。没有法律法规依据或属于审批职能部门自身职责范围的中介服务事项一律取消，实现中介服务办理时间提速 30％以上。［责任单位：市级行业主管部门（单位），各县（市、区）政府；完成时限：2020 年 10 月底前］

（四）推行工程建设领域中介服务"区域评估"。认真落实《德阳市工程建设项目审批制度改革实施方案》（德办发〔2019〕23 号）相关要求，由区域管理机构根据实际情况统一组织对环境影响评价、节能评价、地震安全性评价、地质灾害危险性评估、水土保持方案等事项所涉及的中介服务实行区域评估，形成整体性、区域化评估结果。除特殊工程和重大工程外，区域内工程建设项目共享区域综合评估评审结果，不再单独编报评估评审。到 2020 年 3 月底前，基本建成政府统筹、企业共享评估成果的区域评估制度框架和管理体系。［责任单位：市自然资源局、市生态环境局、市发改委、市水利局、市住建局等市级行业主管部门（单位），各县（市、区）政府；完成时限：2020 年 3 月底前］

五、加强行政审批中介服务监管

（一）启用中介服务"网上超市"。按照"零门槛、零限制"原则，将我市具有合法资质的行政审批中介服务机构纳入"省行政审批中介服务网上超市"规范运行并动态调整，供企业和公众自主选择。使用财政性资金的项目、在政府集中采购目录以外且未达到采购限额标准的中介服务事项，项目业主可在中介服务网上超市选取中介服务机构，实现中介服务网上展示、网上竞价、网上交易、网上评价。［责任单位：市政务和大数据局、市级行业主管部门（单位），各县（市、区）政府；完成时限：2019 年 11 月底前］

（二）强化中介服务诚信监管。落实中介机构行业监管主体责任，全面推行"双随机、一公开"监管模式，提升中介服务效率。加强中介服务机构诚信管理，严厉查处出具虚假证明或报告、谋取不正当利益、扰乱市场秩序等违法违纪行为。建立完善中介服务机构信用体系和考评机制，实施守信联合激励和失信联合惩戒制度。强化信用信息管理和使用，对未按照规范和标准提供中介服务的中介机构和人员，视情节将相关不良信用信息记入信用档案或列入黑名单予以公开曝光，对严重违法违规的中介机构及其高级管理人员实行禁入机制，在全市范围营造"守信者处处受益、失信者处处受限"的市场环境。[责任单位：市发改委、市级行业主管部门（单位），各县（市、区）政府；完成时限：持续推进]

附件5

德阳市推进"一网通办"专项行动方案

为进一步深化"互联网＋政务服务"，切实破解政务服务事项标准不一致、平台功能不完善、数据共享不充分、办事服务不便捷等问题，加速推进"一网通办"，实现政务服务精准化、便捷化和移动化，完成好省政府下达给德阳的改革试点任务，制订本方案。

一、推进业务流程再造

（一）对标完善政务服务事项基本目录。2019年8月底前，市、县两级要对标省级部门梳理、发布的政务服务事项，完成事项认领。对属于本单位（行业）上级单位发布的服务事项而未能认领的，要说明理由，并书面函告市政务和大数据局，确保全省政务服务事项"找得到、对得上"。[责任单位：市政务和大数据局等市级有关部门（单位），各县（市、区）政府、德阳经开区管委会；完成时限：2019年8月底]

（二）优化完善政务服务事项实施清单和办事指南。按照国家标准规范完善政务服务事项实施清单，进一步明确实施主体，细化业务办理项和办事指南，推进事项名称、编码、类型、法律依据、行使层级、受理条件、服务对象、申请材料、办理时限、收费项目等要素信息标准化。梳理公布"零材料提交"服务事项，实现申请人仅需填写格式化申请表即可办理；优化高频事项申请、审查、决定、支付、送达等流程；按类别梳理形成主题服务清单和"最多跑一次"等特色服务清单；编制全市通办事项服务清单，推动同一事项在更大范围内无差别受理、同标准办理，实现第一批150个事项"就近能办、异地可办、全网通办"。[责任单位：市政务和大数据局等市级有关部门（单位），各县（市、区）政府、德阳经开区管委会；完成时限：2019年11月底前]

（三）重点突破跨部门协同审批和并联审批事项办理。以高效办成"一件事"为目标，梳理各政务服务事项申请要素、应交材料、结果证照之间的共享复用关系图谱，重构跨部门、跨层级、跨区域协同办事流程，推进开办企业、投资项目审批、工程建设项目审批许可、不动产登记、出入境办理等事项办理。[责任单位：市政务和大数据局等市级有关部门（单位），各县（市、区）政府、德阳经开区管委会；完成时限：2019年10月底前围绕社会关切推出100项套餐式、主题式服务，2020年再推出100项]

（四）拓展网上办事的广度和深度。推动所有行政权力事项和更多公共服务事项纳入全省一体化政务服务平台（以下简称一体化平台）办理，推进交通违章缴费、教育缴费等个人非税事项及公共服务事项收费功能接入省统一支付平台，推进更多事项纳入政府统一支付的"政务专递"。推动更多政务服务向基层延伸，加快政务服务超市建设，利用自助服务终端以及银行、邮政等企业网点代办，推行7×24全时政务服务模式，为企业群众提供多样性、多渠道、便利化服务。[责任单位：市政务和大数据局、市财政局等市级有关部门（单位），各县（市、区）政府、德阳经开区管委会、德阳高新区管委会、凯州新城管委会；完成时限：2019年12月底前完成并持续推进]

（五）加快实现线上线下集成融合。加快推进"12345"政务服务热线资源整合，实现咨询、投诉、求助和建议等一号受理，形成从接听到办结归档公示的全闭环管理，打造政务服务"总客服"。整合对接市、县政务服务实体大厅运行管理系统和相关服务设备，实时汇入网上申报、排队预约、服务评价等信息，构建线上线下功能互补、无缝衔接、全程留痕的集成服务体系。[责任单位：市政务和大数据局、市信访局等市级有关部门（单位），各县（市、区）政府、德阳经开区管委会；完成时限：持续推进]

二、加快平台优化整合

（一）打造"一网通办"德阳门户。对标国家政务服务门户建设要求，全面清理各县（市、区）政府门户网站、市级各政府部门网上政务服务网站、栏目、大厅、页面，实现入口统一、标识统一、界面统一、风格统一。配合做好政务服务网分站点内容建设，叠加特色服务，打造本地本部门专属旗舰店，提升四川政务服务网整体形象，2019年内，我市实名注册用户数达到80万以上。[责任单位：市政务和大数据局等市级有关部门（单位），各县（市、区）政府、德阳经开区管委会、凯州新城管委会；完成时限：2019年12月底前]

（二）加强支撑体系能力建设和推广应用。推进全市各级（部门）政务服务业务办理系统与省政务服务统一身份认证系统全面对接融合、采信互认。利用全省统一电子证照基础库，推进全市所有部门（单位）实体证照电子化、数字化管理，有效期内存量证照信息完整归集到电子证照库，新增纸质证照与电子证照同步签发，依法依规推进电子证照在政务服务中的现场亮证应用。全面推进电子印章制作使用，各地各部门（单位）在办事服务中生成的电子证照一律加盖电子印章。推动面向自然人、法人的电子印章公共服务平台建设，鼓励企业、群众使用电子印章、电子签名，减少纸质材料递交，减少跑动次数。[责任单位：市政务和大数据局、市公安局等市级有关部门（单位），各县（市、区）政府、德阳经开区管委会；完成时限：2019 年 10 月底前完成身份认证系统功能改造和对标行动方案规定的 22 项高频事项相关证照归集，其余持续推进]

（三）打造德阳移动服务品牌。按照国家政务服务平台移动端界面建设要求，整合各地各部门（单位）政务服务移动应用、小程序、公众号，实现政务服务跨层级、跨地域、跨系统、跨部门、跨业务的协同，建成全市唯一官方入口的掌上办事平台，促进部门服务事项在统一移动端集成。优化"看、问、查、办、评"等功能，用好对外统一的四川政务服务"天府通办"掌上办事总门户。2019 年 12 月底前推动社会保障、教育卫生等重点领域 500 项服务事项掌上可办，2020 年推进 200 项。[责任单位：市政务和大数据局等市级有关部门（单位），各县（市、区）政府、德阳经开区管委会；完成时限：持续推进]

（四）强力推动系统对接。除法律、法规另有规定或者涉及国家秘密等情形外，所有政务服务事项一律纳入一体化平台办理。各地各部门（单位）已建政务服务业务办理系统不具备全流程网上办理能力的要停用，具备全流程网上办理能力的经评估后在 2019 年 12 月底前与全省一体化平台有效对接，费用自理，并实现界面统一、入口统一、出口统一。国家垂管政务服务业务办理系统应实现统一身份认证和页面嵌入。[责任单位：市政务和大数据局等市级有关部门（单位），各县（市、区）政府、德阳经开区管委会；完成时限：2019 年 12 月底前]

三、加强工作统筹落实

（一）加强宣传培训。以贯彻落实《国务院关于在线政务服务的若干规定》（国务院令第 716 号）为契机，建立常态宣传机制，扩大"一网通办"公众知晓度。分级组织一体化平台的操作使用培训，确保一线窗口人员全覆盖、会操作。[责任单位：市政务和大数据局等市级有关部门（单位），各县（市、区）政府、德阳经开区管委会、凯州新城管委会；完成时限：2019 年 12 月底前]

（二）推进试点示范。围绕社会公众需求热点，充分利用德阳市作为政务服务"一网通办"改革试点的契机，做好示范创建工作，在解决痛点、堵点、难点问题方面进行探索创新，为提升全省政务服务能力积累经验，树立标杆。（责任单位：市政务和大数据局；完成时限：2019 年 11 月底前）

（三）强化安全运营。按照"统一建设、分级运营"原则做好内容保障、应用推广和政务服务分站点运营保障等工作，健全运营保障队伍，完善上下联动、应急处置机制，确保平台安全稳定运行。[责任单位：市政务和大数据局等市级有关部门（单位），各县（市、区）政府、德阳经开区管委会、凯州新城管委会；

完成时限：2019 年 12 月底前]

9. 德阳市人民政府办公室关于同意《建立德阳市市场监管领域部门联合"双随机、一公开"监管联席会议制度》的函（德府办字〔2019〕50 号）

市市场监管局：

你局《关于建立德阳市市场监管领域部门联合"双随机、一公开"联席会议制度的请示》（德市监〔2019〕226 号）收悉。经市政府同意，现函复如下。

同意建立由市市场监管局牵头的德阳市市场监管领域部门联合"双随机、一公开"联席会议制度。联席会议不刻制印章，不正式行文，请按照市政府有关文件精神认真组织开展工作。

附件：德阳市市场监管领域部门联合"双随机、一公开"联席会议制度

德阳市人民政府办公室
2019 年 12 月 16 日

德阳市市场监管领域部门联合"双随机、一公开"联席会议制度

为加强对全市市场监管领域部门联合"双随机、一公开"工作的组织领导，建立健全以"双随机、一公开"监管为基本手段、重点监管为补充、信用监管为基础的新型监管机制，营造公平竞争的市场环境和法治化、国际化的营商环境。经市政府同意，建立德阳市市场监管领域部门联合"双随机、一公开"联席会议（以下简称联席会议）制度。

一、主要职能

（一）在市政府领导下，统筹推进全市市场监管领域部门联合"双随机、一公开"监管工作。

（二）会商推进实施部门联合"双随机、一公开"监管的重大政策、措施，协调解决重点难点问题，指导、督促各有关部门落实工作职责。

（三）协调各成员单位按职责开展"双随机、一公开"监管工作，强化"双随机、一公开"抽查结果的综合运用。

（四）加强对各地市场监管领域部门联合"双随机、一公开"监管工作的指导和考核。

（五）督导全市"双随机、一公开"监管工作推进情况，对消极懈怠、不作

为的进行通报批评并督促整改。

（六）完成市政府交办的其他事项。

二、成员单位

联席会议由市发改委、市教育局、市公安局、市财政局、市人社局、市生态环境局、市住建局、市交通局、市农业农村局、市商务局、市文旅局、市卫健委、市应急局、市市场监管局、市统计局、市税务局、德阳海关17个部门（单位）组成，市市场监管局为牵头单位。

联席会议由市市场监管局主要负责同志担任召集人，其他成员单位有关负责同志为成员（名单附后）。联席会议成员因工作变动需要调整的，由所在单位提出，联席会议确定。

联席会议日常工作由市市场监管局承担。联席会议设联络员，由各成员单位有关科室负责同志担任。

三、工作规则

联席会议原则上每年至少召开一次全体会议，由召集人或召集人委托的同志主持召开。根据工作需要，可临时召开部分成员单位会议，也可邀请其他单位参加会议。联席会议以纪要形式明确会议议定事项，印发有关部门（单位）并抄报市政府。重大事项按程序报批。

四、工作要求

各成员单位要加强沟通，密切配合，按照各自职责分工，抓好联席会议议定事项落地落实，及时处理需要跨部门协调解决的问题。市市场监管局要组织开展部门联合"双随机、一公开"监管督导工作，及时协同、督促、推动工作落实，并向各成员单位通报有关情况。

德阳市市场监管领域部门联合"双随机、一公开"监管工作联席会议成员名单：

召集人：杨方清　市市场监管局局长

成　员：孙以农　市发改委调研员

王兴刚　市教育局副局长

唐明尧　市公安局总工程师

曾　勇　市财政局副局长

周　翔　市人社局副局长

汪　洋　市生态环境局副局长

王　华　市住建局机关党委书记

陈　林　市交通局机关党委书记
梁　辉　市农业农村局农机监理所所长
张凯文　市商务局副局长
刘明星　市文旅局副局长
唐　敏　市卫健委副主任
刘　钢　市应急局副局长
陈　凡　市市场监管局副局长
邓昌荣　市统计局副局长
易刚超　市税务局总会计师
肖　静　德阳海关副关长

10. 德阳市人民政府办公室关于印发《德阳市深化"放管服"改革优化营商环境 2020 年工作要点》的通知（德办发〔2020〕19 号）

各县（市、区）人民政府，德阳经开区管委会，德阳高新区管委会，市级有关部门：

《德阳市深化"放管服"改革优化营商环境 2020 年工作要点》已经市政府同意，现印发给你们，请认真组织实施。

德阳市人民政府办公室
2020 年 5 月 8 日

德阳市深化"放管服"改革优化营商环境 2020 年工作要点

为深入贯彻中、省关于深化"放管服"改革优化营商环境决策部署，全面落实《优化营商环境条例》，坚持不懈推进简政放权、放管结合、优化服务改革，结合我市实际，制定以下工作要点。

一、提高政务服务质量和水平

（一）推行不见面审批。依托全省一体化政务服务平台，推行"非接触式"服务，引导企业和群众通过网上查询、咨询、申报，部门工作人员通过网上受理、办理、免费快递送达办理结果等方式办理相关业务，尽量减少办事群众到实体大厅办事，防止传染风险，让企业和群众办事更安全、更便捷、更高效。2020 年年底前，除有特殊规定事项外，全市全面实现可网办率 100%，在系统支撑到位的情况下，全市高频事项全程网办率达到 100%、实际网办率达到 90% 以上。

[市政务和大数据局牵头，市级有关部门（单位）、各县（市、区）政府、德阳经开区管委会按职责分工负责]

（二）加快一体化政务服务平台建设。按照省一体化政务服务平台和"一网通办"试点任务要求，加快政务服务业务系统与一体化政务服务平台对接，打造四川政务服务网德阳旗舰店和"天府通办"德阳站点，构建微端融合、服务联动的智慧政务网，2020年年底前，市本级40个事项、试点县广汉市15个事项接入"天府通办"。[市政务和大数据局牵头，市级有关部门（单位）、各县（市、区）政府、德阳经开区管委会按职责分工负责]

（三）加强政务数据有序共享。实施"政务数据资源池"三年计划，通过构建政务服务元数据地方标准体系、规范完善政务数据源建设、开展政务数据清洗、开展政务应用系统清理、推动全域政务和公共数据向市政务云归集、完善政务数据基础信息库和主题库、依托政务大数据资源建设个人专属空间和企业专属空间、加快开发各类应用程序通用接口等，打造全市一体、整合共享的"政务数据资源池"，为政务服务应用提供数据支撑，依法合规推进政务数据资源向社会开放，推动数据加工产业发展，充分发掘数据资源价值，释放数字红利。[市政务和大数据局牵头，市级有关部门（单位）、各县（市、区）政府、德阳经开区管委会按职责分工负责]

（四）打造"指尖服务"德阳品牌。继续优化推广微信小程序"德阳市民通"，拓展钉钉服务功能，加紧开发"德阳市民通"App，依托政务数据资源共享交换平台，整合各类App和小程序应用，拓展应用场景，初步实现企业和群众通过一部手机查询办理身边事。[市政务和大数据局牵头，市级有关部门（单位）、各县（市、区）政府、德阳经开区管委会按职责分工负责]

（五）推进"一事一次办"改革。以高效办成"一件事"为目标，对涉及的相关政务服务事项进行全面梳理，围绕申请条件、申报方式、受理模式、审核程序、发证方式、管理架构进行系统再造，形成"一件事"的工作标准。对纳入"一件事"的各项政务服务事项实施一体化办理，实现系统集成、数据共享、业务协同。创新编制"一件事"办事指南，实现"一件事一次告知一次办结"。2020年年底前，200个高频事项实现套餐式、主题式、场景式服务。[市政务和大数据局牵头，市级有关部门（单位）、各县（市、区）政府、德阳经开区管委会按职责分工负责]

（六）深入开展政务服务"好差评"。依托省一体化政务服务平台，构建全市标准统一制定、数据统一汇聚、评价统一管理的政务服务"好差评"体系。按照"一事一评、即时评价、全面覆盖、纳入考核"要求，加大宣传推广力度，积极引导办事群众对政务服务及时作出评价，主动评价率达到80%以上。强化"好差评"结果运用，建立"差评"定期通报制度，对典型问题进行曝光，倒逼各级政务服务部门不断改进工作、提升服务质效。［市政务和大数据局牵头，市级有关部门（单位）、各县（市、区）政府、德阳经开区管委会按职责分工负责］

（七）进一步提升政务大厅服务水平。深入开展政务服务大厅"服务形象不佳、秩序不规范、服务意识不强、办事效率不高"专项整治。全面推进"三集中三到位"，完善市、县、乡各级政务大厅或便民服务中心集中服务模式，推进政务服务标准化建设，稳步推进政务服务事项全城通办、就近能办、异地可办。开展政务服务"以时定效"改革，深化减环节、减材料、压时限行动，不断提升政务服务质效，2020年年底前，200个以上政务服务事项实现"分钟办结""小时办结""日办结"，依申请行政权力事项和公共服务类事项承诺提速率达到80%以上。加大数据共享和平台支撑力度，不断精简申报材料，在企业开办、工程建设项目、财产登记和水电气报装等营商环境指标关键领域，事项申请材料较去年同期再压减30%以上。持续改进窗口服务，大力推行首问负责、一次告知、一窗受理、并联办理、限时办结等制度，2020年11月底前80%以上政务服务事项实行"一窗分类办理"。推广惠企政策"一窗通"，在各级政务服务大厅开设惠企政策服务专窗，实现惠企政策"统一发布、统一咨询、一窗申报、一窗兑现"。建立健全政务服务部门和窗口人员日常培训和岗前培训机制，全面提升工作人员业务能力和服务水平。［市政务和大数据局牵头，市级有关部门（单位）、各县（市、区）政府、德阳经开区管委会按职责分工负责］

二、持续深化行政审批制度改革

（八）持续推进简政放权。加快转变以行政审批为主的政府管理模式，变"政府端菜"为"企业群众点菜"，深入了解企业和群众需求，从解决企业群众的痛点、堵点和难点问题出发，从解决基层实际需求出发，协调推进清理和规范各类行政许可等管理事项，继续清理精简投资项目审批、工程建设项目审批等事项。在积极争取一批省级管理权限下放到德阳协同改革先行区的基础上，再探索下放一批市级管理权限，充分释放协同改革先行区在自主决策、制度创新、探索实践等方面的空间和活力，努力提高取消和下放工作的精准度。［市政务和大数据局（市审改办）牵头，市发改委、市司法局、市住建局等市级有关部门（单位）、各县（市、区）政府、德阳经开区管委会按职责分工负责］

（九）压减工程建设等领域企业资质资格。按照国家和省上统一部署，2020年年底前将工程建设等领域企业资质类别、等级压减三分之一以上，凡是能由市场机制调解的一律取消，对保留的事项精简资质类别、归并等级设置，对相关企业资质资格推进告知承诺管理，对有条件的企业资质办理实行"一网通办"。强化个人执业资格管理，加大执业责任追究力度。［市住建局牵头，市级有关部门（单位）及各县（市、区）政府按职责分工负责］

（十）推进投资审批制度改革。进一步修改完善企业投资项目承诺制实施方案，推进企业投资项目承诺制改革，完善投资审批事项清单，2020 年年底前实现投资审批事项线上并联办理、企业投资项目备案全程线上办理，努力实现投资项目线上核准。开展"投资法规执法检查疏解治理投资堵点"专项行动，推进审批合法性审查，积极疏解治理投资堵点。［市发改委牵头，市级有关部门（单位）、各县（市、区）政府、德阳经开区管委会按职责分工负责］

（十一）深化规划用地审批改革。以"多规合一"为基础，2020 年年底前建成"一张图"系统。全面推行用地预审和规划选址、建设用地规划许可和用地批准合并办理。推进实施"一次委托、统一测绘、成果共享"的测绘服务领域"多测合一"改革，稳步推进"多验合一"。探索开展规划影响评价、节地评价等"一个报告、一次论证"，简化办理流程。探索推进区域评估，2020 年年底前，在全市各重点产业功能区，土地供应环节不再就区域类压覆重要矿产资源、地质灾害危险性等事项对市场主体进行单独评估。［市自然资源局牵头，市级有关部门（单位）、各县（市、区）政府、德阳经开区管委会按职责分工负责］

（十二）深入推进减证便民。全面推行证明事项清单制管理，2020 年 6 月底前，各县（市、区）政府、市级有关部门（单位）在门户网站公布本地区、本部门（单位）设定的证明事项保留清单，逐项列明设定依据、开具单位、办理指南等，清单之外不得索要证明。推广证明事项告知承诺制试点成果，积极推广 CA 数字证书应用，规范工作流程，加强事中事后监管，2020 年 6 月底前全面推广证明事项告知承诺制。［市司法局牵头，市级有关部门（单位）、各县（市、区）政府、德阳经开区管委会按职责分工负责］

三、积极打造营商环境高地

（十三）最大程度为企业开办提供便利。在企业开办已实现全流程"零成本·一日办"的基础上，完善企业开办"一窗通"平台服务功能，推广智能终端"营商通"手机应用程序（App），按照省级平台建设进度，逐步实现企业登记、刻制公章、首次申领发票、职工参保登记等事项线上"一表填报"、一次实名验证，线下"一个窗口"领取全部材料，2020 年年底前全市范围内实现企业开办全流程"零成本·一日办"，市本级实现"零成本·半日办"。拓展电子营业执照应用范围，探索将电子营业执照作为企业开办、银行开户等业务的合法有效身份证明和电子签名手段。［市市场监管局、市政务和大数据局按职责牵头，市公安局、市人社局、市税务局、市公积金中心、人行德阳中心支行等市级有关部门（单位）、各县（市、区）政府、德阳经开区管委会按职责分工负责］

（十四）加快工程建设项目审批制度改革。深入推进并联审批、联合审图、联合竣工验收、区域评估、告知承诺制等任务落实。2020 年 6 月底前开展工程建设项目全流程审批事项清理，分类优化审批流程。积极对标上海、成都等地，加大清理规范审批服务事项，切实优化工程建设项目审批流程，建立基于项目风险登记的分类审批和管理机制，进一步将工程建设项目审批全流程时限压缩到40~80个工作日内。加强建筑许可前期咨询指导和要素准备工作，落实"标准地"报批措施，实现产业功能区建设项目"拿地即开工"。[市住建局牵头，市自然资源局、市发改委、市政务和大数据局等市级有关部门（单位）、各县（市、区）政府、德阳经开区管委会按职责分工负责]

（十五）优化水电气等公用事业服务。优化办水、办电、办气涉及的规划、占掘路审批流程，推行并联审批，5个工作日内完成全部行政审批。对150米以内（含150米）的市政设施工程，涉及自然资源和规划、交通运输、城管执法等部门的审批事项，实行告知承诺审批方式，2020年年底前将供电企业办理电力用户用电业务平均时间压减至40个工作日以内。实施获得用气"310"服务，即"最多3个环节、1套材料、0跑腿"，德阳市区域内工业用户用气办理环节压减至2个，报装时间压减至8个工作日以内，外线行政审批压减至10个工作日以内。提升获得用水服务，降低企业用水报装成本，德阳市区域内用水办理环节压减至2个，报装时间压减至8个工作日以内，外线行政审批压减至10个工作日以内。[市住建局、市经信局按职责牵头，德阳供电公司、市区域内天然气公司、市区域内自来水公司等市级有关部门（单位）、各县（市、区）政府、德阳经开区管委会按职责分工负责]

（十六）持续深化财产登记服务改革。在各县（市、区）不动产登记受理大厅设置企业服务专区，实现企业间转移登记（净宗地除外）当场缴税、当场发证，一个环节、当场完成。一般登记、抵押登记办理时间压缩至4个工作日以内，其中企业办理非住宅类转移登记、抵押登记办理时间压缩至1个工作日以内。2020年年底前，在系统整合到位、数据共享充分的条件下，市本级实现存量房转移登记、增量房转移登记等一般登记业务"一小时全流程即时办"目标。[市自然资源局牵头，市住建局、市政务和大数据局、市税务局等市级有关部门（单位）及各县（市、区）政府按职责分工负责]

（十七）持续降低企业融资成本。深入开展"信易贷"工作，推广应用"天府信用通"，为企业提供"线上＋线下"高效融资渠道，实施民营和小微企业"服务零距离、融资大畅通"金融服务专项行动，创新信用信贷产品，加大信贷支持力度。加快推进企业"金融顾问"工作落地，帮助企业开展"融资＋融智＋融制"。清理规范中小企业融资时不合理的担保、保险、评估、公证等事项，减少融资过程中的附加费用，严禁在发放贷款时附加不合理条件。2020年9月底前，组织开展小微企业融资收费问题全面排查和重点抽查。[市金融局、人行德阳中心支行按职责牵头，市市场监管局、德阳银保监分局等市级有关部门（单

位）及各县（市、区）政府按职责分工负责〕

（十八）全面加强中小投资者保护。进一步畅通投资者维权渠道，妥善处理资本市场涉及投资者的矛盾纠纷，有效保护投资者合法权益。认真执行法律法规及相关司法解释规定，依法保护股东特别是中小股东的知情权、监督权、决策权、收益权等合法权利。充分发挥金融、法院等机构职能作用，深入推进金融纠纷多元化解、示范判决、大宗股票强制执行等金融审判执行机制改革探索，更好维护中小投资者合法权益。〔市中级人民法院牵头，市司法局、市经信局、市商务局、市金融局等市级有关部门（单位）及各县（市、区）政府按职责分工负责〕

（十九）进一步推进纳税便利化。贯彻落实国家和省、市地方各项减税降费政策，做好政策宣传和辅导工作，确保纳税人、缴费人应享尽享。持续优化社保缴费、公积金缴存流程，进一步减次数、减时间、减负担，提高纳税便利度，力争实现所有税种电子申报，80%以上办税事项"最多跑一次"，90%以上主要涉税服务事项"全程网办"，年度纳税次数压减至6次，年度纳税时间压减至100小时以内，总税收和缴费率降低至55%。〔市税务局牵头，市人社局、市公积金中心等市级有关部门（单位）、各县（市、区）政府、德阳经开区管委会按职责分工负责〕

（二十）持续提升跨境贸易便利化水平。继续落实税收减免政策，实现国际贸易"单一窗口"主要业务应用率100%，让企业享受政策红利。继续加大通关时效的压缩，持续巩固整体通关时效压缩成果。进一步压缩口岸进出口货物整体通关时间，到2020年底，整体通关时间较2017年压缩45%。〔德阳海关、市商务局按职责牵头，市级有关部门（单位）及各县（市、区）政府按职责分工负责〕

（二十一）优化提升执行合同效率。持续推进诉讼电子化，提升审判信息化、智能化水平。深化电子档案机制改革探索，推进网上立案制度落地落实。研究制定深入推进互联网审判工作的指导意见，以全流程信息化建设助推审判效率提升。推广应用全国法院询价评估系统，加大网络司法拍卖力度，进一步降低执行环节的费用成本，提高执行效率。建立法院与不动产登记机构、银行等相关单位的信息共享机制，提高财产查控和强制执行工作效率。〔市中级人民法院牵头，市司法局、市公安局、市金融局等市级有关部门（单位）及各县（市、区）政府按职责分工负责〕

（二十二）提升办理破产质效促进资源优化配置。建立重整识别、预重整和简易破产案件快速审理机制等措施，有效简化办理破产流程、提高程序效率。持续推进破产审判专业化建设，提高破产审判水平，提升破产办理质效。简易破产案件办理时长控制在6个月以内，一般案件控制在2年以内。夯实"府、院"统一协调制度机制，加强相关行政主管部门与法院之间的信息共享，依法支持市场化债务重组，统筹解决破产工作难题。[市中级人民法院牵头，市司法局、市公安局、市国资委等市级有关部门（单位）及各县（市、区）政府按职责分工负责]

（二十三）优化提升营商环境评价指标。对标国际一流、国内先进，聚焦国家营商环境评价指标，精准制定整改措施、适时开展业务培训，分类加强行业指导，最大程度减环节、减材料、减时间、减成本，促进我市营商环境评价指标大幅提升：获得电力、获得信贷、保护中小投资者3项指标提升领先优势，保持全省第一排位；企业开办、登记财产2项指标进入全省第一水平；执行合同、知识产权保护与运用、市场监管、民营经济发展、招标投标5项指标确保进入全省前三；政府服务、包容普惠创新、政府采购、办理破产、跨境贸易、获得用水用气、纳税、办理建筑许可8项指标确保进入全省前五，力争进入全省前三。[市发改委、市政务和大数据局按职责牵头，市级有关部门（单位）、各县（市、区）政府、德阳经开区管委会按职责分工负责]

（二十四）稳步推进营商环境评价工作。聚焦企业群众关切，做好营商环境定期迎评工作，2020年4月、7月底前分别做好全省一季度、上半年工作评议，2020年年底完成全省营商环境综合评价。[市发改委、市政务和大数据局按职责牵头，市级有关部门（单位）、各县（市、区）政府、德阳经开区管委会按职责分工负责]

（二十五）深化第三方评估工作。委托具有权威性和公信力的第三方机构，定期对深化"放管服"改革优化营商环境推进情况开展评估评价，提出意见建议，推动管理和评价相分离，保障评价工作的独立性和评价结果的客观性。评价结果作为深化改革、改进工作的重要依据。[市发改委、市政务和大数据局按职责牵头，市级有关部门（单位）、各县（市、区）政府、德阳经开区管委会按职责分工负责]

四、进一步降低市场准入门槛

（二十六）有序推进"证照分离"改革。进一步加大改革力度，按照国务院和省政府统一部署，2020年统筹推进全市"证照分离"改革全覆盖。重点推进"照后减证"，将涉企经营许可事项全部纳入改革创新范围，通过直接取消审批、审批改为备案、实行告知承诺、优化审批服务等四种方式，分类推进改革。[市市场监管局牵头，市级有关部门（单位）、各县（市、区）政府、德阳经开区管委会按职责分工负责]

（二十七）提高工业产品准入办事效率。结合国、省重要工业产品准入制度改革要求，在省市场监管局委托的受理环节推进一日办、即时办，在发证环节做到即到即发。深化网上受理资料预审，节省企业申报时限和申报成本。[市市场监管局牵头，市级有关部门（单位）、各县（市、区）政府、德阳经开区管委会

按职责分工负责]

（二十八）严格落实负面清单制度。全面实施《市场准入负面清单（2019年版）》，严格落实"一张清单"管理模式，确保"一单尽列、单外无单"。全面清理规范负面清单之外违规设立的市场准入许可、准入环节违规设置的隐形门槛、清单之外违规制定的其他形式的负面清单，确保"非禁即入"普遍落实。推动市场准入负面清单事项与现有行政审批流程动态衔接。落实好外商投资准入前国民待遇加负面清单管理制度，对负面清单之外领域按照"内外资一致"原则实施管理。[市发改委、市商务局按职责牵头，市市场监管局、市经外局、市经信局等市级有关部门（单位）、各县（市、区）政府、德阳经开区管委会按职责分工负责]

（二十九）放宽服务业市场准入。以文化、医疗、教育等领域为重点，进一步放宽服务业市场主体投资经营活动的资质、股比、注册资金、从业人员、营业场所、经营范围等要求，深入清理在生态环境、卫生、安保、质检、消防等领域设置的不合理经营条件，取消证照办理、设备购置、人才聘用、人才发展等方面不合理限制，实现按市场化配置资源原则自负盈亏经营。[市发改委牵头，市级有关部门（单位）、各县（市、区）政府、德阳经开区管委会按职责分工负责]

五、进一步激发创新创业活力

（三十）切实优化人才引进服务机制。按照"不求所有、但求所用"原则，围绕重点领域、重点产业、重大项目、重点学科，简化引进手续、优化审批服务，大力引进战略性新兴产业高层次急需紧缺人才。对特殊人才采取"一事一议"方式，开辟专门渠道，提供特殊政策，实现精准引进。充分赋予用人单位在引进人才方面的自主权，采取灵活多样的引才方式，有效调动和激发用人单位的引才积极性，发挥好用人单位的主体作用。[市委组织部（市人才办）牵头，市人社局、市教育局、市科技局等市级有关部门（单位）、各县（市、区）政府、德阳经开区管委会按职责分工负责]

（三十一）强化知识产权创造、运用和保护。实施知识产权质量提升工程，新增一批知识产权示范（优势）企业和产业功能区。加快知识产权保护体系建设，充分发挥四川省知识产权公共服务平台、中国（四川）知识产权保护中心等作用，提升德阳知识产权维权援助中心能级。加大侵犯知识产权执法力度，建立健全知识产权快速协同保护机制和纠纷多元化解机制。完善知识产权仲裁调解工作机制，建立健全社会共治模式，构建知识产权"严保护、大保护、快保护、同保护"工作格局。[市市场监管局牵头，市司法局、市中级人民法院、市科技局、市新闻出版局、人行德阳中心支行等市级有关部门（单位）、各县（市、区）政府、德阳经开区管委会按职责分工负责]

（三十二）改进科研管理方式。根据省上统一部署，推广职务科技成果权属混合所有制改革，赋予科研机构和人员更大自主权，建立正向激励机制，开展科技人员减负行动。[市科技局牵头，市级有关部门（单位）按职责分工负责]

六、持续改善社会服务

（三十三）优化公共服务供给。推进"互联网＋"与教育、健康医疗、养老、文化、旅游、家政等领域深度融合发展。实施"互联网＋养老"行动，按照省上统一部署，建设省、市、县三级养老服务信息平台。开展支持社会力量发展普惠托育服务专项行动，建成一批示范性托育服务机构。启动市教育资源公共服务平台与管理平台的联通融合，构建"互联网＋教育"大平台。鼓励社会办医，出台德阳市社会办医跨部门审批实施方案。[市民政局、市教育局、市卫健委、市发改委按职责牵头，市级有关部门（单位）、各县（市、区）政府、德阳经开区管委会按职责分工负责]

（三十四）推进公证服务"最多跑一次"改革。积极推进"互联网＋公证"服务新模式，建立公证与不动产登记、公安、民政等部门信息共享机制，加快推广电子公证书、在线电子证据保全保管、债权文书网上赋予强制执行效力、远程视频公证服务等技术。严格执行公证事项证明清单制度和服务收费标准。深化公证机构改革，释放公证服务活力。[市司法局牵头，市级有关部门（单位）、各县（市、区）政府、德阳经开区管委会按职责分工负责]

（三十五）优化医保结算服务。出台全市医保经办政务服务事项清单。优化医保结算系统，2020年年底前实现基本医保、大病保险、医疗救助"一站式服务、一窗口办理、一单制结算"。对社会办医在医疗保障定点、跨市异地就医直接结算上与公立医院一视同仁，推动更多符合条件的社会办医进入基本医保和异地结算定点，2020年年底前各类医疗机构正式运营3个月后即可提出定点申请，定点医疗机构评估完成时限由原来的6个月缩短到3个月。[市医保局牵头，市级有关部门（单位）、各县（市、区）政府、德阳经开区管委会按职责分工负责]

（三十六）提升公共资源交易服务水平。深入开展公共资源交易规范化、标准化"示范交易中心"建设。聚焦公共资源交易盲点、断点、堵点，全面推行在线投标和"不见面开标"，大力推进电子评标和异地远程评标，按照全省统一部署，2020年11月底前实现全省公共资源交易电子招标、电子开标、电子评标、电子档案、电子监督等全流程电子化运行，实现跨区域、跨层级远程异地评标常态化。[市公共资源交易中心牵头，市级有关部门（单位）及各县（市、区）政府按职责分工负责]

（三十七）规范行业协会商会收费。引导行业协会商会加强行业自律，合理设定经营服务性收费标准，为市场主体提供信息咨询、宣传培训、市场拓展、权益保护、纠纷处理等方面的服务。严格规范行业协会商会的收费、评比、认证等行为，2020年6月底前全面清理取消违法违规的入会费、赞助费、会议费、培训费、评比表彰费等，并限期退还违法违规所得，2020年年底前对行业协会商会乱收费自查自纠情况组织开展实地抽查检查。[市发改委牵头，市市场监管局、市民政局等市级有关部门（单位）、各县（市、区）政府、德阳经开区管委会按职责分工负责]

七、推进事中事后监管常态化、规范化

（三十八）全面实施"双随机、一公开"监管。推动"双随机、一公开"监管、重点监管与信用监管等监管方式进一步融合，将随机抽查的比例频次、被抽查概率与抽查对象的信用等级、风险程度挂钩，合理安排检查频次，减少重复检查，提升监管效能。大力推行部门联合抽查，持续完善联合抽查事项清单，2020年年底前基本实现市场监管领域相关部门"双随机、一公开"监管全覆盖，政府相关部门在市场监管领域联合"双随机、一公开"监管常态化。[市市场监管局牵头，市级有关部门（单位）、各县（市、区）政府、德阳经开区管委会按职责分工负责]

（三十九）提升监管能力和水平。出台全市年度监管计划任务，强化有序监管。建立全市重点监管清单制度，规范重点监管程序，对重点产品、重点行业、重点区域质量安全状况进行跟踪监测，对医院、学校、车站、大型综合体、旅游景区等公众聚集场所和电梯维保、气瓶充装等单位实施重点监督检查。[市市场监管局牵头，市级有关部门（单位）、各县（市、区）政府、德阳经开区管委会按职责分工负责]

（四十）推进部门协同监管和联合惩戒。大力实施信用监管，规范认定并设立市场主体信用"黑名单"，建立健全跨部门、跨区域执法联动响应和协作机制，实现违法线索互联、监管标准互通、处理结果互认。依托全国信用信息共享平台（四川德阳），对失信联合惩戒主体在行业准入、项目申报、公共资源交易、金融信贷、发票领用、出口退税、评先评优等方面依法予以限制。建立健全信用修复、信息主体异议申诉等机制，鼓励失信市场主体主动纠错、重塑信用。加强审管衔接，促进行政审批与行业监管无缝衔接、高效联动。[市发改委、市市场监管局按职责牵头，市级有关部门（单位）、各县（市、区）政府、德阳经开区管委会按职责分工负责]

（四十一）提升监管执法规范性和透明度。加强对行政处罚、行政强制事项的源头治理，最大限度减少不必要的执法事项。持续改进执法方式，推进执法结果共享互认，及时制止"一刀切"等行为，对守法记录良好的企业减少检查频次。2020年年底前基本实现各级行政执法机关及时准确公示执法信息、执法全

过程留痕和可回溯管理、重大执法决定法制审核全覆盖。[市司法局牵头，市生态环境局、市交通局、市农业农村局、市文旅局、市市场监管局等市级有关部门（单位）、各县（市、区）政府、德阳经开区管委会按职责分工负责]

（四十二）切实维护招投标和政府采购领域公平竞争秩序。2020年年底前，组织开展工程项目招投标营商环境专项整治，全面清理各种涉及地域、行业和所有制歧视的不合理规定，防止随意附加各种意向性条件，集中曝光一批在工程项目招投标和政府采购领域不合理限制或排斥潜在投标人和供应商的违法违规行为。[市发改委、市财政局按职责牵头，市级有关部门（单位）、各县（市、区）政府、德阳经开区管委会按职责分工负责]

（四十三）进一步落实公平竞争审查制度。按照全省统一部署，2020年6月底前，完成全市妨碍统一市场和公平竞争的政策措施清理工作，及时向社会公开清理结果。督促指导各地各部门建立健全公平竞争审查联席会议制度，坚决防止和纠正滥用行政权力排除、限制竞争行为。探索开展公平竞争审查第三方评估，适时开展市场调查或系统评估。[市市场监管局牵头，市级有关部门（单位）、各县（市、区）政府、德阳经开区管委会按职责分工负责]

八、推进"放管服"改革向基层延伸

（四十四）推动行政权力向基层下放。深化乡镇行政执法体制改革，扩大经济发达镇改革试点范围，将一批审批、服务、执法等权限依法赋予乡镇。指导各地建立乡镇（街道）权力清单、责任清单和服务清单，实行动态管理。出台做大做强中心镇意见，增强中心镇政府服务经济社会发展能力。以县为单位完善"就近能办"事项清单，推动更多政务服务事项向乡镇（街道）、村（社区）延伸下沉。[市委编办、市司法局、市住建局、各县（市、区）政府按职责牵头，市级有关部门（单位）按职责分工负责]

（四十五）推进乡镇便民服务中心规范化标准化建设。出台乡镇便民服务中心规范化标准化建设工作方案，整合乡镇和县级部门派驻乡镇机构承担的职能相近、职责交叉工作事项，建立集综合治理、市场监管、综合执法、公共服务、政务公开等功能于一体的统一平台。加强村级党群服务中心标准化规范化建设，为党员群众提供"一窗式"基层党建和政务服务。[市政务和大数据局、市委组织部按职责牵头，市级有关部门（单位）、各县（市、区）政府、德阳经开区管委会按职责分工负责]

（四十六）完善政务服务体系。加强政务服务事项标准化建设，推进政务服务"一网通办"业务流程再造，推动同一事项全市范围内"无差别受理、同标准办理"。完善市、县、乡、村四级一体化政务服务体系，打通优化政务服务落实到基层的"最后一公里"。[市政务和大数据局牵头，市级有关部门（单位）、各

县（市、区）政府、德阳经开区管委会按职责分工负责]

九、强化对改革的支撑保障

（四十七）强化法治保障。深入贯彻落实国家《优化营商环境条例》，加强对政府职能转变和"放管服"改革措施的法制审核力度，加快清理滞后于"放管服"改革要求、不利于优化营商环境、制约新产业新业态新模式发展的有关规范性文件，及时提出修改和废止建议。鼓励各地各有关部门（单位）将实践证明行之有效、人民群众满意、市场主体支持的改革经验制度化。[市司法局牵头，市级有关部门（单位）、各县（市、区）政府、德阳经开区管委会按职责分工负责]

（四十八）鼓励支持探索创新。扎实做好京沪两地优化营商环境改革举措复制推广借鉴工作，加快推动我市打造全省营商环境高地建设，聚焦开办企业、办理建筑许可、获得电力、登记财产等优化营商环境重点领域，先行先试，大胆创新，形成更多可复制可推广的经验。通过开展专题培训、印发简报等方式，加大深化"放管服"改革优化营商环境典型案例宣传力度，对条件成熟的改革经验及时在全市复制推广。[市发改委、市政务和大数据局牵头，市级有关部门（单位）、各县（市、区）政府、德阳经开区管委会按职责分工负责]

（四十九）健全政企沟通机制。畅通企业诉求和权益保护的反映渠道，搭建政企沟通制度化平台，依托省一体化政务服务平台、"12345"市民服务热线等渠道，对损害营商环境的典型案例进行公开曝光，强化问题查处，推动整改落实。加大涉企行政规范性文件合法性审核力度，健全重大涉企政策征求企业、行业协会商会意见机制，推动形成企业家建言献策的良好氛围。[市发改委、市政务和大数据局、市司法局、市工商联按职责牵头，市级有关部门（单位）、各县（市、区）政府、德阳经开区管委会按职责分工负责]

（五十）严格考核奖惩。加大深化"放管服"改革优化营商环境考核力度，建立全市统一的考核管理体系，实行以营商环境指标排位确定考核成绩，对成效明显的给予表扬和激励，对不作为乱作为延误改革的严肃问责。完善"放管服"改革优化营商环境工作任务台账，加强政策督促落实和跟踪问效。[市发改委、市政务和大数据局牵头，市级有关部门（单位）、各县（市、区）政府、德阳经开区管委会按职责分工负责]

附录2　罗江区营商环境政策

编号	政策名称	发文时间
1	德阳市罗江区人民政府办公室关于印发《德阳市罗江区深化"放管服"改革优化营商环境行动计划（2019—2020年）》的通知	2019/12/31

1. 德阳市罗江区人民政府办公室关于印发《德阳市罗江区深化"放管服"改革优化营商环境行动计划（2019—2020年)》的通知

各镇人民政府，经开区、白马关景区、高教职教园区管委会，区级各部门：

《德阳市罗江区深化"放管服"改革优化营商环境行动计划（2019—2020年)》经区政府同意，现印发给你们，请遵照执行。

德阳市罗江区人民政府办公室

2019 年 12 月 20 日

德阳市罗江区深化"放管服"改革优化营商
环境行动计划（2019—2020 年）

为贯彻落实党中央国务院、省委省政府和市委市政府深化"放管服"改革优化营商环境的决策部署，根据《四川省深化"放管服"改革优化营商环境行动计划（2019—2020 年）》（川府发〔2019〕15 号）以及《德阳市深化"放管服"改革优化营商环境行动计划（2019—2020 年）》（德府发〔2019〕13 号）文件精神，结合我区实际，制定本行动计划。

一、总体要求

（一）指导思想

坚持以习近平新时代中国特色社会主义思想为指导，认真贯彻落实党的十九大、省委十一届三次、四次全会和市委八届七次、八次全会精神，牢固树立新发展理念，紧紧围绕便民利企，以国际化、法治化、便利化为导向，以深化政务服务侧改革为主线，以互联网和大数据建设为依托，积极对标国际国内营商环境评价标准，持续推进"放管服"改革，不断增强经济社会发展内生动力，努力将罗江打造成为全省一流的国际化营商环境高地。

（二）工作目标

集中两年时间，着力实施提升营商环境关键指标，夯实政务服务工作基础，促进我区"放管服"改革和营商环境优化取得阶段性成效，推动高质量发展提供坚强保障，为推动区委"1234"发展战略贡献力量。

到 2019 年底，我区营商环境大幅改善，营商环境法治化体系基本形成，开办企业、办理施工许可、获得电力、产权登记、获得信贷、保护少数投资者、纳税、跨境贸易等主要营商环境指标得到突破性提升。企业开办全流程压缩到 1 个工作日内；不动产一般登记业务办理时限压减到 1 个工作日办结，在系统整合到位、数据共享充分的条件下，实现"全流程一小时即时办"；政府投资建设项目全流程全覆盖审批总用时控制在 61~81 天内，社会投资建设项目全流程全覆盖审批总用时控制在 33~48 天内；区、镇两级政务服务事项网上可办率达 100%；70% 以上政务服务事项实行"一窗分类办理"，30 个高频事项实现套餐式、主题式、场景式服务；一批高频跨部门事项办理环节减少 30% 以上，承诺时限在法定时限基础上平均减少 60% 以上，纸质申请材料在 2018 年基础上平均再减少 30% 以上，全区实现 50 项以上"零材料提交"事项。

到 2020 年底，我区营商环境显著改善，营商环境法治化、国际化、便利化水平显著提升，智慧政务服务体系进一步完善，竞争中性市场环境加快形成，政策执行更加透明公开，政务服务更加便捷高效，企业制度性交易成本明显降低，营商环境主要指标得到较大提升。企业开办全流程压缩到 1 个工作日内；不动产一般登记业务实现"全流程一小时即时办"；工程建设项目审批制度框架和管理系统更趋完善，区域评估制度框架和管理体系基本建成，中介服务办理时间压缩 30% 以上；力争高频事项实现移动办理、套餐式、主题式、场景式服务；申请人实际提交材料平均减少 50% 以上。

二、着力提升十条营商环境关键指标

（一）企业开办

1. 进一步降低市场准入门槛。全面实施市场准入负面清单制度，清理规范负面清单之外违规设立的市场准入许可、准入环节违规设置的隐形门槛、清单之外违规制定的其他形式的负面清单，确保"非禁即入"普遍落实。（责任单位：区发改局、区行政审批局、区商务局、区经信局、区市场监管局。排在首位的为牵头单位，下同）

2. 深化企业登记便利化改革。进一步简化流程、压缩办理时间，方便企业快速进入和退出市场。依托企业开办"一窗通"平台服务功能，实行"登录一个平台、填报一次信息、后台实时流转、即时回馈信息"，2019年底前，企业开办全流程压缩到1个工作日内；进一步梳理和优化企业"一件事"办理流程，2019年底前实现涉企关联事项"一个窗口、一套资料、一次办理"；2020年底前，按照全省统一登记系统建设要求，力争企业开办全流程"一日办结"。2019年底前，将简易注销审批时限压减至1个工作日内，编制公布统一的企业注销操作指南，建立容缺机制，支持未开业和无债权债务企业快速退出市场。（责任单位：区行政审批局、区市场监管局、区公安局、区人社局、区税务局、区级有关部门）

（二）工程建设项目审批

1. 全面提升项目审批效率。全力推进工程建设项目审批制度改革，力争改革进度和成效走在全省前列。2019年底前，实现一般政府投资项目全流程审批总用时控制在61~81日内，一般社会投资项目控制在33~48日内，中小型社会投资项目控制在33~40日内，带方案出让用地项目和园区内工业、仓储及生产配套设施项目控制在70个工作日以内。（责任单位：区行政审批局、区住建局、区自然资源局、区发改局、区级有关部门）

2. 探索推进区域评估。在省级以上开发区探索推行共性前置事项统一评估机制，由开发区统一组织对一定区域内土地勘测、矿产压覆、地质灾害、水土保持、规划水资源论证、文物保护、地震安全性、气候可行性等事项实行区域评估，企业入园后可不再进行上述评估。在能评、环评等方面，探索开展区域评估，推行线上线下"多规合一""多评合一""多审合一""多验合一"等模式。（责任单位：区自然资源局、区发改局、区住建局、区水利局、经开区）

3. 推进承诺制改革。按照"容缺预审、一诺即办"的原则，有序推进企业投资项目承诺制改革，建立"政府定标准、企业作承诺、过程强监管、信用有奖惩"的企业投资项目新型管理模式。以供地、开工、竣工投产为节点，按照"政府统一服务、企业按标承诺"的方式对报建审批事项进行流程再造，公布承诺制审批事项清单。（责任部门：区发改局、区行政审批局、区住建局、区自然资源局、区级有关部门）

（三）不动产登记

1. 整合优化不动产登记流程。建立部门间信息资源共享集成机制，推进公安、房产交易、税务、民政、市场监管等部门信息共享，逐步扩大申请材料免提交范围。在政务服务大厅或不动产登记大厅设立不动产登记综合受理窗口，整合集成房产交易、税收征缴、不动产登记流程，实行"一窗受理、并行办理"。推进不动产登记与水、电、气、网络、有线电视过户等关联业务联动办理。（责任

单位：区自然资源局、区税务局、区行政审批局、区住建局、罗江供电公司、罗江天然气公司、区级有关部门）

2. 大幅压缩不动产登记时间。2019 年底前，按照全流程办理要求，区级一般登记业务办理时间压缩至 10 个工作日以内，抵押登记业务办理时间压缩至 5 个工作日以内。2020 年底前，区级一般登记、抵押登记业务办理时间压缩至 5 个工作日以内。（责任单位：区自然资源局、区税务局、区行政审批局、区住建局、区级有关部门）

（四）水电气供应

1. 推动公用事业服务提质增效。制定统一的用水、用电、用气办事指南，优化报装流程、减少报装耗时和费用，减免小微企业手续费。建立水、电、气接入通道建设许可"一站式"办理工作机制，推进通道建设相关的规划许可、施工许可、临时占用绿地许可、占用道路挖掘许可等事项并行办理。（责任单位：区住建局、区经信局、区自然资源局、区综合执法局、区行政审批局、区级有关部门）

2. 大幅提升获得水电气报装效率。进一步简化水电气报装流程、精简申报资料、压缩报装时限。2019 年底前，实现工业企业、工程项目用水缩短至 22 个工作日；供水报装时限压缩至 100 户以内 22 个工作日、100～500 户 27 个工作日、500 户以上 30 个工作日。实现用电报装办理时限压减至 10 千伏用电 50 个工作日、低压居民及小微企业客户用电 7 个工作日、小微企业及其他非居民客户 15 个工作日；用电报装环节 10 千伏用电压缩至 4 个环节，低压居民及小微企业客户压缩至 3 个环节；用电申请资料低压居民和低压非居民减少为 3 种，高压客户减少为 4 种，逐步实现低压客户办电"零上门"。实现供气报装由原 8 个环节压缩至 4 个环节，报装总时限压减至主城区零散户和中小型商业用户完成安装并通气不超过 15 个工作日。（责任单位：区住建局、区经信局、罗江供电公司、罗江天然气公司、区级有关部门）

（五）企业融资

1. 加大金融支持力度。大力改善民营和小微金融服务，缓解民营和小微企业融资难、融资贵问题。督促银行业金融机构建立与小微信贷投放挂钩的绩效考核激励机制。按照全省"五千四百"上市行动计划，推动符合条件的民营和中小企业在境内外资本市场上市。支持我区科技型民营企业在科创板上市，支持股权投资基金、证券服务中介机构为民营和中小企业提供"一站式"服务。（责任单位：区金融局、区市场监管局）

2. 创新金融支持方式。抓好支小再贷款、小微企业金融债券、知识产权质押融资等相关政策落实。加强增信体系建设，大力发展供应链金融，推广知识产权质押融资新模式，拓展合格抵（质）押品范围，提高不动产抵押登记、知识产权质押登记效率。大力发展直接融资，支持符合条件的民营和中小企业发行银行间市场债务融资工具以及公司债、企业债。（责任单位：区金融局、区市场监管局）

3. 提高融资便利性。鼓励金融机构在政务服务大厅设立企业金融咨询服务窗口或在有条件的金融机构网点开设企业登记窗口，帮助中小企业缓解融资难、融资贵问题，实现在线融资业务申请办理，提升金融服务便利性。（责任单位：区金融局、区市场监管局）

（六）产权保护

1. 依法保护企业和企业经营者合法权益。加强对民营企业和企业家合法财产的保护，建立因政府规划调整、政策变化造成企业合法权益受损的依法依规补偿机制。依托全省统一的企业维权服务平台，支持和鼓励工商联、行业协会商会依法设立商事纠纷专业调解机构，进一步拓宽纠纷化解途径。不断完善市场主体救治和退出机制，提升破产案件审理效率，降低破产案件办理成本。（责任单位：区法院、区经信局、区市场监管局、区司法局、区工商联）

2. 实行更加严格的知识产权保护。依托四川省知识产权公共服务平台，为创新主体提供"全链条、全领域、一站式"的知识产权服务。建立知识产权侵权查处快速反应机制，开展查处商标、专利、地理标志等侵权假冒违法行为专项行动。充分发挥司法在知识产权保护中的主导作用，依法惩治各类知识产权侵权行为，探索建立知识产权惩罚性赔偿制度，显著提高侵权行为违法成本。（责任单位：区市场监管局、区司法局、区法院、区科技局）

3. 强化商事案件司法保障。依法审理涉及民营企业的金融借款、融资租赁、民间借贷等案件，支持民营企业多渠道融资。坚持依法保障劳动者合法权益与企业生存发展并重的理念，通过和解、调解等方式，妥善审理民营企业劳动争议案件，促进企业与劳动者共渡难关、互利共存、共赢发展。建立健全破产程序启动机制和破产重整企业识别机制，依法保护投资者的合法利益。（责任单位：区法院、区市场监管局、区司法局、区级有关部门）

（七）纳税缴费

1. 持续优化纳税服务。全面落实国家普惠性和结构性减税政策，推进落实增值税税率降低，增值税期末留抵税额退税等政策。全面推广涉税事项网上办理，推进电子税务局建设，90%以上的主要办税事项提供"全程网办"服务。扩大税务"最多跑一次"事项范围，年纳税时间压缩至 130 个小时内。2019 年底前，推行新办纳税人"套餐式"服务，全区范围内实现 100% 的综合性办税服务厅"一厅通办"服务模式。（责任单位：区税务局、区财政局）

2. 继续规范涉企收费。加快收费清单"一张网"建设，继续清理规范政府性基金和行政事业性收费，持续规范行政事业性收费和政府定价（含政府指导价）经营服务性收费项目和标准，严格执行省定涉企行政事业性收费"零收费"政策。根据国、省、市部署全面推开行业协会商会与行政机关脱钩改革，清理整顿事业单位、行业协会商会收费。（责任单位：区市场监管局、区财政局、区发改局、区经信局、区民政局、区级有关部门）

3. 着力降低涉企收费。对国家规定收费标准有浮动幅度的涉企收费项目按标准下限执行。围绕中介服务、进出口环节、工程建设等涉企收费重点领域，开展坚决有力的专项治理行动，压减各种不合理的前置评估和中介服务项目。对接制定降低社保费率具体实施办法。（责任单位：区市场监管局、区发改局、区财政局、区人社局、区级有关部门）

（八）成本降低

1. 降低企业用电用气成本。继续深化电力体制改革，2019 年一般工商业电价再降低 10%。城市地区 160 千瓦及以下、农村场镇 100 千瓦及以下、农村其他地区 50 千瓦及以下采取低压方式接入电网。对园区企业客户将线路架至红线处，严格执行"就近接入"和"先接入，后改造"原则，落实园区客户相关部门同步分析，必要时同步开展电网改造，全力满足客户需求。扩大直购电范围，争取和落实资源地气价优惠和国家直供气政策。落实从源头上降低用电用气成本。（责任单位：区经信局、区住建局、区市场监管局、罗江供电公司、罗江天然气公司）

2. 降低企业用地成本。落实好进一步优化工业用地供应管理政策要求，降低企业用地综合成本。建立区级统筹的重大工程用地保障机制，做好全区重大工业项目用地保障工作，建立加强工业用地年度计划管理机制。积极推进工业用地弹性年期出让、土地年租、先租后让、租让结合等，按照实际情况确定工业用地的供应方式和使用年限。探索建立综合评标的土地出让机制，将能耗、水耗、环境、建设、税收贡献、研发投入、产业类型等方面标准统筹纳入拟出让土地评价指标。（责任单位：区自然资源局、区经信局、区发改局）

3. 降低企业用工成本。积极帮助企业缓解用工成本上涨压力，对符合条件的按政策予以补贴。（责任单位：经开区、区人社局）

（九）跨境贸易

切实保障外商投资企业公平待遇，落实便利境外投资的相关政策，推动监管证件验核无纸化，除安全保密需要等特殊情况外，监管证件全部实现联网核查。（责任单位：区商务局、区市场监管局）

（十）人才服务

牢固树立人才是第一资源的理念，研究制定我区人才建设行动纲要，完善和落实领军人才、英才计划、院士专家工作站、首席技师、大师工作室等各类人才认定办法及培养支持政策，坚持引育并举，加大高层次人才培养引进力度，引导、激励广大人才更好地服务民营经济发展。（责任单位：区委组织部、区人社局、区级有关部门）

三、扎实筑牢政务服务工作基础

（一）扎实推进"一网、一门、一次"改革

1. 深入推进"一网通办"。以省一体化政务服务平台为枢纽，统一身份认证体系，全面打通全区各部门政务服务办理系统。除法律法规另有规定或涉及国家秘密等外，所有政务服务事项均要进入一体化平台运行，实现100％网上可申请。分批整合各部门政务服务移动端应用，优化"查、问、办、评"功能，推进高频事项"掌上可办"，打造罗江政务移动服务名片。加快推进电子证照入库工作，提升电子证照共享应用水平。按照"一网通办"要求，加大对省一体化政务服务平台的应用推广力度，进一步强化电子印章、电子证照、数据共享等基础支撑。2019年底前，区、镇两级政务服务事项可网办率均达到100％。（责任单位：区行政审批局、区级各部门、各镇人民政府）

2. 全面推行"只进一扇门"。优化提升政务服务大厅"一站式"功能，政务服务事项进驻综合性实体政务大厅实现"应进必进"。全面实行"一窗分类办理"，制定完善工作规范和服务标准，推行"前台综合受理、后台分类审批、综合窗口出件、快递代办送件"模式，打造高效便利的窗口服务体系。加快推进高频事项全域通办和就近可办，制定发布全域通办清单。推动一批高频事项下沉至乡镇（街道）、村（社区）办理。（责任单位：区行政审批局、区司法局、区级有关部门）

3. 持续深化"最多跑一次"改革。加强政务服务事项标准化建设，全面消除模糊和兜底条款，推进同一事项无差别受理、同标准办理。以一件事"最多跑一次"为目标推进业务流程再造，推出100个套餐式、情景式、主题式服务。进一步压减审批承诺时限，推动承诺时限比法定时限平均减少60％以上，实际办理时间比承诺时限平均减少30％以上。大幅精简办事过程中需要申请人提交的申请材料，实现申请人实际提交材料平均减少50％以上，同步按批次推出"零材料提交"事项。持续开展减证便民行动，积极探索开展告知承诺制，加强信用监管，切实减少烦琐证明。聚焦企业办事体验，以申请人办好"一件事"为切入点，升华"最多跑一次"内涵，大力推广免费政务快递代办服务、园区"直通

车"服务等，实现"全过程不见面办成事、最多跑一次快办事"目标。（责任单位：区行政审批局、区司法局、区级有关部门）

（二）完善政务服务标准化体系

1. 完善权责清单制度。充分发挥权责清单基础性制度作用，将权责清单贯穿到政府管理运行的各个环节，逐步打造成为政府部门履职清单。推进权责清单标准化规范化建设，严格按照现行法律、法规和规章规定梳理权责清单，做到行政职权的行使主体、事项、依据、流程、岗位、责任明确。完善权责清单动态管理机制，实行实时调整和定期集中调整相结合，按程序审核确认后进行调整并向社会公布。（责任单位：区委编办、区司法局、有行政权力的区级各部门）

2. 规范行政审批和监管行为。推进"审管衔接"，加强行政审批和业务监管的无缝衔接、高效协同，坚决杜绝"审管两张皮"现象。开展变相审批和许可自查整改工作，重点规范备案、登记、行政确认、征求意见，消除审批和许可"灰色地带"。清理公布保留的审批中介服务事项清单，明确办理时限、工作流程、申报条件、收费标准，推进中介服务"最多跑一次"。建立"互联网＋监管"事项清单，各部门监管业务系统与省"互联网＋监管"系统联通，为实现协同监管、重点监管、风险预警提供大数据支撑，提高监管效能。（责任单位：区发改局、区民政局、区司法局、区市场监管局、区行政审批局、区级有关部门）

3. 加大政务公开工作力度。落实新修订的政府信息公开条例，围绕"放管服"改革和优化营商环境新任务新举措做好政府信息公开工作。加大政策解读力度，通过政府网站、政府公报、政务新媒体等多种渠道及时发布权威信息，深入解读政策背景、重点任务、前后变化、后续工作考虑等。完善政府网站、政务新媒体惠企政策集中发布、归类展示、查询搜索等功能，为市场主体提供统一便捷的信息获取渠道和场景化服务入口。（责任单位：区行政审批局、区级有关部门）

4. 加强和完善事中事后监管。贯彻落实四川省全面推行部门联合"双随机、一公开"监管实施方案要求，依托全省统一的"双随机、一公开"监管工作平台，推进检查结果共享共用和公开公示。根据四川省新兴行业分类指导目录和监管规则，探索对新技术、新业态、新模式实行审慎包容监管，提高监管效能。（责任单位：区市场监管局、区发改局、区级有关部门）

5. 完善政务服务反馈机制。建立政务服务"好差评"制度，企业和群众可以现场或在线评判服务绩效，评判结果纳入政府绩效考核。依托12345政务服务热线，加快各类服务热线资源整合，受理营商环境投诉举报并及时查处回应。加强省一体化政务服务平台应用，提供实时查询办理进度和办理结果服务，做到网上可查询、可互动、可追溯。全面梳理群众办事、咨询、反映的高频事项和高频问题，建立常见问题解答清单并主动公开。（责任单位：区行政审批局、区级有关部门）

（三）构建营商环境法治化体系

1. 提升政府决策科学化法治化水平。严格执行重大涉企行政决策法定程序，健全企业参与重大涉企政策制定机制。对企业权益产生重大影响的行政规范性文件，在制定过程中应当采取多种方式，充分听取有代表性的企业、行业协会商会、政府法律顾问的意见。全面推行行政规范性文件合法性审核机制，加强地方政府规章或行政规范性文件备案审查工作。在全区政府办系统深入开展"放管服"改革和优化营商环境法治教育培训。（责任单位：区司法局、有起草或制定重大经济政策职责的区级有关部门）

2. 深入推进综合行政执法。深化"一支队伍管执法"改革，整合归并执法队伍，解决多头执法、多层执法和重复执法问题。严格落实行政执法责任制，全面推行行政执法公示制度、全过程记录制度和重大行政执法决定法制审核制度。依托全省统一的行政执法监管平台，推动建立行政执法事项清单，主动公开公示执法信息。细化落实四川省规范行政执法裁量权规定，分行业分领域编制行政执法标准，细化自由裁量规则。［责任单位：区委编办、区司法局，区级各行政执法部门（单位）］

3. 加强政务诚信建设。建立健全"政府承诺＋社会监督＋失信问责"机制，认真履行在招商引资、政府与社会资本合作等活动中与投资主体依法签订的各类合同，防止"新官不理旧账"。开展政务失信专项治理，全面梳理政府对企业失信事项，依法依规提出限期解决措施。做好拖欠民营企业、中小企业账款清欠工作。加强社会信用体系建设，在失信被执行人、拖欠农民工工资、食品安全等重点领域实施联合惩戒，积极参与全省民营企业"诚信百千工程"评选活动。制订罗江区政务诚信评价工作实施方案，建立政务诚信监测评价指标体系。（责任单位：区政府办、区发改局、区财政局、区经信局、区市场监管局、区法院、区人社局、区级有关部门）

（四）有效促进市场公平竞争

1. 清理地方保护和行政垄断行为。在制定市场准入、产业发展、招商引资、招标投标、政府采购、经营行为规范、资质标准等涉及市场主体经济活动的政府规章、行政规范性文件和其他政策措施时，严格落实公平竞争审查制度。（责任单位：区市场监管局、区级有关部门）

2. 组织开展招投标领域专项整治。消除对不同所有制企业设置的各类不合理限制和壁垒。全面公开政府采购项目信息，鼓励以保函代替供应商保证金，在政府采购领域大力推行"政采贷"。研究开展公平竞争审查第三方评估，提高审查质量和效果。加强反垄断执法和垄断行业监管，开展不正当竞争行为专项治理。深化公共资源交易平台整合共享，全面推行公共资源交易全程电子化，进一

步提升交易公开性和透明度，切实降低招投标交易成本。（责任单位：区发改局、区财政局、区公共资源交易中心、区级有关部门）

（五）全面推进审批服务"无差别受理"

全面归并整合进驻政务服务中心的部门受理职能，设立综合受理窗口，推行受理与办理相分离机制，聚焦不动产登记、市场准入、企业投资、建设工程、民生事务等办理量大、企业和群众关注度高的重点领域重点事项，在各级政务服务大厅整合设置综合受理窗口，实行"一窗受理、分类审批、统一出件"工作模式，试点推行"全科无差别受理"。2019年底前，区、镇两级政务服务中心100%完成分类综合窗口改造，70%以上政务服务事项实现"一窗分类受理"。（责任单位：区行政审批局、区发改局、区住建局、区自然资源局、区市场监管局、区级有关部门）

（六）持续推进智慧政务建设

加强基础政务数据归集、回流、清洗和梳理，完善八大政务资源数据库和政务云平台建设，加大政务大数据交互共享力度，推进政银、政邮、政通合作，提升政务大数据服务水平。推进政务服务超市建设，形成城市"10分钟"、农村"半小时"和"网上全天候"政务服务圈。政务服务大厅全面设置自助终端区，实行7×24小时自助终端服务，在政务服务网上公布自助办理事项清单。（责任单位：区行政审批局、区级有关部门）

（七）加大园区行政审批权限下放力度

进一步优化园区营商环境，推动其在"放管服"改革方面走在前列，简化审批程序，实施流程再造，在市场准入、土地管理、规划建设等方面，通过下放、授权、委托等赋权方式，赋予园区相应审批权限。对园区暂时无能力承接或上位法不支持下放的审批事项，纳入"园区受理接件、部门网上审批、快递代办发证"的项目审批"直通车"服务机制，全面打通园区办事通道，实现"园区办事不出园区"。（责任单位：区行政审批局、区市场监管局、区自然资源局、区住建局、经开区、区级有关部门）

（八）加强乡镇便民服务中心为民服务能力

1. 完善乡镇便民服务中心机构设置。根据全区乡镇行政区划调整改革结果，在2019年底落实乡镇便民服务中心机构设置，力争下放事项实现就近办理，让数据多跑路、群众少跑路。（责任单位：区行政审批局、区委编办）

2. 落实乡镇便民服务中心人员配备。各乡镇便民服务中心按照组织要求统一派驻人员，派驻主任1名（按八级职员配备）、副主任1名（按正股级九级职员配备）、工作人员1名（按九级职员配备），原便民大厅工作人员及区级部门派驻工作人员在中心主任指导下开展便民服务工作。除便民服务中心主任外，其余便民服务工作人员均应集中在便民服务中心工作，接待办事群众。其中因乡镇机构改革调整被撤并的乡镇（御营镇、蟠龙镇、慧觉镇）设置的便民服务中心，另派驻人员2名，原乡镇便民服务中心业务经办人员（农业服务部人员、部门派驻人员、自聘人员、公益性岗位人员等）保持不变。（责任单位：区行政审批局、区委组织部、区委编办、区人社局）

3. 优化乡镇便民服务中心设施设备。各乡镇便民服务中心设施、设备配备到位，全面提升申报、审批、发证等各流程信息化程度，为群众办理许可事项提供更加便捷的服务方式、为群众在审批服务方面"就近能办""多点能办""跑一次"和"审批不见面"打下坚实的基础。（责任单位：区行政审批局、各镇人民政府）

四、保障措施

（一）加强组织领导，狠抓任务落实。各部门要把深化"放管服"改革优化营商环境作为"一把手"工程来抓，主要负责同志作为第一责任人，既要亲自抓部署、抓方案，又要亲自协调、抓落实，确保"一竿子插到底"。全区各部门要结合部门实际，聚焦企业和群众办事痛点、堵点、难点，主动作为、攻坚克难，进一步健全工作机制，细化政策措施，加大探索创新力度，构建亲清新型政商关系，强化政治担当和作风建设。

（二）突出统筹推进，加强协调调度。各部门要定期研究部署和协调解决工作推进中的重大问题，推动各项改革任务落地落实。每季度进行一次会商研究，协调解决深化"放管服"改革优化营商环境中的重点难点问题。区级有关部门要切实履职尽责，从自身做起，为本行业本系统立标杆、树榜样，充分发挥示范引领作用，同时加强对各镇的指导服务，切实减轻基层负担。

（三）注重跟踪评估，严格督查考核。坚持"改革内容项目化、工作责任清单化、成果检验实践化"思路，区行政审批局要指导和督促全区各部门建立改革任务对照检查台账，每半年对任务完成情况进行对账。综合运用第三方评估等多种方式对各部门深化"放管服"改革和优化营商环境行动计划落实情况进行考评，邀请人大代表、政协委员、专家学者、企业群众代表参与，考核结果在区政府网站公开。强化考核结果运用，对工作推进有力、成效较好的予以通报表扬，对工作推进不力的及时约谈提醒，情形严重的予以严肃问责。

（四）加强宣传培训，强化舆论引导。建立全区统一权威的政策发布平台，组织开展形式灵活多样的政策解读，着力提高政策知晓度和应用度。各部门要重视新出台政策措施的跟进解读、宣传和培训工作，专项开展面向民营企业和中小企业的政策宣传推广工作。组织开展深化"放管服"改革和优化营商环境案例评选及典型案例宣传，讲好罗江营商环境故事。组织各镇人民政府、区级各部门开展"放管服"改革和优化营商环境专题培训，学习国家最新政策要求和国际国内先进经验做法，提升解决政策落地"最后一公里"的能力。将改革宣传、信息公开、政策解读与社会监督等结合起来，正确引导社会预期，积极回应社会关切，广泛凝聚改革共识，营造全区上下竞相改革的良好氛围。

附件：1. 德阳市罗江区政务服务对标专项行动方案

2. 德阳市罗江区提升营商环境法治化水平专项行动方案

3. 德阳市罗江区减证便民专项行动方案

4. 德阳市罗江区规范行政审批中介服务专项行动方案

5. 德阳市罗江区推进"一网通办"专项行动方案

附件1

德阳市罗江区政务服务对标专项行动方案

为切实解决企业群众办事难、办事慢、办事繁问题，推动全区各部门对标国内一流标准，提升政务服务水平，制订本方案。

一、明确政务服务目标任务清单

（一）除法律法规另有规定或涉及国家秘密等外，区、镇两级政务服务业务办理系统100％接入省一体化政务服务平台。汇聚相关政务服务数据、电子证照数据及社会化数据，推行"自然人"和"法人"身份信息电子化。（责任单位：区行政审批局、区级有关部门，各镇人民政府；完成时限：2020年1月底前）

（二）除法律法规另有规定或涉及国家秘密等外，按照"一网通办"要求进一步优化政务服务流程，推动更多政务服务事项全流程在线办理。区、镇两级政务服务事项网上可办率达100％。（责任单位：区行政审批局、区级有关部门，各镇人民政府；完成时限：2020年1月底前）

（三）建立包含身份证、驾驶证、行驶证、户口簿、学位证书、学历证书、结婚证、离婚证、社会团体法人登记证书、民办非企业单位登记证书、基金会法人登记证书、取水许可证、生育服务证、出生医学证明、医师执业证书、护士执业证书、营业执照、食品经营许可证、烟草专卖零售许可证、烟草专卖品准运证、残疾人证等高频电子证照应用。（责任单位：区行政审批局、区级有关部门，各镇人民政府；完成时限：2020年1月底前）

（四）编制完成"一窗受理、分类办理"工作规范和服务标准。（责任单位：区行政审批局；完成时限：2020年1月底前）

（五）聚焦不动产登记、市场准入、企业投资、建设工程、民生事务等办理量大、企业和群众关注度高的重点领域重点事项，推动实现一窗进出、一次告知、一表申请、一次办成。区、镇两级政务服务中心100％完成分类综合窗口改造，70％以上政务服务事项实行"一窗受理、分类办理"。（责任单位：区行政审批局、区级有关部门，各镇人民政府；完成时限：2020年1月底前）

（六）政务服务大厅全面设置自助终端区，实行7×24小时自助终端服务，在政务服务网上公布自助办理事项清单。（责任单位：区行政审批局，各镇人民政府；完成时限：2020年1月底前）

（七）政务服务大厅窗口服务水平显著提升，首问负责制、限时办结制、责任追究制、一次性告知制落实到位。（责任单位：区行政审批局，各镇人民政府；完成时限：2020年1月底前）

（八）政务服务大厅设立综合性咨询服务导办台，大厅运行系统与省一体化政务服务平台完成深度对接，实现在线预约、在线排队、在线评价。（责任单位：区行政审批局、各镇人民政府；完成时限：2020年1月底前）

（九）推出100个高频事项套餐式、情景式、主题式服务指南。（责任单位：区行政审批局、区级有关部门，各镇人民政府；完成时限：2019年12月底前推出30个服务指南，2020年推出100个）

（十）一批高频跨部门事项办理环节减少30％以上，行政许可事项承诺时限在法定时限基础上平均减少60％以上。（责任单位：区行政审批局、区级有关部门，各镇人民政府；完成时限：2020年1月底前）

（十一）区、镇两级政务服务大厅开通邮寄收件送件服务，有条件的地方开通免费邮寄服务。（责任单位：区行政审批局，各镇人民政府；完成时限：2020年1月底前）

（十二）制定公布"全区通办"事项清单。（责任单位：区行政审批局、区级有关部门，各镇人民政府；完成时限：2020年1月底前）

（十三）以镇为单位公布"就近能办"清单，更多政务服务事项向镇、村（社区）延伸下沉。利用政务服务一体机、自助服务终端等信息化设备提高基层响应群众诉求和为民服务能力，实现企业群众办事"就近办"。（责任单位：各镇人民政府；完成时限：2020年1月底前）

（十四）制定全区精简纸质申请材料目录，减少申请人实际提交纸质申请材料，在2018年基础上平均再减少30％以上。2020年1月底，以区为单位实现50项以上"零材料提交"事项。（责任单位：区行政审批局、区级有关部门；完成时限：2020年1月底前）

（十五）区、镇两级公布保留和取消的证明事项清单，同步公布保留的证明事项办事指南，提供网上开具证明服务。（责任单位：区司法局、区级有关部门，

各镇人民政府；完成时限：2020 年 1 月底前）

（十六）完成金融、医疗、公证机构、水电气等服务单位证明事项清理工作。（责任单位：区司法局、区级有关部门；完成时限：2020 年 1 月底前）

（十七）制定公布区、镇两级代办帮办事项指导目录。经开区内开设产业投资项目审批"绿色通道"，推行代办帮办等园区项目"直通车"服务。（责任单位：区行政审批局、区级有关部门，经开区，各镇人民政府；完成时限：2020 年 1 月底前）

（十八）政务服务大厅提供领办服务，针对业务量集中、办理时间较长或因健康、年龄等原因导致办理业务较为困难的办事群众推行全过程帮办。（责任单位：区行政审批局、区级有关部门，各镇人民政府；完成时限：2020 年 1 月底前）

（十九）积极创新便民服务举措。加快推进办理居民身份证、驾驶证、出入境证件、医保社保、住房公积金等便民服务事项互联互通、在线可查、异地可办。推广容缺后补、告知承诺、快递送达等便利化措施和预约办理、异地代办、跨层联办等服务方式，多渠道多途径提高办理效率和服务水平。对量大面广的个人事项，鼓励利用银行、邮政等网点实现服务端口前移。加快完善乡村便民服务体系，推行代办代缴代理等便民服务。（责任单位：区行政审批局、区级有关部门，各镇人民政府；完成时限：2020 年 1 月底前）

二、建立政务服务质量反馈机制

（一）推行政务服务"好差评"制度。出台全区政务服务"好差评"实施方案，让企业和群众成为政务服务的评价主体，增强企业和群众的参与权。（责任单位：区行政审批局、区级有关部门，各镇人民政府；完成时限：2020 年 1 月底前）

（二）完善政务服务投诉举报制度。畅通线上线下投诉举报渠道，实行投诉举报快速受理首问责任制，切实保护投诉人个人隐私和合法权益，投诉举报受理率达 100％，保障企业和群众的监督权。（责任单位：区行政审批局、区级有关部门，各镇人民政府；完成时限：2020 年 1 月底前）

（三）构建政务服务企业群众关切回应制度。提升线上线下回应功能，对企业和群众来访信访、线上留言、举报投诉等及时反馈办理情况，回访率达 100％、回复率达 100％，企业群众满意率达 90％以上。（责任单位：区行政审批局、区级有关部门，各镇人民政府；完成时限：2020 年 1 月底前）

（四）健全政务服务信息公开制度。及时发布政策措施落实情况、政务事项办理结果，完善线上实时查询进度和办理结果服务，定期公开曝光反面典型案例，确保企业和群众的知情权。（责任单位：区行政审批局、区级有关部门，各

镇人民政府；完成时限：2020年1月底前）

三、强化政务服务考核问效

（一）科学评价评估。深入基层、企业、群众，更多运用三方评估、问卷调查等方式，多层次、多维度反映各部门开展政务服务对标行动的进展和成效，确保评价评估结果的客观性、真实性、准确性。（责任单位：区行政审批局、区级有关部门，各镇人民政府）

（二）鲜明考核导向。对任务落实到位、工作成效明显的，予以通报表扬；对工作推进滞后的及时预警提醒，列入整改清单，限期整改；对于落实不到位、整改不到位的，追究有关责任。（责任单位：区行政审批局，各镇人民政府）

（三）推广先进经验。鼓励各镇、各部门从自身实际出发，积极探索，勇于创新，涌现形成更多更高的政务服务示范标杆；总结梳理先进做法和成功经验，及时复制推广。（责任单位：区行政审批局、区级有关部门，各镇人民政府）

附件2

德阳市罗江区提升营商环境法治化水平专项行动方案

为进一步完善营商环境法制体系建设、规范行政执法行为、依法保护企业和企业经营者合法权益，以更有力的法治推动营商环境不断优化，制订本方案。

一、完善营商环境法制体系建设

（一）加强营商环境法律宣传。深入开展面向企业的法律宣传推广工作，将与商事相关的法律法规作为普法的重要内容，在全市形成崇尚法治、依法经营、自觉维护法律权威的营商意识和氛围，提升全民和营商主体守法意识和依法维权意识。（责任单位：区司法局、区级有关部门；完成时限：2020年12月底前）

（二）严格落实公正司法要求。依法保障各类投资主体平等使用生产要素，公平、公开、公正参与投资市场竞争，同等受到法律保护。继续深化司法改革，推进司法公开，提高审判质效，切实解决执行难问题，保护企业的合法权利，营造公平、公正的司法环境。（责任单位：区法院、区市场监管局，区级有关部门；完成时限：持续推进）

（三）加强合法性审查和备案审查。完善行政规范性文件合法性审核和备案审查机制，对行政规范性文件和重大行政决策进行依法审查，严格对照法律法规规章和国家政策，确保不放过带病行政规范性文件和重大行政决策，严格落实行政规范性文件的审查工作。按照省政府统一部署，开展"放管服"改革、"证照分离"改革、保障民营经济健康发展等领域的规范性文件的清理工作，及时提出修改和废止建议。（责任单位：区司法局、区级有关部门；完成时限：2020 年 12 月底前）

二、规范行政执法行为

（一）推行行政执法公开制度。制定细化行政执法公示制度、执法全过程记录制度、重大执法决定法制审核制度"三张"任务清单，严格禁止无法定依据或者未经法定程序，影响、阻碍企业正常生产经营活动的执法行为。［责任单位：区司法局、区市场监管局、区级有关行政执法部门（单位），各镇人民政府；完成时限：2020 年 12 月底前］

（二）加强行政执法标准化建设。建立行政执法用语标准、流程标准和文书标准，加快推进行政执法标准体系建设，全面推行"教科书式执法"。按照省政府统一部署，建立全省统一智慧执法平台，推动跨领域、跨部门、跨层级的信息资源共享，初步实现行政执法和监督自动化、信息化、智能化、智慧化"四化功能"。［责任单位：区司法局、区财政局、区市场监管局、区级有关行政执法部门（单位）；完成时限：2020 年 6 月底前］

（三）规范行政执法裁量权。严格落实《四川省规范行政执法裁量权规定》，分类分项细化量化、调整优化行政执法裁量标准，认真执行行政执法裁量权行使规则。坚持教育与处罚相结合的原则，禁止以市场监督、环保检查等理由"一刀切"式关停企业的行为，杜绝一味处罚、一罚了事。禁止将罚没收入与行政执法机关利益挂钩。［责任单位：区司法局、区市场监管局、区生态环境局、区财政局、区级有关行政执法部门（单位）；完成时限：持续推进］

三、依法保护企业和企业经营者合法权益

（一）加强知识产权保护。开展打击侵犯知识产权专项行动，加强知识产权保护行政执法与刑事司法相衔接。探索建立知识产权侵权快速查处机制，加大对专利、注册商标、商业秘密等方面侵权违法行为的惩处力度，着力解决侵权成本低、企业维权成本高等问题。（责任单位：区市场监管局、区公安局；完成时限：持续推进）

（二）维护企业正常经营秩序。深化平安罗江建设。强化社会治安防控体系建设，持续开展扫黑除恶专项斗争。开展企业生产经营和项目建设周边环境治理专项行动，对聚众干扰企业经营、寻衅滋事、封门堵路、敲诈勒索、欺行霸市、非法阻工、强买强卖、强揽工程等破坏市场秩序、侵犯企业及其经营管理人员合法权益的犯罪行为，依法受理、严厉打击、及时办结。（责任单位：区公安局、区市场监管局，各镇人民政府；完成时限：持续推进）

（三）保障企业合法权益。完善经济犯罪案件受案立案制度，严格立案标准和审核程序并向社会公布。准确认定经济纠纷与经济犯罪的界限，坚决防止刑事执法介入民事纠纷。严格落实涉案财产处置有关规定，不得超权限、超范围、超数额、超时限查封、扣押、冻结。加强合同纠纷、民商借贷及股权纠纷等民商事案件审判工作，依法保护诚实守信、公平竞争。（责任单位：区法院、区公安局；完成时限：持续推进）

（四）完善企业投诉体系。按照全省统一建立企业维权服务平台要求，加快推进建立市、县联动投诉机制，统一受理企业投诉，实现市、县分级办理。加强对企业投诉工作的管理，制定企业投诉受理、处理、转办、反馈实施细则，规范工作流程。建立人民调解、行政调解、司法调解、商事仲裁有机衔接的商事纠纷解决机制，支持和鼓励工商联、行业协会商会依法设立商事纠纷专业调解机构。（责任单位：区司法局、区市场监管局、区工商联，各镇人民政府；完成时限：持续推进）

（五）完善涉企公共法律服务体系。建立健全多元协同共建、服务质量监管、政策资金保障等公共法律服务运行机制，积极拓展公共法律服务业务领域，在资产并购、招标投标、知识产权、股权流转、金融证券、涉外贸易等领域为企业提供全面、专业、精准的法律服务。创新服务方式，实施公证上门服务、延时服务、节假日服务、网络远程受理、窗口式、一站式集成服务、互联网仲裁，建立企业困难职工法律援助"绿色通道"，开展民营企业"法治体检"。（责任单位：区司法局、区发改局、区经信局、区市场监管局、区行政审批局、区总工会、区工商联、区级有关部门；完成时限：持续推进）

附件3

德阳市罗江区减证便民专项行动方案

为破解企业群众办事痛点、堵点、难点问题，切实减少"奇葩"证明、循环证明、重复证明，制订本方案。

一、深入清理证明事项

（一）取消一批证明事项。按照"谁制定、谁清理，谁实施、谁清理"的原则，对自行设定的证明事项组织再次全面清理，凡规章、规范性文件设定的证明事项一律取消，凡地方性法规设定的证明事项应尽可能予以取消，并根据国家已公布的取消证明事项开展对应清理，不留盲区和死角。（责任单位：区司法局、区级有关部门，各镇人民政府；完成时限：2020 年 12 月底前）

（二）实行清单制管理。各镇人民政府、区级各部门要及时公布本地、本部门设定的证明事项取消清单和保留清单。公布证明事项保留清单时，要逐项列明设定依据、开具单位、办事指南等，实行清单之外无证明。各镇人民政府、区级各部门要及时将取消清单、保留清单报区司法局，经区政府批准后在区政府门户网站上统一公布全区保留的证明事项清单。（责任单位：区政府办、区司法局、区级有关部门；完成时限：2020 年 12 月底前）

（三）加强审核把关。在制定规范性文件时，区级司法行政机关或起草单位的合法性审核工作机构要切实履行法定职责，严格审查把关，防止违法设定证明事项，严防已经取消的证明事项"死灰复燃"，最大限度控制自由裁量权。（责任单位：区司法局、区级有关部门，各镇人民政府；完成时限：持续推进）

二、积极开展"六个一批"清理

开展"六个一批"清理。根据性质不同，按照"六个一批"原则分别对涉及企业群众的证明材料进行清理规范。对审核后确需保留的证明事项，证明出具部门要进一步简化办理环节、规范办理流程、减少提供材料、缩短办理时限、提高服务质量，切实便利企业、群众办事。（责任单位：区司法局、区级有关部门，各镇人民政府；完成时限：持续推进）

（一）取消废止一批。没有法律、法规（含部委规章，地方性法规、地方政府规章）依据，或相关规章、政策、文件中明确不得开具的证明材料和盖章环节一律取消废止。

（二）告知承诺一批。凡是能够并且适合采取申请人书面承诺、签字声明或提交相关协议方式解决的证明材料一律取消。

（三）信用查验一批。凡是能依托部门内部征信系统或银行征信系统以及其他信用监管系统，相关审批或办事部门能够自主查验相关信息的证明材料一律取消。

（四）证件代替一批。凡是能够通过申请人有效证照或凭证即可证明的证明材料一律取消。

（五）部门核查一批。凡是所需证明可在部门间流转办理，以及本部门制发的有效证照或批准文书，或者类似经济状况、亲属关系、证件遗失等企业群众难以自行举证的事项，一律由主管部门调查核实，不得要求申请人提供证明材料。

（六）信息共享一批。依托政务资源共享交互平台，能够通过部门间数据共享、信息比对、内部征询等方式自行查询、查证的，不得要求申请人提供证明材料。

三、依法加强证明事项投诉监督

（一）及时处理群众投诉监督。区司法局要及时接收省司法厅、市司法局通过"群众批评——证明事项清理投诉监督平台"收集并转交涉及我区的关于证明事项清理工作的投诉监督。落实机构和专人负责，按照"谁实施，谁办理"的原则．及时转送相关乡镇和部门依法办理。（责任单位：区司法局、区级有关部门，各镇人民政府；完成时限：持续推进）

（二）积极回应群众批评建议。各镇人民政府、区级各部门要确保有专人办理群众投诉监督事项，保证办理质量和效率，在收到区司法局关于投诉监督转办函后，应及时与投诉监督人联系、沟通，依法答疑解惑，办理投诉监督事项，并于收到转办函之日起5个工作日内书面回复区司法局。对于投诉监督并经查实，存在违法设定的证明或应当取消未取消的证明，要立即清理并修改、废止相关规定。对因未认真办理投诉事项造成严重后果的，将依法依纪追究相关人员责任。（责任单位：区纪委监委、区司法局、区级有关部门，各镇人民政府；完成时限：持续推进）

附件4

德阳市罗江区规范行政审批中介服务专项行动方案

按照国家、四川省和德阳市部署要求，进一步深化行政审批制度改革，全面清理规范行政审批中介服务，重点解决环节多、耗时长、收费乱、垄断性强、与审批部门存在利益关联等突出问题，培育服务高效、管理规范、公平竞争、监督有力的中介服务市场，促进我区中介服务行业健康发展，制订本方案。

一、实施行政审批中介服务清单管理

（一）全面清理中介服务事项。结合机构改革后区级机构职权设置情况，全面清理政府部门行政审批涉及的中介服务事项，制定德阳市罗江区行政审批中介服务事项清单，向全社会公布并接受监督。凡未纳入清单的中介服务事项，一律不得作为行政审批受理条件，清单内的逐步减少数量。清理设置依据，除法律法规等有明确规定的中介服务事项外，审批部门一律不得自行设定中介服务事项。清理规范后列入清单、保留为行政审批受理条件的中介服务事项，要明确项目名称、设定依据、实施机构、审批部门、服务时限等内容，其中实行政府定价（政府指导价）或作为行政事业性收费管理的项目，明确收费标准和收费依据。（责任单位：区发改局、区行政审批局、区司法局、区级行业主管部门；完成时限：

2020 年 1 月底前）

（二）实施动态调整管理。按照"谁审批、谁负责，谁主管、谁负责，谁要求、谁负责"的原则，整理全区行政审批中介服务机构名录，明确中介服务事项行业主管部门。建立完善中介服务事项动态调整管理制度，明确动态调整原则、范围、适用情形、调整程序以及职责分工。实时调整中介服务事项，并及时在同级人民政府门户网站公布、更新。（责任单位：区发改局、区司法局、区级行业主管部门；完成时限：2020 年 1 月底前）

二、切断行政审批中介服务利益关联

（一）破除中介服务垄断。放宽中介服务机构准入条件、放开中介服务市场，除法律、行政法规和国务院决定明确规定的资质资格许可外，其他各类中介服务机构资质资格审批一律取消，各部门设定的区域性、行业性或部门间中介服务机构执业限制一律取消，各部门现有的中介服务机构数量限额管理规定一律取消。（责任单位：区级行业主管部门；完成时限：持续推进）

（二）推进中介机构脱钩。按照中央和省部署，启动全面推开行业协会商会与行政机关脱钩工作，脱钩完成情况要及时在（原）主管部门网站公告和公示，接受社会监督。审批部门所属事业单位、主管社会组织及其举办的企业，不得开展与本部门行政审批相关的中介服务。审批部门不得以任何形式指定中介服务机构。政府机关工作人员一律不得在中介服务机构兼职（任职）。（责任单位：区民政局、区发改局、区委组织部、区人社局，各镇人民政府；完成时限：2020 年 1 月底前启动并持续推进）

三、加强行政审批中介服务收费监管

（一）规范中介服务收费。深入推进中介服务收费改革，最大限度地缩小政府定价范围，对于市场发育成熟、价格形成机制健全、竞争充分规范的中介服务收费，一律通过市场调节价格；对于垄断性较强，短期内无法形成充分竞争的中介服务事项，实行政府定价管理。审批部门在审批过程中确需委托开展的技术性服务活动，要依法通过竞争性方式选择服务机构，服务费用一律由审批部门支付并纳入部门预算。（责任单位：区发改局、区财政局、区级行业主管部门；完成时限：2020 年 1 月底前）

（二）严查中介违规收费行为。按照全省统一安排部署，在工程建设、交通运输、医疗卫生等重点领域陆续开展行政审批中介服务收费专项整治行动。重点查处分解收费项目、重复收取费用、扩大收费范围、减少服务内容等乱收费行为。加强中介服务收费监管，杜绝中介机构利用政府影响违规收费。建立举报和反馈机制，及时查处违规收费行为。（责任单位：区市场监管局、区级行业主管

部门；完成时限：2020年6月底前）

四、规范行政审批中介服务执业行为

（一）加强中介行业管理自律。各行业主管部门要指导行业协会开展中介服务标准化工作，制定服务指南，细化服务项目，优化服务流程，提高服务质量。规范服务指南的依据、范围、对象、内容、方法、结论等基本要素信息，切实增加行政审批中介服务的透明度和可预期性。建立健全服务承诺、限时办结、执业公示、一次性告知、执业记录等制度，引导中介服务机构及其执业人员严守职业道德、执业准则和工作规范。相关制度规范要在部门网站和各类服务平台向社会公开。（责任单位：区级行业主管部门；完成时限：2020年1月底前）

（二）规范中介服务合同示范文本。各行业主管部门要会同区市场监管局，编制并向社会公布本行业行政审批中介服务合同示范文本，明确中介服务双方权利义务和违约责任，杜绝"霸王条款"等各种形式的显失公平条款。强化合同管理，提高合同履约率，切实规范中介服务机构的签约行为和经营行为。（责任单位：区级行业主管部门、区市场监管局；完成时限：2020年1月底前）

（三）推进中介服务"最多跑一次"。按照"全程网办"和"最多跑一次"的标准，优化中介服务流程，简化中介办理环节。审批部门可直接作出判断的审批项目，不再要求企业委托中介服务机构开展评估、评价、检测、咨询。审批部门可事后监管的事项，不再强制企业委托中介服务机构编制设计、评估、评价、检测等材料，允许企业自主编制。进一步削减要求企业提供的相关材料。没有法律法规依据或属于审批职能部门自身职责范围的中介服务事项一律取消，实现中介服务办理时间提速30%以上。（责任单位：区级行业主管部门；完成时限：2020年10月底前）

（四）推行工程建设领域中介服务"区域评估"。认真落实《德阳市工程建设项目审批制度改革实施方案》（德办发〔2019〕23号）相关要求，由区域管理机构根据实际情况统一组织对节能评价、地震安全性评价、地质灾害危险性评估、水土保持方案等事项所涉及的中介服务实行区域评估，形成整体性、区域化评估结果。除特殊工程和重大工程外，区域内工程建设项目共享区域综合评估评审结果，不再单独编报评估评审。到2020年3月底前，基本建成政府统筹、企业共享评估成果的区域评估制度框架和管理体系。（责任单位：区自然资源局、区生态环境局、区发改局、区水利局、区住建局等区级行业主管部门；完成时限：2020年3月底前）

五、加强行政审批中介服务监管

（一）启用中介服务"网上超市"。按照"零门槛、零限制"原则，将我区具

有合法资质的行政审批中介服务机构纳入"省行政审批中介服务网上超市"规范运行并动态调整，供企业和公众自主选择。使用财政性资金的项目、在政府集中采购目录以外且未达到采购限额标准的中介服务事项，项目业主可在中介服务网上超市选取中介服务机构，实现中介服务网上展示、网上竞价、网上交易、网上评价。（责任单位：区行政审批局、区级行业主管部门；完成时限：2020年1月底前）

（二）强化中介服务诚信监管。落实中介机构行业监管主体责任，全面推行"双随机、一公开"监管模式，提升中介服务效率。加强中介服务机构诚信管理，严厉查处出具虚假证明或报告、谋取不正当利益、扰乱市场秩序等违法违纪行为。建立完善中介服务机构信用体系和考评机制，实施守信联合激励和失信联合惩戒制度。强化信用信息管理和使用，对未按照规范和标准提供中介服务的中介机构和人员，视情节将相关不良信用信息记入信用档案或列入黑名单予以公开曝光，对严重违法违规的中介机构及其高级管理人员实行禁入机制，在全市范围营造"守信者处处受益、失信者处处受限"的市场环境。（责任单位：区发改局、区级行业主管部门；完成时限：持续推进）

附件5

德阳市罗江区推进"一网通办"专项行动方案

为进一步深化"互联网＋政务服务"，切实破解政务服务事项标准不一致、平台功能不完善、数据共享不充分、办事服务不便捷等问题，加速推进"一网通办"，实现政务服务精准化、便捷化和移动化，完成好省政府下达给德阳的改革试点任务，制订本方案。

一、推进业务流程再造

（一）对标完善政务服务事项基本目录。2020年1月底前，区、镇两级要对标省级部门梳理、发布的政务服务事项，完成事项认领。对属于本单位（行业）上级单位发布的服务事项而未能认领的，要说明理由，并书面函告区行政审批局，确保全省政务服务事项"找得到、对得上"。（责任单位：区行政审批局、区级有关部门，经开区；完成时限：2020年1月底前）

（二）优化完善政务服务事项实施清单和办事指南。按照国家标准规范完善政务服务事项实施清单，进一步明确实施主体，细化业务办理项和办事指南，推进事项名称、编码、类型、法律依据、行使层级、受理条件、服务对象、申请材料、办理时限、收费项目等要素信息标准化。梳理公布"零材料提交"服务事项，实现申请人仅需填写格式化申请表即可办理；优化高频事项申请、审查、决定、支付、送达等流程；按类别梳理形成主题服务清单和"最多跑一次"等特色服务清单；编制全市通办事项服务清单，推动同一事项在更大范围内无差别受理、同标准办理，实现第一批 30 个事项"就近能办、异地可办、全网通办"。（责任单位：区行政审批局、区级有关部门；完成时限：2020 年 1 月底前）

（三）重点突破跨部门协同审批和并联审批事项办理。以高效办成"一件事"为目标，梳理各政务服务事项申请要素、应交材料、结果证照之间的共享复用关系图谱，重构跨部门、跨层级、跨区域协同办事流程，推进开办企业、投资项目审批、工程建设项目审批许可、不动产登记、出入境办理等事项办理。（责任单位：区行政审批局、区级有关部门，经开区；完成时限：2019 年 10 月底前围绕社会关切推出 20 项套餐式、主题式服务，2020 年再推出 30 项）

（四）拓展网上办事的广度和深度。推动所有行政权力事项和更多公共服务事项纳入全省一体化政务服务平台（以下简称一体化平台）办理，推进交通违章缴费、教育缴费等个人非税事项及公共服务事项收费功能接入省统一支付平台，推进更多事项纳入政府统一支付的"政务专递"。推动更多政务服务向基层延伸，加快政务服务超市建设，利用自助服务终端以及银行、邮政等企业网点代办，推行 7×24 全时政务服务模式，为企业群众提供多样性、多渠道、便利化服务。（责任单位：区行政审批局、区财政局、区级有关部门，经开区；完成时限：2020 年 1 月底前完成并持续推进）

（五）加快实现线上线下集成融合。加快推进"12345"政务服务热线资源整合，实现咨询、投诉、求助和建议等一号受理，形成从接听到办结归档公示的全闭环管理，打造政务服务"总客服"。整合对接县、乡政务服务实体大厅运行管理系统和相关服务设备，实时汇入网上申报、排队预约、服务评价等信息，构建线上线下功能互补、无缝衔接、全程留痕的集成服务体系。（责任单位：区行政审批局、区信访局、区级有关部门；完成时限：持续推进）

二、加快平台优化整合

（一）打造"一网通办"罗江名片。对标国家政务服务门户建设要求，全面清理政府门户网站、区级部门网上政务服务网站、栏目、大厅、页面，实现入口统一、标识统一、界面统一、风格统一。配合做好政务服务网分站点内容建设，叠加特色服务，打造本地本部门专属旗舰店，提升四川政务服务网整体形象，2019 年内，我区实名注册用户数达到 5 万以上。（责任单位：区行政审批局、区级有关部门，经开区；完成时限：2020 年 1 月底前）

（二）加强支撑体系能力建设和推广应用。推进全区各级政务服务业务办理系统与省政务服务统一身份认证系统全面对接融合、采信互认。利用全省统一电子证照基础库，推进全区所有部门实体证照电子化、数字化管理，有效期内存量证照信息完整归集到电子证照库，新增纸质证照与电子证照同步签发，依法依规推进电子证照在政务服务中的现场亮证应用。全面推进电子印章制作使用，各部门在办事服务中生成的电子证照一律加盖电子印章。推动面向自然人、法人的电子印章公共服务平台建设，鼓励企业、群众使用电子印章、电子签名，减少纸质材料递交，减少跑动次数。（责任单位：区行政审批局、区公安局、区级有关部门，经开区；完成时限：2020年1月底前完成身份认证系统功能改造和对标行动方案规定的22项高频事项相关证照归集，其余持续推进）

（三）打造德阳移动服务品牌。按照国家政务服务平台移动端界面建设要求，整合各部门政务服务移动应用、小程序、公众号，实现政务服务跨层级、跨地域、跨系统、跨部门、跨业务的协同，建成全市唯一官方入口的掌上办事平台，促进部门服务事项在统一移动端集成。优化"看、问、查、办、评"等功能，用好对外统一的四川政务服务"天府通办"掌上办事总门户。2019年12月底前推动社会保障、教育卫生等重点领域500项服务事项掌上可办，2020年推进200项。（责任单位：区行政审批局、区级有关部门；完成时限：持续推进）

（四）强力推动系统对接。除法律、法规另有规定或者涉及国家秘密等情形外，所有政务服务事项一律纳入一体化平台办理。各部门已建政务服务业务办理系统不具备全流程网上办理能力的要停用，具备全流程网上办理能力的经评估后在2019年12月底前与全省一体化平台有效对接，费用自理，并实现界面统一、入口统一、出口统一。国家垂管政务服务业务办理系统应实现统一身份认证和页面嵌入。（责任单位：区行政审批局、区级有关部门；完成时限：2020年1月底前）

三、加强工作统筹落实

（一）加强宣传培训。以贯彻落实《国务院关于在线政务服务的若干规定》（国务院令第716号）为契机，建立常态宣传机制，扩大"一网通办"公众知晓度。分级组织一体化平台的操作使用培训，确保一线窗口人员全覆盖、会操作。（责任单位：区行政审批局、区级有关部门完成时限：2020年1月底前）

（二）推进试点示范。围绕社会公众需求热点，充分利用全市作为政务服务"一网通办"改革试点的契机，做好示范创建工作，在解决痛点、堵点、难点问题方面进行探索创新，为提升全省政务服务能力积累经验，树立标杆。（责任单位：区行政审批局；完成时限：2020年1月底前）

（三）强化安全运营。按照"统一建设、分级运营"原则做好内容保障、应用推广和政务服务分站点运营保障等工作，健全运营保障队伍，完善上下联动、应急处置机制，确保平台安全稳定运行。（责任单位：区行政审批局、区级有关部门；完成时限：2020年1月底前）